Die Entstehung des freigewerkschaftlichen Dachverbandes
Protokoll des ersten Kongresses
der Gewerkschaften Deutschlands, Halberstadt 1892

Die Entstehung des freigewerkschaftlichen Dachverbandes

Reprint des Protokolls der Verhandlungen
des ersten Kongresses der Gewerkschaften
Deutschlands.
Abgehalten zu Halberstadt vom
14. bis 18. März 1892

Herausgegeben und eingeleitet
von Manfred Scharrer

Vorwort: Heinz-Werner Meyer

Bund-Verlag

CIP-Titelaufnahme der Deutschen Bibliothek

Die Entstehung des freigewerkschaftlichen Dachverbandes :
Reprint des Protokolls der Verhandlungen des 1. Kongresses der
Gewerkschaften Deutschlands, abgehalten zu Halberstadt vom
14. bis 18. März 1892 / Manfred Scharrer (Hrsg.).
Einl. und Zsstellung der Dokumente: Manfred Scharrer.
Vorw.: Heinz-Werner Meyer. – Köln : Bund-Verl., 1991
  ISBN 3-7663-2196-X
NE: Scharrer, Manfred [Hrsg.]; Kongress der Gewerkschaften
  Deutschlands <01, 1892, Halberstadt>

© 1991 by Bund-Verlag GmbH, Köln
Lektorat: Gunther Heyder
Herstellung: Heinz Biermann
Umschlag: Kalle Giese, Overath
Satz: Typobauer Filmsatz GmbH, Ostfildern 3
Druck: May + Co., Darmstadt
Printed in Germany 1991
ISBN 3-7663-2196-X

Alle Rechte vorbehalten, insbesondere die des öffentlichen Vortrags,
der Rundfunksendung und der Fernsehausstrahlung,
der fotomechanischen Wiedergabe, auch einzelner Teile.

Inhalt

Heinz-Werner Meyer
Vorwort   VII

Manfred Scharrer
Die Entstehung des freigewerkschaftlichen
Dachverbandes   XI

Reprint
Protokoll der Verhandlungen des ersten Kongresses
der Gewerkschaften Deutschlands.
Abgehalten zu Halberstadt vom 14. bis 18. März 1892   1–93

Anhang
Dokument 1
Aufruf zu einer Vorständekonferenz sämtlicher
Gewerkschaften vom 17. August 1890 XLIII

Dokument 2
Bericht über die Berliner Gewerkschaftskonferenz
vom 16. und 17. November 1890 XLV

Dokument 3
Seite 1 der ersten Ausgabe des Correspondenzblattes
der Generalkommission der Gewerkschaften
Deutschlands vom 20. Januar 1891   LIII

Dokument 4
Übersicht über die Zahl und Stärke der deutschen
Gewerkschaftsorganisationen von September 1891   LIV

Dokument 5
Bericht über die am 7. und 8. September 1891 zu
Halberstadt abgehaltene Konferenz der
Zentralvorstände der deutschen Gewerkschafts-
Verbände   LVI

Vorwort

Solange Gewerkschaften existieren, wird über ihre Organisationsform gestritten.
Berufsgewerkschaft oder Industrieverband lokale oder zentrale Gewerkschaftsorganisation, Richtungs- oder Einheitsgewerkschaft, angemessene Organisationsformen für Frauen, Jugendliche und Angestellte, Probleme innergewerkschaftlicher Demokratie und nicht zuletzt die Verteilung der Kompetenzen zwischen Gewerkschaften und ihrem »Dach« sind Fragen, die seit über hundert Jahren die Gemüter bewegt haben.
Auch wenn spätestens mit der Gründung des DGB im Jahre 1949 manch langwieriger Streit ausgestanden ist und die nach dem Industrieverbandsprinzip organisierte soziale und politische Einheitsgewerkschaft sich in Deutschland historisch durchgesetzt hat, so bleibt die Suche nach der handlungsfähigsten, schlagkräftigsten, demokratischsten und dem gesellschaftlichen Wandel angemessensten Organisationsform eine Aufgabe, die wir immer wieder neu bewältigen müssen.
Dabei hilft ein Rückblick auf die eigene Geschichte. Manche Probleme, die wir heute zu bewältigen haben, können in ihrer Entstehungsgeschichte nachvollzogen und darum besser verstanden werden.
Das vorliegende Protokoll der Verhandlungen des ersten Kongresses der Gewerkschaften Deutschlands dokumentiert Debatten und Beschlüsse, die für die weitere Entwicklung der Gewerkschaften von großer Bedeutung waren und es bis heute sind.
Drei Fragen standen im Mittelpunkt: Lokale oder zentrale Organisation, Berufs- oder Industrieverband und das Ver-

hältnis der Gewerkschaften zu ihrem Dachverband bzw. zu der zwei Jahre zuvor provisorisch gebildeten Generalkommission der Gewerkschaften Deutschlands.

Der Kongreß traf seine Entscheidungen aufgrund der Erfahrungen, die die noch junge Gewerkschaftsbewegung in dem preußisch-deutschen Obrigkeitsstaat, der sich anschickte, eine industrielle und militärische Großmacht zu werden, gesammelt hatte.

Es ist das Verdienst der Abgesandten der freien, d.h. der Sozialdemokratischen Partei nahestehenden Gewerkschaften, mit ihrer Entscheidung für eine zentrale Gewerkschaftsorganisation den Grundstein für eine handlungsfähige moderne Gewerkschaftsbewegung gelegt zu haben, die wirkungsvoll als Selbsthilfe und Kampforganisation die Sozialreform in Deutschland, wenn auch unter großen Mühen vorantreiben konnte.

In der heftig umstrittenen Frage des Organisationsprinzips blieb die Tür für den Industrieverband offen, auch wenn der Berufsverband der gewerkschaftlichen Wirklichkeit jener Zeit noch mehr entsprach. Die für das Verhältnis der Gewerkschaften untereinander so typische Kultur des Kompromisses förderte schon damals die Entwicklung künftiger erfolgreicher Organisationsmodelle.

Große Wirkung auf die aktuelle wie auch die zukünftige Organisationspolitik hatte die Entscheidung des Halberstädter Kongresses über die Aufgaben und die Struktur der Generalkommission.

Wenn dem DGB heute in der öffentlichen Diskussion Stärke und Schwäche zugleich attestiert werden, so entspricht dies jener Macht und Aufgabenverteilung, die damals nach langem Streit im Grunde entschieden wurde.

Schwach war und ist der Dachverband gegenüber seinen Mitgliedern, den Gewerkschaften selbst. Er kann nicht als allmächtige Zentrale ihren Kurs bestimmen. Der DGB ist letztlich immer nur dann handlungsfähig, wenn er seine Mitgliedsgewerkschaften zum gemeinsamen Handeln zusammenführen kann. Grundsätzlichen Streit kann er nur im

Wege des Kompromisses schließen und eigenständige Aufgaben nur mit Zustimmung der Gewerkschaften wahrnehmen.

Aber darin liegt auch seine Stärke. Weil Einheit nicht verordnet wird, sondern immer wieder errungen werden muß, gründet sie sich auf sichererem Fundament, als wenn sie nur formal hergestellt wäre.

Die damals wie heute komplexe Industriegesellschaft, die ständigem Wandel unterliegt, verlangt flexible branchen- und betriebsangemessene Vorgehensweisen und Regelungen ebenso wie einheitliche, gemeinsam zu erstreitende Eckpunkte sozialer Sicherheit.

Im Rahmen des DGB müssen sich die Gewerkschaften immer wieder über ihren Kurs verständigen. Er ist, um es mit unseren Begriffen zu umschreiben, auch Moderator und Kommunikationsforum. Dies bedeutet nicht, auf eigenständiges Handeln zu verzichten, sondern fordert es immer wieder heraus.

Für diese Eigenständigkeit des Dachverbandes hat Halberstadt ebenfalls die Voraussetzungen geschaffen. Ein vom Kongreß gewählter Vorstand (und kein Generalkassierer, wie es die Metallarbeiter wollten) hatte die gemeinsame Interessenvertretung zu führen. So wurde der Rahmen geschaffen, in dem der DGB bis heute agiert.

Inwieweit es ihm gelingt, die Gewerkschaften zu einheitlichem Handeln zusammenzuführen, die dem Dachverband zukommenden Aufgaben aktiv und perspektivisch zu bewältigen, dies hängt von den Männern und Frauen ab, die von den Gewerkschaften für diese Aufgabe bestimmt werden.

Carl Legien, dessen Werk die Generalkommission der Gewerkschaften im wesentlichen war, hat ihr bis 1920 ihr Gepräge gegeben.

Ihm sei diese Dokumentation, die der Bund-Verlag aus Anlaß des hundertsten Gründungstages der Generalkommission herausgibt, gewidmet.

Düsseldorf, den 15. November 1990

Heinz-Werner Meyer
Vorsitzender des Deutschen Gewerkschaftsbundes

Manfred Scharrer
Die Entstehung des freigewerkschaftlichen Dachverbandes

Am Montag, dem 14. März 1892 um 9.30 Uhr eröffnete in Halberstadt der Vorsitzende der Generalkommission der Gewerkschaften, Carl Legien, den ersten Kongreß der Gewerkschaften Deutschlands. 208 Delegierte, die ca. 300000 Arbeiter repräsentierten, waren dem Ruf der Berliner Gewerkschaftskonferenz vom 16./17. November 1890 gefolgt. 172 Delegierte vertraten 57 Zentralverbände und 36 Delegierte verschiedene Lokalverbände. Unter den Delegierten befanden sich vier Frauen (insgesamt waren ca. 4000 Frauen gewerkschaftlich organisiert).

Die Berliner Gewerkschaftskonferenz, die 15 Monate vor dem Kongreß stattfand, stand unter dem Eindruck der Siegesfeiern zum Ende des Sozialistengesetzes (Oktober 1890) und war getragen gewesen von einer kämpferischen Aufbruchstimmung. Zahlreiche Streiks, darunter der große Bergarbeiterstreik von 1889 und der phänomenale Wahlerfolg der Sozialdemokratie im Februar 1890 (sie erhöhte die Zahl ihrer Mandate von 11 auf 35), hatten die zunehmende Stärke der sozialistischen Arbeiterbewegung demonstriert. Zudem versprachen die »Februar-Erlasse« des Kaisers, u.a. mit der Ankündigung einer einheitlichen Sozialversicherung, einen generellen Kurswechsel staatlicher Politik gegenüber den Arbeitern. Die in diesem Zusammenhang erfolgte Entlassung Bismarcks unterstrich die Ernsthaftigkeit des Versuchs.

Und doch war diese Aufbruchstimmung bereits getrübt durch das Wissen, daß die Gewerkschaften zumindest ökonomisch in eine defensive Position geraten waren. Der ab 1886 einsetzende wirtschaftliche Aufschwung war erlahmt. Zunehmende Arbeitslosenzahlen und die Häufung empfindlicher

Streikniederlagen signalisierten spürbar einen Konjunkturumschwung.

Die erste große Ernüchterung trat ein bei dem Versuch, einen exakten Überblick über die Stärke der deutschen Gewerkschaften zu bekommen. Statt der erwarteten 600 000 Mitglieder zählte die Generalkommission schließlich »nur« ca. 350 000 (September 1891). Dieses Ergebnis wurde bekannt, als ein weiterer Mitgliederrückgang unübersehbar war. Existentielle »Besorgnis« machte sich allenthalben breit. Besonders deprimierend wirkte der Ausgang des großen Buchdruckerstreiks. War doch hier nicht eine schwache lokale Organisation, sondern das Paradepferd der deutschen Gewerkschaften (gemessen am Organisationsgrad und an der finanziellen Stärke) wohlvorbereitet, also ausgestattet mit einer prall gefüllten »Kriegskasse«, zum Kampf um höhere Löhne und kürzere Arbeitszeiten (Neunstundentag) angetreten. Nach neunwöchigem Streik mußten die Buchdrucker am 14. Januar 1892 erfolglos aufgeben.

Zu allem Überfluß »tobte« in den Reihen der Gewerkschaften ein erbitterter Streit über die zukünftige Organisationsform.

Als sich die Delegierten am Abend vor dem Kongreß im »prächtig geschmückten« Saal zu einem »Kommers« versammelten, mochten wohl nur eingefleischte Optimisten behaupten, der erste Kongreß der Gewerkschaften Deutschlands stünde unter einem guten Stern.

Im Zentrum des Kongresses stand die Klärung der Organisationsfrage[1]. Den Delegierten war aufgetragen, einen Schlußstrich unter eine jahrelange, oft hitzige Organisationsdebatte zu ziehen. Der Streit um die beste Organisationsform war ja fast so alt wie die Gewerkschaften selbst. Es ging um die Alternative einer zentralen oder lokalen Organisierung, eines Berufs- oder Berufsgruppen- bzw. Industrieverbandes und um die Form eines Dachverbandes.

---

1 Das Protokoll gibt Referate und Debatten des Kongresses nur in stark verkürzter Form wieder. Ein Vergleich mit den aktuell publizierten Berichten/Protokollen, wie z.B. in der *Metallarbeiterzeitung* oder im *Vorwärts*, zeigt zum Teil deutliche, sowohl inhaltliche als auch quantitative Abweichungen. Alle drei Protokollversionen stimmen jedoch in den zentralen Aussagen überein.

Diese Auseinandersetzung wurde mit dem Verbot der sozialdemokratischen Gewerkschaften – und nur von denen ist hier die Rede – zu Beginn des Sozialistengesetzes kurzzeitig unterbrochen. Sie erwachte mit den ersten Reorganisationsversuchen unter dem Ausnahmezustand sogleich mit neuer Heftigkeit.

Einen wesentlichen Anstoß, diese Debatten zu einem praktischen Ergebnis zu führen, gab nicht nur das Ende des Sozialistengesetzes, sondern das Bestreben der Unternehmer, sich in Verbänden zusammenzuschließen, nicht zuletzt zum Zwecke, den Gewerkschaften kollektiv Paroli bieten zu können. Schon 1876 wurde der *Zentralverband Deutscher Industrieller* (Schwerindustrie) gegründet, 1889 zog der *Verein für die bergbaulichen Interessen im Oberbergamtsbezirk Dortmund* aus dem Bergarbeiterstreik die Lehre, einen *Ausstands-Versicherungs-Verband* zu gründen, und im Frühjahr 1890 schlossen sich die Metallunternehmer zum *Gesamtverband Deutscher Metallindustrieller* zusammen. Die Gewerkschaften sahen sich in Arbeitskämpfen nicht mehr nur einzelnen Unternehmern gegenüber, sondern stießen auf den Widerspruch allgemein lokaler und regionaler oder nach Industriezweigen zentralisierter Unternehmerverbände.

Welche Bedrohung von den Unternehmerkoalitionen für die Gewerkschaften ausgehen konnte, zeigte sich der breiten gewerkschaftlichen Öffentlichkeit zum ersten Male in den »Maikämpfen« der Hamburger Arbeiter 1890. Die vereinigten Unternehmer von Hamburg und Altona sperrten jene Arbeiter aus, die am 1. Mai gestreikt hatten, und machten ihre Wiedereinstellung von dem Austritt aus der Gewerkschaft abhängig. Die Gewerkschaften vermochten in einem monatelangen Abwehrkampf trotz größter Anstrengungen nicht, diesen Angriff auf das Koalitionsrecht der Arbeiter abzuwehren.

Die Vertrauensleute der Metallarbeiter, das war eine aus der Not des Sozialistengesetzes geborene Art der personalen Verbindung der lokalen und überwiegend beruflichen Gewerkschaftsorganisationen, veröffentlichten schließlich im Sommer 1890 einen Aufruf an die Führungen aller Gewerkschaften, zu einer Gewerkschaftskonferenz zusammenzukommen.

Dort sollte eine Antwort gefunden werden auf die Frage: »Wie können die Arbeiter diesen Unternehmerkoalitionen am wirksamsten entgegentreten?« (Anhang, Dok. 1)
Martin Segitz (einer der sechs Vertrauensleute der Metallarbeiter und Initiatoren des Aufrufs) entwickelte dazu eine Reihe konkreter Vorschläge: Zur Lösung der vordringlich praktischen Aufgabe, wie die Arbeitskämpfe angesichts der neuen Bedingungen noch finanziert werden könnten, schlug er vor, daß die Gewerkschaften sich gegenseitig »in der Form von unverzinslichen Darlehen und Geschenken« unterstützen sollten – von der Gründung einer gemeinsamen zentralen Unterstützungskasse riet er ab. Große Hoffnung, damit viel bewirken zu können, schien er jedoch nicht gehabt zu haben. Nach seiner Einschätzung befand sich die Wirtschaft »am Anfang einer Krise, bei manchen Industriezweigen schon mitten in derselben«. Es ginge nicht darum, neue Angriffe zu führen, sondern Errungenes zu verteidigen und vor allem weitere Niederlagen zu vermeiden. Viel dringlicher als die Organisierung einer gegenseitigen finanziellen Unterstützung schien ihm eine Übereinkunft, die regelte, »unter welchen Voraussetzungen in Zukunft die Arbeit eingestellt werden darf«.

In dieser Frühphase gewerkschaftlicher Organisierung streikten die Arbeiter oft unkoordiniert, spontan und aus momentaner Erregung heraus. Meist wurde gestreikt im Vertrauen auf die freie Solidarität der Arbeiter, d.h. es wurde versucht, die Streikunterstützung durch öffentliche Sammlungen aufzubringen. Die Spekulation auf die Bereitschaft und Fähigkeit, solidarisch zu sein, überschätzte jedoch häufig die Möglichkeiten der Arbeiter und Arbeiterfamilien. Auf die noch schwachen Verbände und ihre oft noch schwächeren Unterstützungskassen konnte von vornherein nicht gebaut werden. Jedoch verhinderte dies nicht, daß sich mit der Forderung nach Unterstützung immer zuerst an die Verbände gewandt wurde. Diese Form der Arbeitskämpfe führte zu vielfachen Niederlagen und gefährdete die Gewerkschaftsorganisationen.

Segitz formulierte diese Erfahrung in drastischen Worten: »Der Unfug, die Arbeit niederzulegen, ohne vorher den Vorstand der Vereinigung in Kenntnis zu setzen, ohne sich zu vergewissern, wie die Verhältnisse an anderen Orten stehen, ohne einen Pfennig Geld in der Hand zu haben, überhaupt ohne die nöthigen Vorbereitungen getroffen zu haben, muß gemeinsam von allen Gewerkschaften bekämpft werden.«[2]

Besonders in den industriellen Zentren war der Bedarf an einer Koordinierung der Streikaktivitäten unabweislich. In Berlin wurde deshalb am 3. Juli 1890 von 146 Delegierten, die 70 verschiedene Gewerkschaften vertraten, eine *Zentral-Streik-Kontrollkommission* gebildet. Die Gewerkschaften mußten sich in dieser Situation erst einmal als Ordnungsfaktor betätigen, um zu einer wirkungsvollen Gegenmacht werden zu können.

Das beste Mittel jedoch, um den vereinigten Unternehmern wirkungsvoll begegnen zu können, sah Segitz in der zentralistischen Vereinigung der Gewerkschaften nach dem Industrieverbandsprinzip. Die Neigung, sich in Industrieverbänden zu organisieren, war nun vor allem außerhalb der Metallarbeiter noch nicht sehr weit verbreitet. Ein besonders entschiedener Gegner des Industrieverbandsprinzips war der junge Vorsitzende des Drechslerverbandes Carl Legien. Dieser reiste zur Berliner Gewerkschaftskonferenz mit einem eigens ausformulierten »Gegenvorschlag« an. In seinem Modell war die Grundlage der gewerkschaftlichen Organisation der zentrale Berufsverband. Verbände verwandter Berufe eines Industriezweiges sollten sich zu einer »Gruppenorganisation« vereinigen. Die Verbindung zwischen den Berufsverbänden und der »Gruppenleitung« war durch ein ausgeklügeltes System der Kompetenz- und Machtteilung geregelt[3]. In Kenntnis der weiteren Entwicklung ist auffallend, daß weder in den Vorstellungen von Segitz noch von Legien die Idee der Gründung eines Dachverbandes enthalten war.

Auf der Konferenz, die am 16. und 17. November in Berlin zusammentrat, hat – soweit sich den spärlichen Berichten entnehmen läßt – die große Streitfrage Industrie- oder Berufsverband keine besondere Rolle gespielt. Es scheint so, als

---
2 *Deutsche Metallarbeiter-Zeitung*, Nr. 41 vom 11. 10. 1890.
3 Wortlaut des Entwurfs, in: Theodor Leipart, Carl Legien, Reprint Köln 1981, S. 24f.

hätten sich die Befürworter einer Zentralorganisation, sei es als Industrie- oder Berufsverband, darauf verständigt, die Bereinigung ihrer Differenzen hintanzustellen, um erst einmal den gemeinsamen Gegner einer jeden Zentralisation in die Schranken zu weisen. Dies ist auf eindeutige Weise geschehen. In der Resolution der Konferenz wird die lokale Organisation als unzeitgemäß verworfen und die zentralistische Organisation »als die zur Zeit allein richtige« erklärt.

Zum Thema Zentral- oder Berufsverband schweigt sich die Resolution aus. Nur allgemein wird davon gesprochen, daß ein Zusammengehen der Zentralverbände »dringend geboten« sei. Von einem Zusammenschluß »schon jetzt« auf »statuarischer Grundlage« wurde jedoch »angesichts der im Werden begriffenen Gewerbeordnungsnovelle« abgeraten. Statt dessen empfahl die Konferenz, daß die zentralisierten Gewerkschaften auf einem allgemeinen Gewerkschaftskongreß »Normen für ein Zusammenwirken« festlegen sollen.

Eingeweihte Zeitgenossen sahen darin eine Absage sowohl des Vorschlags der Metallarbeiter als auch der Drechsler.

Unverhüllt ist darin jedoch die Ausgrenzung der Anhänger lokaler Gewerkschaften vom Kongreß enthalten. Nur Lokalorganisationen, die vereinsrechtlich gehindert waren, sich einer zentralen Organisation anzuschließen, wie in Sachsen, sollte die Teilnahme erlaubt sein (Anhang, Dok. 2).

Ebenso bedeutsam wie die Entscheidung, einen allgemeinen Gewerkschaftskongreß einzuberufen, war der Beschluß, im Vorgriff auf die Entscheidung des Kongresses eine zentrale Verbindungsstelle (Dachorganisation) der freien Gewerkschaften einzurichten, wohl ohne daß die Teilnehmer sich der vollen Tragweite ihres Handelns bewußt waren. Eine Kommission, bestehend aus 7 bis 9 Mitgliedern, sollte die Aufgabe übernehmen, »allen Angriffen der Unternehmer auf das Organisationsrecht der Arbeiter, gleichviel welcher Branche, energisch entgegenzutreten, bzw. jeden Widerstand der Einzelorganisationen tatkräftig zu unterstützen«. Außerdem hatte die Kommission die Aufgabe, »Agitation zur Verbreitung der Organisation in den noch unorganisierten Landesteilen zu leiten«, allgemein für die Gewerkschaften zu werben und besonders die schwachen Verbände zu unterstützen.

Die finanziellen Mittel für die Tätigkeit der Kommission, »insbesondere diejenigen zur Unterstützung von Abwehrstreiks«, sollten »durch Beiträge der Gewerkschaften je nach Maßgabe der Mitgliederzahl aufgebracht« werden.

Die Konferenz wählte weiter eine Kommission zur Vorbereitung des Kongresses, der sie provisorisch auch die oben genannten Aufgaben der zukünftigen Gewerkschaftskommission übertrug.

Gewählt wurden Adolf Dammann (Geschäftsleiter des Maurerverbandes), Adolph von Elm (Geschäftsführer der Zigarrensortierer), Theodor Glocke (Vorsitzender des Berliner Tischlerverbandes), Emma Ihrer (die sich bei Versuchen, Arbeiterinnen zu organisieren, einen Namen gemacht hatte), Karl Kloß (Vorsitzender des Tischlerverbandes), Carl Legien (Vorsitzender des Drechslerverbandes) und Theodor Schwartz (Vertrauensmann der Former und Mitinitiator des Aufrufs zur Gewerkschaftskonferenz).

Diese Kommission zur Vorbereitung des Kongresses verstand die ihr zusätzlich übertragenen Aufgaben nun keineswegs als Nebensache. Dazu war sie auch nicht verpflichtet. Die ungenau definierten Rahmenbedingungen eröffneten ihr einen breiten Gestaltungsspielraum, den die gewählten Kommissionsmitglieder großzügig auszulegen wußten: Es begann damit, daß sie sich gleich nach ihrer Wahl nicht als Vorbereitungskommission des Gewerkschaftskongresses konstituierten, sondern als *Generalkommission der Gewerkschaften Deutschlands*. Sie wählten Carl Legien zum Vorsitzenden und Adolf Dammann zum Kassierer. Zusammen mit Adolph von Elm bildeten diese drei – begünstigt durch ihren gemeinsamen Wohnort Hamburg – den harten Kern der Generalkommission. Insgesamt tagte die Generalkommission in voller Besetzung von ihrer Gründung bis zum Halberstädter Kongreß nur fünfmal, hingegen trafen sich die drei Hamburger Mitglieder regelmäßig einmal wöchentlich. Keine Frage, daß Carl Legien, der Vorsitzende und einzige hauptamtliche Funktionär der Generalkommission, den Motor und die Seele des ganzen Unternehmens darstellte.

Wie sehr sich die Generalkommission als Spitze eines gewerkschaftlichen Dachverbandes verstand, belegt nicht nur der

Name, sondern geht aus ihrem bereits am 18. November 1890 erlassenen Aufruf an die Arbeiter und Arbeiterinnen Deutschlands hervor. Sie bezeichnete hier als ihre »wesentlichste« Aufgabe, »die im Kampf um ihr Organisationsrecht stehenden Arbeiter und Arbeiterinnen durch Beschaffung der nothwendigen Mittel tathkräftig zu unterstützen«, und dieser Aufgabe widmete sie sich sogleich mit aller Kraft.

Dem gleichen Bestreben, sich als Dachorganisation zu etablieren, diente die Herausgabe eines zentralen Informationsorgans für die Funktionäre der Gewerkschaften, das ab 20. Januar 1891 »nach Bedarf, voraussichtlich jeden Sonnabend« erschien (Anhang, Dok. 3). Für den schließlichen Erfolg dieser Absicht hatte das *Correspondenzblatt der Generalkommission der Gewerkschaften Deutschlands* eine kaum zu überschätzende Bedeutung. Zum ersten Male erhielten die Gewerkschafter einen systematischen Überblick über die Stärke bzw. Schwäche der sozialdemokratischen Gewerkschaftsbewegung. Im Sommer 1891 wurde mit der Veröffentlichung der Titel und Adressen der Gewerkschaftszeitungen und der Adressen der Gewerkschaftsvorstände und Vertrauensleute der Anfang einer peniblen Buchführung über die deutsche Gewerkschaftsbewegung gemacht; im September des gleichen Jahres erschien – seit der Geibschen Statistik von 1877 – die erste halbwegs exakte »Übersicht über die Zahl und Stärke der deutschen Gewerkschaftsorganisationen« (Anhang, Dok. 4). Aus den Spalten des *Correspondenzblattes* konnte sich der Gewerkschaftsfunktionär nicht nur über die Entwicklung anderer Organisationen informieren, sondern vor allem auch über die Arbeitskämpfe in den verschiedenen Orten, Berufen und Betrieben und über die dortigen Arbeits- und Lohnverhältnisse. Es wurden hier praktische Erfahrungen vermittelt, Vergleichsmöglichkeiten geschaffen, Orientierung für die jeweils eigene Arbeit geboten. Diesem Zweck dienten ebenfalls die ersten Berichte über die Gewerkschaften anderer Länder.

Die Generalkommission schuf sich mit dem *Correspondenzblatt* auch die Möglichkeit, selbständig in die gewerkschaftlichen Auseinandersetzungen eingreifen zu können. Bis zum Halberstädter Kongreß nutzte sie diese Möglichkeit, um mit zahlreichen ausführlichen Artikeln Einfluß auf die Organisationsdebatte zu nehmen. Dies war um so notwendiger, je schärfer die Kritik an ihrem Organisationsentwurf formuliert wurde, den auszuarbeiten sie von der Berliner Konferenz aufgetragen bekommen hatte.

Diese Vorlage für den Kongreß orientierte sich stark an dem ursprünglichen Entwurf Legiens: Grundlage der Organisation war der zentrale Berufsverband. Auch an den »Gruppen-Organisationen« wurde festgehalten, nur daß sie jetzt die Bezeichnung »Unionen« verliehen bekamen. Die wesentliche Erweiterung lag in dem Vorschlag, die Unionen untereinander durch eine zentrale Körperschaft – genannt Generalkommission – zu verbinden.

Vertrauend auf die normative Kraft des Faktischen, wurde das Aufgabenfeld der Generalkommission ziemlich genau entlang ihrer bisherigen Aktivitäten abgesteckt. Im Vergleich zu den Aufgaben, wie sie die Berliner Konferenz bestimmt hatte, kam neu hinzu die Herausgabe eines »Blattes«, das maßgeblich die dauernde Verbindung zu den einzelnen Organisationen zu unterhalten hatte. Weiter wurden die Regeln für die Unterstützung von Abwehrstreiks präzisiert. Nur noch »in bestimmten und dringenden Fällen und unter Zustimmung der Mehrzahl der Unionen« wollte die Generalkommission in Zukunft Unterstützung gewähren. Entscheidend für die Existenz eines selbständigen Dachverbandes war die allgemeine Definition, daß die Generalkommission jene »Angelegenheiten« zu besorgen habe, »an denen alle Gewerkschaften gleichmäßig interessiert sind, keine aber für sich zu deren Regelung geeignet ist«[4].

Der sensible Punkt dieses Organisationsmodells lag in dem Vorschlag, wie die Mitgliedsbeiträge zwischen Berufsverband und Union aufzuteilen und wie die Generalkommission zu finanzieren sei, denn hier entschied sich letztlich die Handlungsmöglichkeit der Instanzen. Nach Vorstellung der Generalkommission sollte der Berufsverband 10 Prozent seiner Einnahmen an die Union und diese wiederum 20 Prozent ihrer Einnahmen an die Generalkommission abführen.

---

4 *Correspondenzblatt*, Nr. 11 vom 25. 4. 1891.

Vielleicht nicht so sehr der Entwurf, sondern vielmehr die überaus scharfe Kritik, wie sie die *Metallarbeiter-Zeitung* äußerte, verschaffte der Generalkommission schlagartig große Publizität. In Bausch und Bogen wurde der Entwurf der Generalkommission verurteilt: »*Wir halten ihn für vollkommen ungeeignet, der Gewerkschafts-Bewegung zu nützen. Der Apparat ist zu schwerfällig und kostspielig.*«[5]

Dieses Urteil muß im Zusammenhang gesehen werden mit der Auseinandersetzung in den Reihen der Metallarbeiter über ihre Organisationsform. Die Frage, ob sie sich in weitgehend selbständigen Berufsgewerkschaften, die im Rahmen einer föderativen Metallarbeiter-Union lose verbunden sind, oder in einem einheitlich, zentralistischen Industrieverband organisieren, wollten sie auf ihrem kurz bevorstehenden Kongreß entscheiden. Gut drei Wochen vor Veröffentlichung des Entwurfes der Generalkommission hatte die *Metallarbeiter-Zeitung* einen eigenen Organisationsvorschlag publiziert, der den Industrieverband favorisierte. Oberflächlich betrachtet könnte der »Statuten-Entwurf zur Anbahnung einer Metallarbeiter-Union« Ähnlichkeiten mit dem Unions-Modell der Generalkommission nahelegen. Die Differenz zwischen beiden Modellen bestand jedoch darin, daß bei der Generalkommission die Selbständigkeit des Berufsverbandes weitgehend gewahrt, bei den Metallarbeitern weitgehend beseitigt wurde; die Union der Generalkommission war ein föderatives, die Union der Metallarbeiter ein zentralistisches Gebilde. Um Mißverständnisse zu vermeiden, ließen die Metallarbeiter den Unionsbegriff fallen und nannten ihre im Juni 1891 in Frankfurt am Main gegründete Industrieorganisation *Deutscher Metallarbeiter-Verband*.

Die Generalkommission mischte sich mit ihrem Organisationsentwurf also in die laufende Diskussion der Metallarbeiter ein und ergriff Partei für die Anhänger eines Berufsverbandes. Da Theodor Schwartz nicht nur Mitglied der Generalkommission war, sondern gleichzeitig Vertrauensmann der Former, wog diese Stellungnahme um so schwerer. Theodor Schwartz war dann maßgeblich daran beteiligt, daß sich die

---

5 *Deutsche Metallarbeiter-Zeitung*, Nr. 20 vom 16. 5. 1891.

Former nicht dem Metallarbeiter-Verband anschlossen, sondern einen eigenen Zentralverband gründeten (September 1891). Erst 1901, mehr gezwungen als freiwillig, schlossen sich die Former dem übermächtigen Industrieverband der Metallarbeiter an.

Nicht nur das Berufsverbandsprinzip wurde von der *Metallarbeiter-Zeitung* abgelehnt, auch die vorgeschlagene Form des Dachverbandes. Im Entwurf der Generalkommission war vorgesehen, daß die 7 Mitglieder der Generalkommission »von dem alle zwei Jahre stattfindenden allgemeinen Gewerkschaftskongreß« gewählt werden, zusätzlich ergänzt durch je einen Vertreter der Unionen. Die vom Kongreß gewählten Mitglieder sollten dabei die Verwaltung übernehmen, die Vertreter der Unionen eine Kontrollfunktion ausüben.

Die *Metallarbeiter-Zeitung* bedachte diesen Vorschlag mit folgenden Worten: »Dieses Monstrum bureaukratischer Reglementirung, dieser Wasserkopf eines Großmachttraumes ist von dem Augenblicke an schon gerichtet, da er auf der Bildfläche der öffentlichen Diskussion erscheint.«[6]

Diese überzogene Polemik macht deutlich, daß die ursprüngliche Initiative der Vertrauensmänner der Metallarbeiter keineswegs auf die Gründung eines selbständigen Dachverbandes der Gewerkschaften abzielte. Durch das selbstbewußte und eigenmächtige Vorgehen der Generalkommission in Richtung Dachverband wurden Fakten geschaffen, die ganz und gar nicht im Sinne der Metallarbeiter waren.

Nicht zuletzt der Streit über den Organisationsplan der Generalkommission führte dazu, daß Vorschläge laut wurden, den allgemeinen Gewerkschaftskongreß, der für den Herbst 1891 geplant war, auf das Frühjahr 1992 zu verschieben. Der Versuch der Generalkommission, darüber ein Meinungsbild herzustellen, zeigte, wie desolat die Gewerkschaftsbewegung zu diesem Zeitpunkt noch war. Trotz guten Zuredens vermochte die Generalkommission zunächst nur wenige Vorstände zur Abgabe eines Votums zu bewegen. Erst die öffentliche Klage, daß solche Tatsachen »durchaus kein günstiges

---

6 *Deutsche Metallarbeiter-Zeitung*, Nr. 23 vom 6. 6. 1891.

Licht auf die Verwaltung unserer Organisationen« würfen, verbunden mit der Kritik, daß es »wirklich an der Zeit« wäre, »etwas mehr Zeit für die Allgemeinheit übrig zu haben«[7], führte dazu, daß sich schließlich doch noch 40 von 59 Zentralvorständen bequemten, ihre Meinung kundzutun. Dabei erklärten sich von 40 Verbänden 23 für eine Verschiebung des Kongresses.

Nicht nur die »gewaltig« auseinandergehenden Meinungen über die beste Organisationsform und der Generalangriff der Metallarbeiter ließen es der Generalkommission geraten erscheinen, vor dem Kongreß nochmals eine Vorständekonferenz einzuberufen, sondern ebenso die Tatsache, daß viele Organisationen gar nicht daran dachten, die Generalkommission gemäß der Berliner Vereinbarung finanziell zu unterstützen. Die Generalkommission sah sich deshalb »genöthigt«, von den Zentralvereinen eine Erklärung zu verlangen, ob sie die Kommission für die fernere Zeit unterstützen wollten. Von der Konferenz verlangte sie eine Entscheidung, die Zentralverbände zur Unterstützung der Kommission zu verpflichten[8]. Die »Stellung« der Generalkommission, die Zukunft eines selbständigen gewerkschaftlichen Dachverbandes, war im Sommer 1891 alles andere als gesichert.

Am 7. und 8. September 1891 trafen sich 42 stimmberechtigte Delegierte von 39 Gewerkschaften, um über das weitere Schicksal der Generalkommission zu beraten. Gleich zu Beginn der Diskussion hatten die Maler unverblümt gefordert: »Die Generalkommission ist aufzuheben.« Dies ging den meisten Teilnehmern offensichtlich etwas zu weit. Die Diskussion spitzte sich in der Folge auf die Frage zu, ob und welche Streiks die Generalkommission unterstützen solle bzw. dürfe. Damit war gleichzeitig die Frage aufgeworfen, wie hoch der finanzielle Beitrag zur Unterstützung der Generalkommission durch die einzelnen Verbände sein sollte.

Die Generalkommission hatte sich bei einer Reihe von Verbänden unbeliebt gemacht durch die Art und Weise, wie sie die Streikunterstützung gehandhabt hatte. Kritisiert wurde

---

7 *Correspondenzblatt*, Nr. 20 vom 11. 7. 1891.
8 *Correspondenzblatt*, Nr. 22 vom 1. 8. 1891.

vor allem die Unterstützung des 16wöchigen Streiks der Hamburger Tabakarbeiter. Diese wehrten sich gegen den Versuch der vereinigten Unternehmer, des *Zigarren-Fabrikanten-Vereins*, die Arbeiter mit einer Aussperrung zu zwingen, einer gewerkschaftlichen Organisierung abzuschwören. Da in der Streikkasse der Generalkommission zu diesem Zeitpunkt (Streikbeginn war der 26. November 1890) nicht genügend Geld vorhanden war, finanzierte sie die Unterstützung mit einem Darlehen. Vorgeworfen wurde ihr dabei nicht die Kreditaufnahme als solche, sondern die Unterstützungssumme von knapp 150000 Mark und die Art der Rückzahlung des Darlehens, für das die Generalkommmission die Gelder des Mai-Fonds zweckentfremdete. Tatsächlich bot dieser Betrag im Vergleich zu den bescheidenen Zuwendungen, die andere Verbände erhalten hatten, und der Gesamtunterstützungssumme von 187096,00 Mark, Stoff zum Nachdenken. Der Verdacht, daß hier nicht alles mit rechten Dingen zugegangen sei (»An der Quelle saß der Knabe«), mußte sich besonders deshalb aufdrängen, weil mit Adolph von Elm ein maßgeblicher Streikführer gleichzeitig über die Unterstützungsleistungen der Generalkommission mitbestimmen konnte.

Grundsätzlich wurden hier jedoch die Schranken der Solidarität zwischen den nach Beitragshöhe und Unterstützungsleistung stark differierenden Gewerkschaften deutlich. Allein bei den Fachverbänden der Holzarbeiter schwankte der wöchentliche Beitrag zwischen 7½ und 35 Pfennige. Emil Döblin, der Vorsitzende des *Unterstützungsvereins Deutscher Buchdrucker* sprach davon, daß die Buchdrucker sogar 2,65 Mark wöchentlich für ihre Unterstützungskassen zahlten. Auch wenn diese Beträge gewichtet werden müssen, und der Unterschied dann erheblich geringer ausfallen dürfte, lagen immer noch materielle Welten zwischen den einzelnen Verbänden.

Mindestens ebenso schwer wog die unerfreuliche Erkenntnis, daß ein zentraler Streikfonds die Macht der Einzelverbände einschränkte.

Die Konferenz beschloß, die Kompetenz der Generalkommission, bezogen auf die Streikunterstützung, generell zu begrenzen. In Zukunft durfte die Generalkommission nur noch Abwehrstreiks unterstützen, »welche sich behufs Erhaltung des Vereinigungsrechtes der Arbeiter gegenüber den Angriffen der Unternehmer als nothwendig erweisen«. Und selbst hier wurde ein kompliziertes Abstimmungsverfahren mit den Zentralverbänden vorgeschaltet. Gänzlich an die Leine der Zentralvorstände gelegt wurde die Generalkommission in Fragen der Kreditaufnahme: »Anleihen zum Zweck der Unterstützung dürfen von der ›G-K‹ nur unter Zustimmung der Mehrheit der Gewerkschafts-Vorstände gemacht werden.« Die Finanzierung des Streikfonds wollten die Verbände gemäß ihrer prozentualen Stärke garantieren. Das Ergebnis dieser Bestimmungen zeigte sich darin, daß bis zum Kongreß von der Generalkommission für Streikunterstützung keine weitere Mark mehr ausgegeben wurde, und daß viele Verbände es auch nicht mehr für nötig erachteten, der Generalkommission für ihre Streikstatistik Arbeitskämpfe mitzuteilen.

Für den Fortbestand der Generalkommission war der Beschluß entscheidend, daß die Verbände 3 Pfennig pro Quartal und Mitglied (die Generalkommission hatte 5 Pfennige verlangt) zur Finanzierung der Generalkommission beizusteuern hatten. Damit wurde eine verbindliche Regelung getroffen, die weit über die vage Bestimmung der Berliner Konferenz hinausging. Die Existenz der Generalkommission war damit bis zum Kongreß gesichert.

Das zweite zentrale Thema der Konferenz drehte sich um die Frage, ob der Organisationsplan der Generalkommission als Vorlage für den Kongreß geeignet sei. Die Metallarbeiter, genauer die Vertreter des Metallarbeiter-Verbandes, gehörten erwartungsgemäß zu den entschiedensten Gegnern dieses Organisationsplanes. Wie erwähnt, lehnten sie nicht nur das Konzept zentraler Berufsgewerkschaften ab, auch die vorgeschlagene Form des Dachverbandes stieß bei ihnen auf wenig Gegenliebe. An Stelle einer Generalkommission sollte nach ihrer Vorstellung ein »Generalrath und aus diesem ein Exekutivausschuß und ein Generalkassierer« treten (Anhang, Dok. 5).

Der ausformulierte Organisationsentwurf, den die Metallarbeiter dem Gewerkschaftskongreß zur Abstimmung vorlegten, läßt den Unterschied zum Modell der Generalkommission deutlich erkennen: Der Gewerkschaftsrat sollte aus je einem Mitglied der beteiligten Verbände gebildet werden, der wiederum den Generalkassierer und den fünfköpfigen Exekutivausschuß ernannte (Protokoll, S. 59f.). Will man nicht zu großes Gewicht auf die feine Ironie legen, daß an die Spitze des Dachverbandes der Gewerkschaften ein Generalkassierer gestellt werden sollte, dann liegt der entscheidende Unterschied zwischen beiden Konzepten darin, daß die Mitglieder des Gewerkschaftsrates ihr Mandat von den einzelnen Verbänden oder gar nur Verbandsvorständen erhalten, während die Mitglieder der Generalkommission auf einem allgemeinen Gewerkschaftskongreß gewählt werden sollten. Die Institution eines allgemeinen Gewerkschaftskongresses ist im Entwurf der Metallarbeiter gar nicht vorgesehen.

Der Entwurf der Metallarbeiter ist eine entschiedene Absage an einen gewerkschaftlichen Dachverband mit einem eigenen Gewicht gegenüber den Einzelverbänden.

Die Einsicht, daß ein selbständiger Dachverband einem Delegiertenrat der Einzelverbände vorzuziehen sei, war auf der Halberstädter Konferenz so weit verbreitet, daß die Metallarbeiter ihren Entwurf zurückzogen. Der Organisationsvorschlag der Generalkommission wurde mit der Veränderung, daß die Generalkommission nur aus 7 Mitgliedern bestehen solle, mit 35 gegen 4 Stimmen als Vorlage für den Gewerkschaftskongreß gebilligt. Damit war eine Vorentscheidung über die zukünftige Form des Dachverbandes und über die Alternative Berufs- oder Industrieverband gefallen.

Der Halberstädter Kongreß brachte in vieler Hinsicht eine Neuauflage vorangegangener Diskussionen. Zunächst erhitzten sich die Gemüter am Bericht der Generalkommission über ihre bisherige Tätigkeit. Hauptsächlich wurde wieder die Unterstützung des Hamburger Tabakarbeiteraufstandes kritisiert, also die eigenmächtige Kreditaufnahme und die Schuldenrückzahlung aus den Beständen des Maifonds. Die Mitglieder der Generalkommission begründeten hingegen ausführlich, warum sie so und nicht anders hatten handeln müssen. Legien gestand jedoch schließlich zu, daß die Kritik an der Generalkommission nicht völlig unbegründet sei: »Die Angriffe auf die Generalkommission haben ja theilweise ihre Berechtigung, wir haben eingesehen, Fehler gemacht zu haben, man muß eben beachten, daß wir nichts hatten, worauf wir uns stützen konnten als eine Sympathie-Erklärung.«[9] Nach der eintägigen Diskussion über den Bericht der Generalkommission behandelte der Kongreß sein Hauptthema, die Organisationsfrage. Mit drei Referaten wurde die Generaldebatte eröffnet. Legien sprach für eine berufsverbandliche, Segitz für eine industrieverbandliche und Rieck für eine lokalistische Organisation.

Ausgehend von dem gleichen Bestreben, möglichst starke und mächtige Gewerkschaften aufzubauen, reduzierte sich der Unterschied zwischen Legien und Segitz im Kern darauf, daß Legien behauptete, die industrielle Produktion sei längst nicht in dem Maße fortgeschritten, um Industrieverbände aufbauen zu können, bzw. »Kastengeist« und »Berufsdünkel« seien noch so verbreitet, daß nur mit Berufsverbänden die große Zahl der noch »indifferenten«, d.h. gewerkschaftlich nicht organisierten Arbeiter gewonnen werden könne. Segitz hingegen meinte, bei bestehenden 58 Zentralverbänden mit knapp 300000 Mitgliedern würden durch die Form dieser Zentralisation »Geldmittel vergeudet«, die Beiträge gingen »häufig in Verwaltungskosten und Zeitungskosten auf«[10]. Der Kastengeist bestehe zwar noch, aber er würde gerade durch das Werben für Berufsverbände »künstlich genährt«. Auf das Argument, die Industrialisierung sei noch zu gering, ließ er sich nicht ein, statt dessen versuchte er, am Beispiel einer fiktiven Möbelfabrik die Überlegenheit des Industrieverbandes zu demonstrieren.

In dieser Kontroverse waren jedoch auch versöhnliche Töne zu hören: So beteuerte Segitz, daß es den Metallarbeitern nicht darum ginge, ihr Organisationsprinzip auf Biegen und Brechen den anderen Organisationen aufzuzwingen. Legien hatte vorher schon eine Brücke gebaut mit der Feststellung, daß »selbstverständlich« keine Organisation, die bereits die

---

9 Zitiert nach: *Vorwärts*, Nr. 65 vom 17. 3. 1892.
10 Zitiert nach: *Deutsche Metallarbeiter-Zeitung*, Nr. 14 vom 2. 4. 1892.

Grenzen des Berufsverbandes verlassen habe, veranlaßt werden solle, dahin »zurückzukehren«. Ausdrücklich sprach er sich dafür aus, den Metallarbeiter-Verband »anzuerkennen«.

Als Zeichen des Entgegenkommens legte die Generalkommission einen überarbeiteten Organisationsentwurf vor, der wesentlich flexibler als der alte formuliert war: Unionen konnten nun durch Kartellverträge verwandter Berufsorganisationen »angebahnt« werden, und mit der Formulierung, daß Industrieverbände »gegenwärtig allgemein nicht empfohlen« werden können, akzeptierte man den Metallarbeiter-Verband und ließ den zukünftigen Weg zu Industrieverbänden offen.

Unversöhnlich war hingegen die Gegnerschaft der Zentralisten zu den Lokalisten und umgekehrt. Zwei gewichtige Gründe lassen sich dafür benennen: In den Gewerkschaften entwickelte sich schon früh (im Zusammenhang mit dem Versuch der Lassalleaner, 1868 streng zentralistische, der Partei untergeordnete Gewerkschaften aufzubauen) eine Abneigung gegen zentralistische Organisationsstrukturen. Nach dem anfänglichen Verbot fast aller sozialdemokratischen Gewerkschaften unter dem Sozialistengesetz wurde bei einer Reihe von Gewerkschaftern aus der Not, die Gewerkschaften zunächst vorsichtig als lokale berufliche Unterstützungsverbände aufbauen zu müssen, bald eine Tugend. Die alte Form des öffentlichen Arbeitskampfes, d.h. die Arbeiter eines Betriebes oder die Angehörigen eines Berufes wählten in öffentlichen Versammlungen ihre Lohn- bzw. Streikkommissionen, die Ansprech- und Verhandlungspartner für den Unternehmer waren, vertrug sich dabei gut mit den lokalen Gewerkschaftsverbänden. Diese versammlungs- und nicht verbandsdemokratische Arbeiterbewegung war nur auf betrieblicher und lokaler Ebene denkbar. Die Stärke dieser Form gewerkschaftlicher Interessenvertretung lag in der Überschaubarkeit der Entscheidungsprozesse und deshalb der Möglichkeit zu direkter Kontrolle und Beteiligung der Arbeiter. Ihre Schwäche lag in der lokalen Begrenztheit, die es bei zunehmender Industrialisierung immer schwerer machte, Arbeitskämpfe rational zu kalkulieren und die dafür notwendige materielle Unterstützung zu sichern.

Die Erfahrung häufiger Niederlagen mit dieser Aktions- und Organisationsform führte dazu, daß der generelle Hang der deutschen sozialdemokratischen Arbeiterbewegung zur Zentralisation sich schon unter dem Sozialistengesetz bald wieder mächtig regte. Die Anhänger gewerkschaftlicher Lokalorganisationen, die besonders Gefallen an der betrieblichen und örtlichen Streikautonomie gefunden hatten, sperrten sich nun gegen die Wegnahme der Streikkompetenz durch Zentralorganisationen.

Es ging bei dieser Auseinandersetzung jedoch nicht nur um mehr oder weniger basisnahe demokratische Organisationsstrukturen. Ein Teil der Anhänger des lokalen Verbandsprinzips – und für diesen wurde der Begriff Lokalisten geprägt – unterschied sich von den Zentralisten durch ein grundsätzlich anderes gewerkschaftliches Selbstverständnis. Die sozialdemokratische Gewerkschaftsbewegung hatte sich schon früh darauf verständigt, eine feinsäuberliche Arbeitsteilung zwischen Partei und Gewerkschaften vorzunehmen. Die Partei war für die Politik und die Gewerkschaften waren für die Ökonomie zuständig. Verbunden war diese Arbeitsteilung mit der Überzeugung, daß die politische Arbeit das Wesentliche und letztlich Entscheidende sei. Im Erfurter Programm der Sozialdemokratie von 1891 lautet die klassische Formulierung: »Der Kampf der Arbeiterklasse gegen die kapitalistische Ausbeutung ist notwendigerweise ein politischer Kampf.«

Der gewerkschaftlichen Tätigkeit um bessere Lohn- und Arbeitsbedingungen stand man allgemein mit großer Skepsis gegenüber. Sowohl Lassalle mit seinem »ehernen Lohngesetz« als auch Marx mit seiner Arbeitswertlehre hatten die Zweifel am Sinn gewerkschaftlicher Anstrengungen um höhere Löhne und kürzere Arbeitszeiten zusätzlich gestärkt. Es gehörte zum guten Ton sozialdemokratischer Gewerkschafter, die Begrenztheit gewerkschaftlichen Tuns immer wieder hervorzukehren, um das Augenmerk auf die politische Tätigkeit zu richten. In Zeiten, die es geraten erscheinen ließen, nicht offen für die Sozialdemokratische Partei zu werben, war dies eine verbreitete Art, sozialdemokratische Flagge zu zeigen. Die Gewerkschaften wurden primär als »Vorschule« für die politische Bewegung, d.h. für die Sozialdemokratische Partei angesehen. Vor allem in diesem Sinne ist die heute so merkwürdig klingende Formulierung in der Resolution der Metallarbeiter zu verstehen: »Durchdrungen von der Überzeugung, daß die Arbeiter nicht im Stande sind, durch die gewerkschaftliche Organisation ihre Lage durchgreifend und auf die Dauer zu verbessern, ist sich der Kongreß dennoch bewußt, daß die gewerkschaftliche Organisation den Arbeitern ein Mittel bietet, ihre materielle Lage zeitweilig zu heben, ihre Aufklärung zu fördern und sie zum Bewußtsein ihrer Klassenlage zu bringen.« (Protokoll, S. 59)

Auch Legien beschwor in seiner Eröffnungsrede des Kongresses dieses grundsätzliche sozialdemokratische Verständnis, allerdings mit deutlich höherer Bewertung des gewerkschaftlichen Kampfes. Zwar können die Gewerkschaften »nicht die Lösung der sozialen Frage herbeiführen«, aber »wesentlich die Emanzipationsbestrebungen der Arbeiterklasse unterstützen«.

Die strikte Arbeitsteilung zwischen Partei und Gewerkschaften korrespondierte gut mit den Auflagen des Vereinsrechtes, das die Verbindung politischer Vereine verbot, d.h. sie war gleichzeitig ein starkes Argument für die Anhänger unpolitischer, genauer parteipolitisch unabhängiger Gewerkschaften. Zentralverbände waren vereinsrechtlich nur als unpolitische Gewerkschaften möglich. Auch um den Behörden die gängige schikanöse Handhabung des Vereinsrechts zu erschweren, wurde häufig in den Statuten der unpolitische Charakter der Gewerkschaften hervorgehoben. Im ursprünglichen Organisationsentwurf der Generalkommission ist die folgende, viel gebrauchte Standardformel enthalten: »Die einzelnen Zentralvereine haben die Aufgabe, unter Ausschluß aller politischen und religiösen Fragen, die wirthschaftlichen Interessen ihrer Mitglieder allseitig zu wahren, ...«[11]

Schon den Metallarbeitern ging diese Formulierung zu weit. Nicht zu Unrecht witterten sie dahinter den Versuch der Anhänger eines gewerkschaftlichen Pragmatismus, die ideologische Bindung der Gewerkschaften an die Sozialdemokratie

---

11 *Correspondenzblatt*, Nr. 11 vom 25. 4. 1891.

möglichst dezent auszudrücken, wenn nicht vollständig zu vermeiden. Später, noch vor der Jahrhundertwende, als zunehmend ideologische Verblendungen die Diskussion im sozialdemokratischen Lager überlagerten, wurde den Linken eine solche Auffassung vollends suspekt. Als dann durch die Gründung christlicher Gewerkschaften der Ruf nach parteipolitisch unabhängigen Gewerkschaften lauter denn je ertönte, um die fruchtlose Spaltung der Richtungsgewerkschaften zu überwinden, war dies für *Marxisten* ein tpyisches Kennzeichen der *Revisionisten*.

Doch schon in Halberstadt grenzte es an Ketzerei, zu behaupten, daß selbst wenn die Gewerkschaften volle Bewegungsfreiheit hätten, also Politik treiben könnten,»dies trotzdem nur mehr Interessen- als Parteipolitik sein« dürfe (Protokoll, S. 31). Den Verdacht, die vereinsrechtlich für zentrale Gewerkschaften vorgeschriebene weltanschauliche und parteipolitische Toleranz tatsächlich ernst zu nehmen, mußte Legien damit bestärken.

Umgekehrt nahm die Generalkommission Anstoß an der Formulierung der Metallarbeiter, die der gewerkschaftlichen Arbeit so wenig Gewicht zumaß. Der Kongreß verzichtete auf beide Versionen, allgemeines gewerkschaftliches Selbstverständnis auszudrücken.

Das Bestreben, unpolitische, genauer parteipolitisch unabhängige Gewerkschaften aufbauen zu wollen, stieß besonders auf den entschiedenen Widerstand der Lokalisten. Sie befürchteten von unpolitischen Gewerkschaften, daß sie die Arbeiter in das »Fahrwasser der Hirsch-Dunckerschen-Gewerkvereine« (das waren die liberalen gewerkschaftlichen Konkurrenzorganisationen, die die parteipolitische und religiöse Neutralität ebenfalls auf ihre Fahne geschrieben hatten) treiben könnte und malten das Schreckgespenst einer »Versumpfung der Arbeiter« an die Wand. Sie wollten in erster Linie die »Aufklärung des klassenbewußten Proletariats«, und die durfte nicht »einseitig« wie in unpolitischen Zentralverbänden erfolgen, sondern mußte »sowohl nach politischer und wirtschaftlicher Richtung hin gefördert werden« (Protokoll, S. 60).

Das Hauptargument der Lokalisten gegen Zentralverbände

bestand nicht so sehr darin, demokratische Organisationsstrukturen zu bewahren, sondern sozialdemokratische Gewerkschaften zu ermöglichen. Diese waren aber nur, falls man mit offenem Visier kämpfen wollte, als lokale Verbände polizeilich erlaubt, und deshalb wollten die Lokalisten die Selbständigkeit lokaler Organisationen erhalten.

Um den Entscheidungsprozeß des Kongresses zu strukturieren, wurde die Diskussion über die Organisationsfrage zunächst in getrennte »Spezialkongresse« verlagert. Die einzelnen Verbände wurden dabei nach Industriezweigen zusammengefaßt, wie sie in der Präsenzliste des Protokolls verzeichnet sind. Über die dortigen Diskussionen geben nur knappe Berichte an den Kongreß Auskunft. Folgt man ihnen, so scheinen sie recht turbulent verlaufen zu sein. Bei den Bauarbeitern, die eine starke lokalistische Tradition hatten, kam es sogar zum Eklat, d. h. die Anhänger lokalistischer Vorstellungen verließen die Sitzung. Auch andere Gruppen konnten sich nicht auf ein einheitliches Votum einigen und ließen die Berichte von einem Referenten und Korreferenten vortragen. Bei den Metallarbeitern zeigte sich, daß die Kompromißbereitschaft, die die Vertreter des Industrieverbandes im Plenum des Kongresses signalisiert hatten, für den eigenen Industriebereich nicht gelten sollte. So klagte der Sprecher der Schmiede, die dem Metallarbeiter-Verband ebenfalls ferngeblieben waren: »Die Delegierten des Metallarbeiter-Verbandes haben nicht das geringste Entgegenkommen gezeigt. Die Hauptdiskussion drehte sich um die Annahme einer Resolution, welche in ihrem Schlußpassus die Anerkennung der bestehenden Berufs-Zentralisationen verlangt. Die Metallarbeiter im Bewußtsein ihrer Macht, haben diese Konzession nicht gemacht und wurde somit die Resolution mit 19 gegen 14 Stimmen abgelehnt. Dieses Resultat ist der Ausdruck der Machtverhältnisse, wie der Große den Kleinen erdrückt, so auch hier; man glaubt, die Berufsorganisationen aufsaugen zu müssen.«[12]

Insgesamt ergab sich aus den Berichten, daß die Mehrheit der

---

12 Zitiert nach: *Vorwärts,* Nr. 67 vom 19. 3. 1892.

Verbände für die Resolution der Generalkommission stimmen würde.

Um eine größtmögliche Einigung zu erzielen, die Vertreter des Metallarbeiter-Verbandes waren mit der überarbeiteten Vorlage der Generalkommission immer noch nicht zufriedengestellt, legte der Sprecher der Holzarbeiter, Karl Kloß, gleichzeitig Mitglied der Generalkommission, eine Kompromißresolution vor, deren entscheidende Passage lautete:

»Der Kongreß erklärt sich für die Annäherung der Zentralisationen verwandter Berufe durch Kartellverträge, überläßt jedoch die Entscheidung der Frage, ob die spätere Vereinigung der Branchenorganisationen zu Unionen oder Industrieverbänden stattzufinden hat der weiteren Entwicklung der Organisationen.« (Protokoll, S. 57)

Da der Industrieverband außerdem noch als das anzustrebende Ideal gepriesen wurde, war es dem Metallarbeiter-Verband leicht gemacht, seine Resolution zurückzuziehen. Dieser Teil der Holzarbeiter-Resolution wurde in gesonderter Abstimmung mit 148 gegen 37 Stimmen bei 11 Enthaltungen angenommen.

Gemessen am Stand der industriellen Entwicklung und an dem tatsächlichen Organisationsfeld der Gewerkschaften war der Streit über die Alternative entweder Berufs- oder Industrieverband wirklichkeitsfern. In Handwerk und Industrie waren bis 1895 überhaupt nur 3,3 Prozent der Arbeiter in Großbetrieben mit mehr als 1000 Belegschaftsmitgliedern beschäftigt, 30,2 Prozent in Mittelbetrieben von 51 bis 1000 Beschäftigten und 41,9 Prozent in Kleinbetrieben bis zu fünf Beschäftigten. Die Gewerkschaften hatten ihre Basis in Klein- und Mittelbetrieben und fanden hauptsächlich Zuspruch bei den Facharbeitern. An der Organisierung von un- und angelernten Arbeitern waren diese Facharbeitergewerkschaften überwiegend nicht interessiert. Der handwerkliche Berufsstolz, als »Kastengeist« und »Berufsdünkel« oft nur polemisch kritisiert, war auch bei den Gewerkschaftsmitgliedern so ausgeprägt, daß ungelernte Arbeiter der gleichen Branche und des gleichen Betriebes sich in speziellen Hilfsarbeitergewerkschaften organisieren mußten. Es war jedoch nicht nur Berufsdünkel, der sich gegen die Hilfsarbeiter richtete, sondern auch die Erfahrung, daß die Identifikation mit der beruflichen Fähigkeit ein Selbstbewußtsein und ein Bewußtsein der Zusammengehörigkeit stiftete, das solidarisches Handeln eher ermöglichte als bei den ungelernten Arbeitern, bei denen häufiger Arbeitsplatzwechsel noch zusätzlich organisationshemmend wirkte. Auch im Metallarbeiter-Verband, der den Berufsgruppen eine spezielle Branchenorganisation auf lokaler Ebene gestattete, waren die ungelernten Arbeiter entgegen anders lautender Beschlüsse zunächst noch keineswegs gern gesehen. Wenn Segitz mit ihnen die Überlegenheit des Industrieverbandes zu begründen versuchte, dann entsprach dem noch keine Wirklichkeit. Immerhin formulierte der Metallarbeiter-Verband mit seinem Anspruch, alle Metallarbeiter und Metallarbeiterinnen organisieren zu wollen, ein kühnes und zukunftsweisendes Projekt, auch wenn er im Grunde eine Facharbeitergewerkschaft bleiben sollte.

Der Gewerkschaftskongreß traf also eine weise Entscheidung, sich nicht dogmatisch auf den Berufs- oder Industrieverband festzulegen.

Ob die strikte Ablehnung der lokalistischen Organisationen ebenso weise war, darf bezweifelt werden. Ein wenig mehr Toleranz und eine integrative Haltung gegenüber diesen Organisationen hätte viel unnützen, noch über Jahre währenden Streit verhindern helfen können, ohne daß dies die praktische Erfolglosigkeit dieses Organisationsansatzes aufgehoben hätte. Die *Freie Vereinigung deutscher Gewerkschaften*, zu der sich die lokalistischen Verbände lose zusammenschlossen, vermochte nicht, mit der Entwicklung der freien Gewerkschaften Schritt zu halten. Ihre dogmatische Auffassung von einer politischen, offen sozialdemokratischen Gewerkschaft hatte sektiererische Züge. Gleichwohl darf nicht übersehen werden, daß in der kritischen Distanz gegenüber der vorherrschenden Faszination zentraler Instanzen das Angebot eines demokratischen Korrektivs enthalten war.

Nachdem die Resolution »der Vertreter lokal organisierter Arbeiter« mit großer Mehrheit abgelehnt und die Resolution der Holzarbeiter, in der eine eindeutige Absage an Lokalverbände enthalten war, angenommen wurde, verließen die Lokalisten unter Protest den Kongreß (Protokoll, S. 62).

Mit dieser Entscheidung – inzwischen waren vier Tage vergangen – hatte der Kongreß offensichtlich seine Kräfte weitgehend erschöpft. Die anschließende Diskussion über die Form des Dachverbandes – für die nicht mehr allzuviel Zeit verblieben war – verlief vergleichsweise undramatisch. Nachdem die Metallarbeiter nur noch einen matten Versuch unternahmen, ihren Entwurf anzupreisen und Legien nochmals betont hatte, daß die Generalkommission »völlig selbständig dastehen und handeln können« müsse, wurde dem Vorschlag der Generalkommission zugestimmt. Wie oben ausgeführt, lag die entscheidende Bestimmung darin, daß sie ein gegenüber den Einzelverbänden selbständiges, vom Gewerkschaftskongreß gewähltes und ihm verantwortliches Gremium war.

Bei der Debatte über die Aufgaben der Generalkommission gab es verständlicherweise nochmals erhebliche Aufregung, war doch in diesem Zusammenhang über die Höhe des Beitrages zu entscheiden, den die Verbände an die Generalkommission abzuführen hatten.

Besonders die Antwort auf die »prinzipielle Frage, ob die Generalkommission das Recht erhalten solle, Streiks zu unterstützen, hatte großen Einfluß auf die Beitragshöhe. Der Kongreß beschloß, »daß die Generalkommission **keine Streikunterstützung** zu gewähren habe« (Protokoll, S. 66).

Dieses Ergebnis war insofern paradox, weil die Generalkommission ja unter dem »speziellen Gedanken« ins Leben gerufen wurde, Streiks zu unterstützen. Die Mehrheit der Delegierten war nun jedoch der Meinung, daß der Dachverband in Form eines »moralischen Zusammenschlusses« erst einmal genüge. Alle weiteren Versuche der Generalkommission, eine Streikunterstützungskompetenz zurückzuerhalten und damit materiellen Einfluß auf die Entscheidungen der Einzelverbände zu gewinnen, scheiterten.

Da der Kommission nun ein kostenintensives Auf- und Ausgabenfeld genommen war, glaubten einige Delegierte, die Beitragshöhe für die Generalkommission kräftig nach unten drücken zu können. Die Tabakarbeiter wollten nur noch 1 Pfennig pro Quartal und Mitglied bezahlen. Schließlich einigte sich der Kongreß auf einen Beitrag von 5 Pfennigen pro Quartal und Mitglied der Verbände.

Ganz hatte das Prinzip der Streikautonomie der Einzelverbände jedoch noch nicht gesiegt. Nach der Resolution des Kongresses konnte notfalls überverbandliche Streikunterstützung durch Gewerkschaftskartelle organisiert werden. Da diese nur örtliche Einrichtungen waren, wurde die Entscheidungskompetenz der Zentralverbände beeinträchtigt. Die teilweise selbständige Streikpolitik der Gewerkschaftskartelle erregte wachsenden Unmut bei den Zentralvorständen. Auf dem dritten Gewerkschaftskongreß 1899 wurden alle Unklarheiten zugunsten der Zentralverbände beseitigt: »Die Beschlußfassung über Streiks, die Beschaffung und Vertheilung der Streikunterstützung muß ausschließlich Aufgabe der Vorstände der Zentralverbände sein.«[13]

Als Aufgaben verblieben der Generalkommission die Werbekampagnen in Gebieten schwacher gewerkschaftlicher Organisation, das Führen einer Zentralstatistik über die Entwicklung der Organisationen sowie einer Streikstatistik, die Herausgabe eines Funktionärorgans (für Vorstände und Zahlstellen) und das Herstellen und Unterhalten internationaler Beziehungen.

Eine »rege Debatte« rief noch der Antrag hervor, den Sitz der Generalkommission in Hamburg zu lassen. Nachdem Karl Kloß sich nachdrücklich für Hamburg ausgesprochen hatte, mit dem Hinweis, daß es »praktisch« sei, nur Mitglieder zu wählen, die ihren Wohnort in Hamburg haben (und damit auf seine Wiederwahl verzichtete), einigte sich der Kongreß darauf, Hamburg als Sitz der Generalkommission beizubehalten und nur Hamburger Kollegen zu wählen. Es waren dies die Hamburger von der alten Kommission Carl Legien, Adolf Dammann und Adolph von Elm; neu gewählt wurden der Metallarbeiter Carl Deisinger, der Werftarbeiter C. Fehmerling, der Buchdrucker Adolf Demuth und als Vertreterin der Fabrikarbeiterinnen Wilhelmine Kähler. Für Carl Legien

---

13 Protokoll der Verhandlungen des dritten Kongresses der Gewerkschaften Deutschlands. Abgehalten zu Frankfurt a.M.-Bockenheim vom 8. bis 13. März 1899, S. 214.

und seine Tätigkeit brachte diese Wahl einen überwältigenden Vertrauensbeweis: Von 172 abgegebenen Stimmen erhielt er 171.

Nachzutragen bleibt, daß zum Schluß – wie üblich bei größeren Kongressen – zwischen Tür und Angel eine Reihe weiterer »allgemeiner« Anträge und Resolutionen angenommen wurden, die, wären sie zu Beginn des Kongresses auf der Tagesordnung gestanden, sicher eine kontroverse Diskussion ausgelöst hätten. So beschloß der Kongreß (gegen eine Stimme) die Zentralverbände aufzufordern, ihre Statuten dahingehend zu ändern, daß auch Frauen Mitglied werden konnten. Ähnliche Anträge hatten bereits die Konferenzen von Berlin und Halberstadt verabschiedet, wohl ohne größeren Eindruck zu hinterlassen. Die Untugend einiger Männer-Gewerkschaften, die Frauen zu zwingen, sich in eigenen Gewerkschaften zu organisieren, entsprach der Befürchtung, die geringere Entlohnung der Frauen bei gleicher Arbeit würde die Männerlöhne drücken, jedoch auch der noch weitverbreiteten Überzeugung, daß Frauen nicht in den Betrieb oder in die Fabrik gehörten, sondern an den Herd und zu den Kindern. Das Verbot von Frauenarbeit zu fordern galt vor 1890 durchgängig als fortschrittlich.

Andererseits gab es auch bei den Frauen Überlegungen, sich unabhängig von den Männergewerkschaften zu organisieren, weil sie befürchteten, dort ihre besonderen Belange nicht zur Geltung bringen zu können. In der Antragsbegründung fehlte deshalb die Warnung nicht, daß die Frauen sich nicht »majorisieren« lassen würden, und das Argument, warum Frauen sich gemeinsam mit den Männern organisieren wollten, lautete auch nur, daß es »äußerst schwierig sei, Frauen allein zu organisieren« (Protokoll, S. 73).

Auch die auffallende Kürze und Ruhe, mit der über den Maifonds debattiert wurde, dürfte teilweise dem Bedürfnis der Delegierten zuzuschreiben sein, möglichst schnell die Heimreise antreten zu können. Die Frage, um die es in den vorangegangenen beiden Jahren den größten Streit gegeben hatte, wie der 1. Mai gefeiert werden solle, stand allerdings nicht zur Debatte, weil der 1. Mai 1892 auf einen Sonntag fiel. Der Kongreß einigte sich darauf, keinen Maifonds einzurichten. Das Argument, die Maifeier sei eine politische Veranstaltung und deshalb seien die Folgekosten notfalls von der Sozialdemokratischen Partei aufzubringen, scheint viele Delegierte überzeugt zu haben.

In den folgenden Jahren gehörte die Auseinandersetzung über die Art und Weise der Maifeier, also ob am 1. Mai gestreikt werden solle oder ob es genüge, in abendlichen Versammlungen oder sonntäglichen Ausflügen, seiner internationalen Gesinnung Ausdruck zu verleihen, zum festen Bestandteil sozialdemokratischer Partei- und Gewerkschaftskongresse. Einig wurden sich die Kontrahenten nie.

Die herausragende Entscheidung des Kongresses, an einem Dachverband in Form der Generalkommission festzuhalten, bedeutete keineswegs, daß die Auseinandersetzung über die Generalkommission beendet und ihre Existenz gesichert war. Einige Verbände, darunter der mächtige Metallarbeiter-Verband, trachteten nach wie vor, ihr den Garaus zu machen. Ein beliebtes Mittel schien dabei die Mißachtung der Beitragsverpflichtung zu sein. Im Bericht der Generalkommission über die Beitragsleistung bis zum Ende des Jahres 1892 hieß es, daß nicht »im Entferntesten« jene Summen eingegangen wären, die laut Mitgliederstatistik hätten eingehen müssen. Die Generalkommission hatte von 53680,15 Mark nur 16416,86 Mark erhalten[14]. Es spricht für die Generalkommission, daß sie den Verbandsführern keinen »bösen Willen« unterstellte, sondern andere Gründe für die mangelhafte Zahlungsmoral vermutete. Die Verbände nahmen oft selbst nicht jene Beiträge ein, die sie laut Mitgliederkartei errechnet hatten, und bei einigen war die Kasse durch Unterstützungsleistungen so beansprucht, daß es für Beitragszahlungen an die Generalkommission nicht mehr reichte. Das oben genannte Motiv war jedoch unübersehbar. Als der Metallarbeiter-Verband Ende 1895 sämtliche Beiträge, die er seit dem zweiten Quartal 1892 schuldete, nachzahlte, besserte sich die finanzielle Situation der Generalkommission schlagartig.

Zu der organisationspolitisch motivierten Beitragsverweigerung kamen massive publizistische Angriffe und zu allem

---

14 *Correspondenzblatt*, Nr. 2 vom 23. 1. 1893.

Überfluß auf dem Kölner Parteitag der SPD auch noch die schwarzseherische Prognose August Bebels, daß »wenn das Kapital einmal eine solche Macht erobert hat wie Krupp und Stumm, in der Dortmunder Union, in den Kohle- und Eisenbezirken Rheinland und Westfalen, dann ist es mit der gewerkschaftlichen Bewegung aus, dann hilft nur noch der politische Kampf«[15]. Dazu paßte die wenig ermutigende Ablehnung des Kölner Parteitages, Sozialdemokraten zu verpflichten, einer Gewerkschaft beizutreten. Alle diese Angriffe gipfelten auf dem zweiten Gewerkschaftskongreß im Mai 1896 in dem Antrag des Metallarbeiter-Verbandes, die Generalkommission aufzulösen.

Dieser letzte große Versuch, die Generalkommission abzuschaffen, scheiterte ebenfalls. Schon vor dem zweiten Kongreß hatte sich der Dachverband zunehmend stabilisiert. Einmal wirkte sich positiv aus, daß die Generalkommission ab Oktober 1893 begann, systematisch die Kongresse der Einzelverbände zu besuchen, um einen »besseren Einblick« in das Leben der Einzelverbände und »nähere Fühlung durch persönlichen Verkehr zu erhalten«[16]. Besonders dürfte sie jedoch durch ihre Tätigkeit die Mehrheit der Verbände vom Nutzen des Dachverbandes überzeugt haben. Inzwischen hatten sich sogar »rabiate Anhänger der Generalkommission« (Otto Hue) eingefunden. In einer zusammenfassenden Selbsteinschätzung beschrieb die Generalkommission ihre Tätigkeit wie folgt: »Die Generalkommission hat sich nutzbringend dadurch erwiesen, daß sie die einzelnen Gewerkschaften einander näher zu bringen suchte und gebracht hat. Sie hat durch die Zusammenstellung der Statistiken über die Stärke der Gewerkschaften und über die Streiks den Gewerkschaften Material zur Agitation geliefert. Sie hat durch die Agitation in Ost- und Westpreußen, unter den Arbeitern der Nahrungsmittelindustrie, den Bergarbeitern usw. den Anfang damit gemacht, die Arbeiter dieser Gegenden und Berufe in größerer Zahl für die Gewerkschaftsorganisationen zu gewin-

---

15 Protokoll über die Verhandlungen des Parteitages der Sozialdemokratischen Partei Deutschlands. Abgehalten zu Köln a. Rh. vom 22. bis 28. Oktober 1893, S. 201.
16 Protokoll der Verhandlungen des zweiten Kongresses der Gewerkschaften Deutschlands. Abgehalten zu Berlin vom 4. bis 8. Mai 1896, S. 32.

nen. Sie hat fernerhin durch Auskunftserteilung an einzelne Verbände, Gewerkschaftskartelle und auch an eine große Zahl einzelner Personen sich als zweckmäßiges Auskunftsbureau in allen gewerkschaftlichen Angelegenheiten erwiesen.«[17]

Der allgemeine Aufwärtstrend in der Mitgliederentwicklung dürfte sich gleichermaßen zugunsten der Generalkommission ausgewirkt haben. 1896 war der Stand von 1890 überschritten. Mit dem nun steilen konjunkturellen Aufschwung wurden bald zweistellige Zuwachsraten erzielt. 1898 zählten die freien Gewerkschaften knapp 500000 Mitglieder und zu Beginn des Ersten Weltkrieges ca. 2,5 Millionen.

Mit der Bildung des Gewerkschaftsausschusses auf dem zweiten Kongreß (das war ein beratendes Kontrollgremium der Generalkommission, das vierteljährlich tagte, und dem je ein Mitglied der Einzelgewerkschaften angehörte) und den dreijährig stattfindenden Gewerkschaftskongressen wurden wichtige institutionelle Klammern zwischen den Einzelverbänden und der Zentralinstanz geschaffen, die die Dauerhaftigkeit des Dachverbandes garantierten. Die Vorständekonferenz, die nach dem vierten Kongreß 1902 zur ständigen Einrichtung wurde und die zunehmend an die Stelle des Gewerkschaftsausschusses trat, festigte weiter den Zusammenhalt der freien Gewerkschaften.

Die Entscheidung des Halberstädter Kongresses, einen schwachen Dachverband zu bilden, die Generalkommission als ein zwar selbständiges, jedoch materiell einflußloses Gremium gegenüber den Einzelverbänden zu konstituieren, erwies sich als sinnvoll und erfolgreich. Der noch ausstehende Selbstverständigungsprozeß in wesentlichen, alle Gewerkschaften gemeinsam betreffenden Fragen (Unterstützungseinrichtungen, Tarifvertragswesen, Sozialpolitik, Verhältnis zwischen Partei und Gewerkschaften) mußte in offener Diskussion erfolgen. Die Entscheidungen basierten auf freier Übereinkunft. Nicht eine übermächtige Zentrale, die dazu neigt, bürokratisch zu verordnen, sondern das demokratische

---

17 Ebenda, S. 35f.

Forum der Gewerkschaftskongresse war der hauptsächliche Ort dieses Geschehens.

Die Generalkommission war gezwungen, kraft ihrer Argumente und durch ihre Tätigkeit zu überzeugen. Nur dadurch konnte der »moralische Zusammenhalt« gewerkschaftspolitisch wirksam werden. Die Generalkommission wurde zur anerkannten Führungsinstanz der sozialdemokratischen Gewerkschaften. Großen Anteil daran hatte in den ersten Jahren die »allein handelnde Person« des hauptamtlichen Vorsitzenden Carl Legien.

Protokoll

der

Verhandlungen des ersten Kongresses

der

Gewerkschaften Deutschlands.

Abgehalten zu Halberstadt vom 14. bis 18. März 1892.

Hamburg.
Verlag von C. Legien.
1892.

Tagesordnung.

I. 1. Wahl des provisorischen Bureaus.
   2. Entscheidung über die Gültigkeit der Mandate der Vertreter der lokalorganisirten Arbeiter.
   3. Wahl der Mandatsprüfungskommission.
   4. Wahl des definitiven Bureaus.
II. Bericht über die Thätigkeit der Generalkommission.
III. Wahl einer Revisionskommission.
IV. Die Organisationsfrage.
V. Allgemeine Anträge.

Präsenz-Liste.

1. Baugewerbe.

	Mitgliederzahl	Delegirte	Namen und Ort
1. Verband der Bauarbeiter .	2500	1	1. H. Pein=Hamburg
2. „ „ Dachdecker .	—	—	
3. Vereinigung der Maler in Hamburg=Bremen=Hannov.	1450	1	1. A. Tobler=Hamburg
4. Verband der Maurer . .	10215	3	1. A. Paul=Hannover
			2. A. Daehne=Berlin
			3. A. Dammann=Hamburg
5. Verband d. Schiffszimmerer	1203	1	1. W. Müller=Hamburg
6. „ „ Steinmetzen. .	1500	1	1. Ph. Thomas=Berlin
7. „ „ Steinsetzer . .	1941	2	1. A. Krekow=Berlin
			2. Ch. Wiese=Hamburg
8. Stukkateure	1860	1	1. Ch. Odenthal=Cöln a. Rh.
9. Töpfer	4700	4	1. H. Hoffmann=Berlin
			2. R. Pgötz=Dresden
			3. P. Hennig=Breslau
			4. F. Kaulich=Halle a. S.
10. Verband der Vergolder	1300	1	1. Th. Petereit=Altona
11. „ „ Ziegler	—	—	
12. „ „ Zimmerleute	9800	10	1. A. Diener=Frankfurt a.M.
			2. J. Mikuszinski=Thorn
			3. H. Ecke=Görlitz
			4. A. Wolter=Berlin
			5. A. Bringmann=Hamburg
			6. H. Armgart=Bremen
			7. E. Meyer=Lübeck
			8. F. Schrader=Hamburg
			9. H. Müllerstein=Hamburg
			10. R. Burchard=Kiel
Vertreter lokalorganisirter Arbeiter.			
Dresdener Gewerkschaften . .	2400	1	1. B. Gerber (Stutz.) Dresd.
Hamb. Gewerkschaften (lokal)*)	—	1	1. B. Kaulich (Töpfer) Hamb.
Leipziger Zimmerer	800	1	1. H. Polland=Leipzig
Zwickauer Maurer, Zimmerer u. Bauhandw. Reichenbach i. V.	250	1	1. L. Eckstein=Zwickau
Hamb. Gewerkschaften (lokal)*)	—	1	1. H. Meyer (Maurer) Hamb.
Leipziger Maurer u. Hülfsarb.	1300	1	1. R. Bayer=Leipzig
Braunschweiger Maurer . .	400	1	1. Riecke=Braunschweig
Wolfenbütteler Maurer. . .	150	1	1. Denecke=Wolfenbüttel
Berliner Zimmerer	200	1	1. E. Stehr=Berlin
Berliner Maurer	1200	2	1. Blaurock=Berlin
Potsd. u. Friedrichsbg. Maurer	200	—	1. E. Behrend=Berlin
Maurer Osterwieck . . .	150	1	1. F Emmer=Halle
„ Blankenburg . . .	400	1	1. L. Buchhorn=Blankenburg
	43919	38	

*) Gewerbl. Arbeiterinnen, Gipser, Hausknechte, Kellner, Kistenmacher, Marmorarbeiter, Pferdebahnarbeiter, Schlachter und Töpfer.

2. Bekleidungs- und Lederindustrie.

	Mit-glieder-zahl	Dele-girte	Namen und Ort
1. Verband der Lohgerber	1100	1	1. C. Berger-Altona
2. „ „ Weißgerber	1700	2	1. M. Fuchs-Altenburg S.-A. 2. W. Lober-München
3. Verband d. Glacehandschuhm.	2300	2	1. C. Knoesel-Arnstadt 2. G. Schneider-Brandenburg a. H.
4 Unterstützungsverein b. Hutmacher	3000	3	1. H. Borgmann-Berlin 2. H. Barth-Altenburg S.-A. 3. A. Metzschke-Altenb. S.-A.
5. Verband der Kürschner	1000	1	1. A. Bilowitzky-Hamburg
6. Zentralverein d. Plätterinnen	100	1	1. Frau H. Steinbach-Hamb.
7. Verband der Sattler	1450	1	1. J. Sassenbach-Berlin
8. „ „ Schneider	8000	8	1. H. Kock-Lübeck 2. G. Sabath-Hamburg 3. J. Timm-Berlin 4. F. Holzhäußer-Hannover 5. J. Zwiener-Bielefeld 6. F. Knoop-Frankfurt a. M. 7. A. Albrecht-Halle a. S. 8. D. Neumann-München
9. Verband der Schuhmacher	10000	5	1. S. Siebert (Töpfer mit) Nürnberg 2. K. Kutsche-Hannover 3. C. Honne-Hamburg 4. J. Klüß-Elmshorn 5. W. Bock-Gotha
Vertreter lokalorganisirter Arbeiter.			
Bekleidungs- und Textilarbeiter Leipzigs	1000	1	1. A. Weigel-Leipzig
	29650	25	

3. Bergarbeiter.

	Mit-glieder-zahl	Dele-girte	Namen und Ort
1. Saarbrücker Revier	22000	2	1. Thomé-Saarbrücken 2. Berwanger-Saarbrücken
2. Sachsen	7000	3	1. A. Strunz-Zwickau 2. P. Horn-Cainsdorf 3. H. Zimmermann-Niederplanitz
3. Westfalen	50000	1	1. H Bauer-Weitmar
	79000	6	

4. Gastwirthschaft und Bedienung.

1. Verband der Barbiergehülfen	600	1	1. F. Schlumberger-Hamburg
2. Verband selbstständiger Barbiere	—		
Vertreter lokalorganisirter Arbeiter.			
Kellner-Berlin	1160	1	1. H. Pötzsch-Berlin
	1760	2	

5. Graphische Gewerbe.

	Mitgliederzahl	Delegirte	Namen und Ort
1. Unterstützungsverein d. Buchbinder ꝛc. Deutschlands . .	3250	2	1. A. Dietrich-Stuttgart 2. M. Marwitz-Berlin
2. Unterstützungsverein d. Buchdrucker	15500	13	1. H. Besteck-Berlin 2. A. Demuth-Hamburg 3 E. Döblin-Berlin 4. C. Dominé-Frankf. a. M.
Hülfsarbeiter und Arbeiterinnen im Buchdruckgewerbe Leipzigs	500	—	5. C. Eichler-Leipzig 6. Ch. Heismann-Flensburg 7. F Herbert-Stettin 8. A. Kiefer-München 9. K. Rosenbruch-Hannover 10. K. Knie-Stuttgart 11. H. Steinbrück-Dresden 12. O. Mirow-Bielefeld 13. A. Günther-Braunschweig
3. Verband der Formenstecher u. Tapetendrucker	550	1	1. H. Brandt-Einbeck
4. Verband der Lithographen ꝛc. Deutschlands	4200	4	1. C. Pinkau-Leipzig 2. C. Müller-Schkeuditz 3. H. Werthner-Nürnberg 4. O. Sillier-Berlin
Vertreter lokalorganisirter Arbeiter.			
Buchbinder, Notenstecher und Graveure und der in diesen Berufen beschäftigten Arbeiterinnen Leipzigs . . .	1100	1	1. A. Michel-Leipzig
Papierindustrie Berlins . . .	260	1	1. F. Freudenreich-Berlin
	25360	22	

6. Keramische Gewerbe.

1. Verband der Glasarbeiter .	1481	1	1. A. Göbel-Bergedorf
2. Verband d. Porzellanmaler	2000	1	1. G. Wollmann-Altwasser i. Schl.
	3481	2	

7. Holzindustrie.

	Mitglieder-zahl	Delegirte	Namen und Ort
1. Unterstützungsverein der Bildhauer	2976	2	1. C. Heine-Hamburg 2. Ch. Göbel-Dresden
2. Verband der Böttcher	4800	2	1. C. Topp-Elberfeld 2. F. Sander-Bremen
3. Verbände der Bürstenmacher	—	—	
4. Vereinigung der Drechsler	2600	2	1. C. Legien-Hamburg 2. W. Roßkopf-Nürnberg
5. Verband der Glaser	—	—	
6. „ „ Holzarbeiter (Hülfsarbeiter)	500	1	1. R. Wolf-Berlin
7. „ „ Korbmacher	1400	1	1. C. Krüger-Hamburg
8. Musikinstrumentenmacher	1050	1	1. R. Schmidt-Berlin
9. Verband der Stellmacher	—	—	
10. „ „ Tapezierer	1300	1	1. Th. Meyer-Hamburg
11. „ „ Tischler	16600	16	1. W. Beese-Wandsbeck 2. W. Brecour-Kiel 3. G. Eitzinger-Nürnberg 4. W. Gewehr-Elberfeld 5. V. Große-Hamburg 6. A. Heß-Berlin 7. Ph. Hoppe-Bremen 8. Jordan-Kassel 9. C. Kloß-Stuttgart
Sächsische Tischler	475		10. H. Krüger-Dresden 11. C. Lindner-Görlitz 12. E. Stahr-Augsburg 13. R. Tigges-Braunschweig 14. A. Vetters-Frankfurt a.M. 15. J. Weber-Mannheim 16. W. Dressel-Hamburg
Vertreter lokalorganisirter Arbeiter.			
Gewerksch. Hamburgs (lokal)	2055	1	1. M. Hagge (Kistenmacher) Hamburg
Möbelpolirer Berlins	400	1	1. R. Weber-Berlin
Kistenbekleberinnen Bremens	54	1	1. Frau Winter-Bremen
Tapezierer Berlin	300	1	1. F. Feber-Berlin
	34510	30	

8. Metallindustrie.

	Mit-glieder-zahl	Dele-girte	Namen und Ort
1. Verband der Former . .	2000	2	1. E. Grenz-Chemnitz 2. E. Reith-Mannheim
2. " " Goldarbeiter u. Silberarbeiter.	2200	2	1. H. Faber-Berlin 2. J. Holler-Hamburg
3. Graveure	—	—	
4. Unterstügsv. d. Kupferschm.	2900	2	1. J. Saupe-Magdeburg 2. Ch. Haiblen-Stuttgart
5. Verband der Metallarbeiter	22870	22	1. J. Scherm-Nürnberg 2. L. Eppelein-Nürnberg 3. M. Segitz-Fürth 4. A. Junge-Stuttgart 5. J. Brehm-Freiburg i. B. 6. J. Urban-München 7. P. Gebauer-Altenb. S.-A. 8. C. Berger-Frankfurt a.M. 9. A. Neumann-Elberfeld 10. M. König-Remscheid 11. G. Weirich-Hann-Linden 12. Bergmann-Braunschweig 13. W. Metzger-Hamburg 14. H. Lienau-Neumünster 15. C. Deisinger-Hamburg 16. A. Schneider-Lüdenscheid 17. A. Kunze-Stettin 18. Woitke-Gassen N.-L. 19. M. Haack-Dresden 20. P. Schiemann-Leipzig-Lindenau 21. B. Wollstadt-Mainz 22. A. Trautewein-Queblinb.
6. Verband der Schlosser . .	1000	1	1. F. Diedrich-Hamburg
7. " " Schmiede . .	3000	3	1. G. Tempel-Berlin 2. C. Hillmer-Hamburg 3. F. Theiß-Hamburg
Vertreter lokalorganisirter Arbeiter.			
Metallarbeiter Berlins . . .	3000	1	1. A. Körsten-Berlin
Kleineisenindustrie Solingens .	2500	2	
a) Fabrikarbeit. . . .			1. A. Freund-Solingen
b) Hausindustrie . . .			2. C. Schallbruch-Solingen
Schmiede Sachsens . . .	1448	1	1. C. Roll-Leipzig
Uhrmacher Schwarzwald . .	600	1	1. O. Glatz-Furtwangen
	41518	37	

9. Nahrungsmittelindustrie.

	Mit-glieder-zahl	Dele-girte	Namen und Ort
1. Verband der Bäcker . . .	1220	2	1. E. Pfeiffer-Berlin
(Bäcker Dresden, München, Harburg, Bremen, lokal) .	700		2. E. Kretschmer-Hamburg
2. Verband der Brauer . . .	1300	1	1. R. Wiehle-Hannover
3. " " Konditoren .	—	—	
4. " " Müller . . .	2000	2	1. H. Käppler-Altenburg i. S.-A.
Genußmittel.			2. H. Kähl-Halle a. S.
5. Verband d. Zigarrensortirer	700	1	1. A. v. Elm-Hamburg
6. " " Tabakarbeiter	14125	14	1. E. Dzialoszinski-Breslau
			2 H. Keller-Görlitz
			3. G. Niendorf-Posen
			4. H. Lenz-Dresden
			5. L. Dechand-Berlin
			6. E. Klees-Magdeburg
			7. M. Petzold-Erfurt
			8. E. Burgold-Braunschweig
			9. H. Junge-Bremen
			10. J. Hubert-Hastedt
			11. J. König-Altona
			12. W. Heine-Ottensen
Vertreter lokalorganisirter Arbeiter.			13. Ch. Esser-Minden
			14. G. Pfeifle-Mannheim
Schlachter Berlins	700	1	1. F. Gaßmann-Berlin
Gewerkschaften Meißens . .	550	1	1. B. Hentschel (Zigarren-arbeiter) Meißen
Bäcker Leipzigs	500	1	1. L. Tusche-Leipzig
	21095	23	

10. Nichtgewerbliche Arbeiter und Gärtner.

1. Verband der Fabrikarbeite-rinnen	1000	1	1. Frau Kähler-Wandsbeck
2. Verband der Fabrik- und Landarbeiter	2000	2	1, A. Reineke-Hamburg
			2. A. Brey-Hannover
3. Zentralverein der Gärtner .	1100	1	1. P. Ising-Hamburg
4. Verband der Gasarbeiter .	300	1	1. W. Rothermund-Hamburg
Vertreter lokalorganisirter Arbeiter.			
Nichtgewerbliche Arb. Stettins	1250	1	1. A. Berger-Stettin
Verein der Frauen und Mäd-chen Offenbachs	103	1	1. Frau Ihrer-Velten in der Mark
	5753	7	

11. Textilindustrie.

	Mit-glieder-zahl	Dele-girte	Namen und Ort
1. Verband der Posamentiere .	530	1	1. C. Hoffmann-Berlin
2. „ „ Seiler . . .	500	1	1. G. Schaad-Hamburg
3. „ „ Textilarbeiter .	3400	3	1. M. Heinzelmann-Augsburg
			2. P. Petersdorf-Berlin
			3. C. Stürmer-Barmen
Vertreter lokalorganisirter Arbeiter.			
Textilarbeiter Sachsens . . .	700	1	1. A. Reichelt-Burgstädt
Textilarbeiter Forst i. Lausitz .	1600	1	1. C. Delor-Forst i. L.
	6730	7	

12. Schiffbau und Schifffahrt.

1. Verband der Hafenarbeiter .	4513	4	1. G. Warlich-Hamburg
			2. J. Will-Hamburg
			3. D. Brünjes-Bremerhaven
			4. C. Schlüter-Kiel
2. Verband der Werftarbeiter .	1830	2	1. P. Dräger-Hamburg
			2. C. Fehmerling-Hamburg
Vertreter lokalorganisirter Arbeiter.			
Heizer u. Trimmer Hamburgs	2000	1	1. P. Hoffmann-Hamburg
„ „ Bremerhavens	1200	1	1. H. Steiner-Bremerhaven
Seeleute (Matrosen) Hamburgs	1200	1	1. A. Störmer-Hamburg
	10743	9	

Im Ganzen Delegirte 208; vertreten 303519 Arbeiter.

Die Generalkommission ist vertreten durch:
C. Legien-Hamburg.   A. Dammann-Hamburg.   A. v. Elm-Hamburg.
Frau E. Ihrer-Velten i. d. Mark.   Th. Schwarz-Lübeck.   Th. Glocke-Berlin.
C. Kloß-Stuttgart.

Erste Sitzung.
Montag, den 14. März.

Im Auftrage der Generalkommission als Einberuferin des Kongresses eröffnet Legien die Verhandlungen Morgens 9 Uhr 30 Min. und heißt die Delegirten willkommen. Redner betont, daß die Gewerkschafts=organisationen nicht die Lösung der sozialen Frage herbeiführen würden, daß sie zur Zeit aber wesentlich die Emanzipationsbestrebungen der Arbeiterklasse unterstützen können. Gleich den Pionieren haben die Ge=werkschaften den Boden zu ebenen für eine höhere geistige Auffassung und durch Erringung besserer Lohn= und Arbeitsbedingungen die Arbeiter=klasse vor Verelendung und Versumpfung zu bewahren, um so die Massen der Arbeiter zu befähigen, die geschichtliche Aufgabe, welche dem Arbeiterstand zufällt, lösen zu können. Wenn die Gegner der Bestrebungen der Arbeiterklasse schon vor dem Kongreß prophezeien zu müssen glaubten, daß der Kongreß nur ein Tummelplatz heftiger Auseinandersetzungen zwischen den Vertretern der einzelnen Organisationsformen werden würde, so wollen wir zeigen, daß wir gewöhnt und gewillt sind, unsere Meinungen frei und offen auszutauschen und trotzdem völlig einmüthig zu handeln. Dieser Gedanke möge jeden Delegirten bei den folgenden Verhandlungen und Auseinandersetzungen leiten. Jede Uneinigkeit in unseren Reihen giebt dem Gegner eine größere Macht, und nur durch unsere Einmüthigkeit werden wir dem wirthschaftlich überlegenen Gegner gegenüber widerstandsfähig bleiben.

Es wird in Punkt 1 der Tagesordnung eingetreten. Die Generalkommission schlägt vor, zwei Vorsitzende, acht Schriftführer und zwei Führer der Rednerliste zu wählen.

Auf Antrag Kloß wird beschlossen, vorläufig nur zwei Schriftführer zu wählen.

Als Vorsitzende werden Legien, Kloß, Deisinger und Paul vorge=schlagen, wovon die beiden Ersten gewählt werden.

Als Schriftführer werden Deisinger und Eckstein, als Führer der Rednerliste Ising und Feder gewählt.

Nachdem das Bureau sich konstituirt hat, giebt der Vorsitzende Legien mehrere bereits eingegangene Begrüßungstelegramme bekannt und theilt mit, daß seitens der American Federation of Labor vor einiger Zeit ein Schreiben eingegangen sei, in welchem die Anfrage gestellt wurde, ob eventuell eine Vertretung der deutschen Gewerkschaften auf dem Arbeiterkongreß in Chicago in bedeutenderem Maße zu erwarten sei, wenn eine von Amerika zu entsendende Deputation in Deutschland hierfür Propaganda mache.

Die Generalkommission habe geantwortet, daß auf eine größere Betheiligung nicht zu rechnen sei, jedoch würde dem Gewerkschafts=kongreß die Frage unterbreitet werden, ob er einige Delegirte wählen wolle.

Hierauf sei die Antwort eingetroffen, daß von der Entsendung einer Deputation Abstand genommen sei und dem Kongresse herzliche Glückwünsche der amerikanischen organisirten Arbeiter übermittelt würden.

Es wird nunmehr in die Diskuffion über die Zulaffung der Vertreter der lokalorganifirten Arbeiter eingetreten.

Timm-Berlin tritt für Zulaffung der Vertreter der Lokalorganifationen ein und stellt den Antrag, über diefen Punkt zur Tagesordnung überzugehen.

Feder proteftirt gegen die Art der Einberufung des Kongreffes; unter diefen Umftänden könne er denfelben nicht als Vertretung der deutfchen Arbeiter anfehen.

Freudenreich ift gegen den Antrag Timm; derfelbe fchaffe keine Klarheit.

Nachdem Beyer-Leipzig und Körften-Berlin fich in gleicher Weife geäußert, wird Schluß der Debatte über den Antrag Timm befchloffen.

Zur Sache felbft liegen vier Anträge vor, welche genügend unterftützt werden.

Freudenreich-Berlin ift dafür, fämmtliche Vertreter von Lokalorganifationen zuzulaffen.

Göbel-Dresden desgleichen.

Meyer-Hamburg (Tapezierer) will ebenfalls möglichft Rückficht genommen wiffen, jedoch könne man unbedingt nicht Alle zulaffen; er werde einen näher präzifirten Antrag einbringen.

Beyer-Leipzig wünfcht, daß hierüber keine fo lange Debatte zu führen fei. Wenn die Lokalorganifationen den weiteren Ausbau der Gewerkfchaften wollten, fo follten fie fich den Zentralifationen anfchließen. Ein Mandat fei leicht zu erhalten; man müffe fich dann mit den Lokalorganifationen herumftreiten, und fei er deshalb gegen die Zulaffung der lokalen Vertreter.

Krüger-Dresden geht auf die fächfifchen Verhältniffe ein. Wolle man die lokalen Vertreter ohne Weiteres zurückweifen, fo wären die fächfifchen Arbeiter zum großen Theile unvertreten, weil fie auf Grund des Vereinsgefetzes überhaupt nicht in der Weife vertreten fein können wie die Arbeiter in anderen Bundesftaaten.

Herbert-Stettin ift der Meinung, daß es nur ein Rumpfkongreß werden würde, wenn man die lokalen Vertreter zurückweifen wollte. Die Gegner würden Kapital daraus fchlagen. Er fei für unbedingte Zulaffung.

Feder-Berlin tritt ebenfalls für unbedingte Zulaffung ein.

Heismann-Flensburg führt aus, daß lediglich der Umftand in Betracht komme, ob die Lokalorganifationen ebenfalls eingeladen feien. Er fei für unbedingte Zulaffung, ohne irgend welche Einfchränkungen.

Siebert-Nürnberg fchließt fich diefen Ausführungen an.

Bringmann-Hamburg ift zunächft für Zulaffung. Die Abftimmung über die Organifationsfrage müßte eine namentliche fein und die Zahl der vertretenen Stimmen müßte hinter dem Namen verzeichnet werden, dann würde eine Kontrole über die lokalen Vertreter möglich fein.

Ein Antrag auf Schluß der Debatte wird angenommen.

Es wird befchloffen: „Die Vertreter der lokalen Organifationen ohne Befchränkung zuzulaffen, fofern diefelben in einer öffentlichen Verfammlung gewählt find."

Der Vorsitzende stellt den dritten Punkt der Tagesordnung: „Wahl des definitiven Bureaus" zur Debatte.

Pfeifer=Berlin beantragt, den dritten Punkt bis zur Erledigung des vierten Punktes zurückzustellen.

Nachdem Dammann gegen und Metzger für den Antrag gesprochen, wird derselbe angenommen.

Es wird nunmehr in den vierten Punkt der Tagesordnung eingetreten: „Wahl einer Mandatsprüfungskommission." Dieselbe soll aus sieben Delegirten bestehen Gewählt werden: Trautewein=Quedlinburg, Wolter=Berlin, Reichelt=Burgstädt, Paul=Hannover, Metzschke=Altenburg, Große=Hamburg, Riecke=Braunschweig, Gerber=Dresden.

Schrader=Hamburg beantragt, eine Geschäftsordnungskommission zu wählen und begründet diesen Antrag.

Kloß ist gegen diesen Antrag; die Generalkommission habe eine Geschäftsordnung vorgelegt, und es sei nunmehr Sache des Kongresses, ob er sich mit dieser Geschäftsordnung einverstanden erkläre.

Hierauf zieht Schrader seinen Antrag zurück und wird in die Berathung der Geschäftsordnung eingetreten.

Nach längerer Debatte wird die Geschäftsordnung folgendermaßen festgestellt:

1. Die Meldungen zum Wort sind schriftlich einzureichen und erhalten die Redner nach der Reihenfolge der Anmeldung das Wort.
2. Alle Anträge, außer denen zur Geschäftsordnung, sind schriftlich einzureichen und müssen dieselben, falls sie zur Verhandlung gelangen sollen, von mindestens 20 Delegirten unterstützt sein. Die Unterstützung kann durch Unterschrift oder Zuruf erfolgen.
3. Sobald ein Antrag die nöthige Unterstützung gefunden, erhält bei der Verhandlung darüber zunächst der Antragsteller das Wort.
4. Bei Geschäftsordnungs=Anträgen genügt eine Unterstützung von 10 Delegirten. Bei Anträgen auf Schluß der Debatte oder auf Vertagung erhält nur ein Redner für und einer gegen das Wort. Das Wort zur Geschäftsordnung wird außer der Reihenfolge der vorgemerkten Redner ertheilt. Persönliche Bemerkungen sind erst am Schlusse der Debatte zu machen.
5. In der Generaldiskussion über die Gestaltung der Organisation wird die Redezeit auf 20 Minuten festgesetzt. Die Referenten über gestellte Anträge, sowie über die Beschlüsse der Spezialkongresse erhalten eine Redezeit von einer Stunde.

    In der Spezialdiskussion erhält jeder Antragsteller zur Begründung seines Antrages eine Redezeit von 20, und jeder nachfolgende Redner eine solche von 10 Minuten.
6. Die Beschlüsse werden mit Stimmenmehrheit gefaßt, Stimmengleichheit gilt als Ablehnung.
7. Namentliche Abstimmung erfolgt, wenn ein diesbezüglicher Antrag die Unterstützung von 30 Delegirten findet.
8. Die Verhandlungen des Kongresses finden statt von Vormittags 8 bis Mittags 12 Uhr und von Nachmittags 2 bis 6 Uhr.

    Ueber etwa abzuhaltende Abendsitzungen entscheidet der Kongreß.

Es wird beantragt, die Sitzung nunmehr zu vertagen, weil die Mandatsprüfungskommission erst ihre Arbeiten erledigen müsse.

Dieser Antrag wird angenommen.

Tigges wünscht persönlich, das Rauchen einzustellen.

Der Vorsitzende ersucht, diesem Wunsche Rechnung zu tragen.

Es erfolgt hierauf die Verlesung des Protokolls.

Der Vorsitzende schlägt vor, wenn irgend ein Delegirter Aussetzungen an den Protokollen zu machen habe, diese dem Schriftführer mitzutheilen, womit der Kongreß sich einverstanden erklärt.

Es erfolgt hierauf Schluß der ersten Sitzung 12 Uhr Mittags.

Zweite Sitzung.
Nachmittags 3 Uhr.

Nach Eröffnung durch den Vorsitzenden Legien wird die Mittheilung gemacht, daß eine Reihe Begrüßungstelegramme eingelaufen ist.

Sodann erstattet Wolter=Berlin Bericht über das Resultat der Arbeiten der Mandatsprüfungskommission. (Ueber die Zahl der Vertreter ꝛc. siehe Präsenzliste.)

Gegen die Wahl des Delegirten des Verbandes deutscher Textilarbeiter und Arbeiterinnen in Barmen, C. Stürmer, liegt ein Protest der Elberfelder Textilarbeiter vor. Nach diesem soll die Wahl nicht in den sämmtlichen zur Wahlabtheilung des Verbandes gehörenden Filialen, sondern nur in der Filiale Barmen vollzogen sein. Nachdem Gewehr=Elberfeld, Petersdorf=Berlin und Neumann=Elberfeld zur Sache gesprochen, wird trotz schwerer Bedenken gegen ein solches Wahlverfahren das Mandat für gültig erklärt, weil es Sache der Verbandsleitung sei, derartige Angelegenheiten zu regeln.

Von den angemeldeten Delegirten fehlen Bock=Gotha, Müllerstein= und Meyer=Hamburg und Pinkau=Leipzig. Diese Delegirten trafen, weil durch wichtige Angelegenheiten am rechtzeitigen Erscheinen verhindert, erst später ein.

Ein Antrag Pötsch=Berlin, alle noch in Händen der Generalkommission befindlichen Anträge und Resolutionen drucken zu lassen, findet Annahme.

Nach kurzer Debatte wird beschlossen, das definitive Bureau aus drei Vorsitzenden, acht Schriftführern und einem Führer der Rednerliste zusammenzusetzen. Ein Antrag, das bestehende Bureau durch Nachwahlen zu ergänzen, findet Annahme und wird als Vorsitzender Deisinger=Hamburg hinzugewählt. Als Schriftführer werden gewählt: Eckstein=Zwickau, Theiß=Hamburg, Diedrich=Hamburg, Eitzinger=Nürnberg, Gewehr=Elberfeld, Dominé=Frankfurt a. M., Herbert=Stettin und Sabath=Hamburg. Als Führer der Rednerliste wird Stahr=Augsburg gewählt.

Die Revisionskommission, welche die Abrechnung der Generalkommission zu prüfen hat, wird aus fünf Personen und zwar Barth=Altenburg, Diener=Frankfurt a. M., Saupe=Magdeburg, Besteck=Berlin und Bringmann=Hamburg zusammengesetzt.

Nachdem Deisinger den Vorsitz übernommen, wird nunmehr in den zweiten Punkt der Tagesordnung: Bericht über die Thätigkeit der Generalkommission, eingetreten.

Der von der Kommission gedruckt gegebene Bericht, sowie die Abrechnung haben folgenden Wortlaut:

Rechenschaftsbericht der Generalkommission
vom 17. November 1890 bis zum 1. März 1892.

Die Gewerkschaftskonferenz, welche am 16. und 17. November in Berlin tagte, gab der Kommission bis zum Stattfinden des Gewerkschaftskongresses folgende Aufgabe: „Die Kommission hat einen allgemeinen Gewerkschaftskongreß einzuberufen und eine Vorlage für die Organisation der deutschen Gewerkschaften auszuarbeiten. Ferner allen Angriffen der Unternehmer auf das Organisationsrecht der Arbeiter, gleichviel welcher Branche, energisch entgegenzutreten bezw. jeden Widerstand der Einzelorganisationen thatkräftig zu unterstützen. Sodann für Organisirung der wirthschaftlich zu schwach gestellten Arbeiter einzutreten und deren Organisationen thatkräftig zu unterstützen, sowie die Agitation zur Verbreitung der Organisation in den unorganisirten Landestheilen zu leiten."

Die Mittel für die Thätigkeit der Kommission sollten von allen Gewerkschaften nach Maßgabe der Mitgliederzahl aufgebracht werden.

Diese ihr gestellte Aufgabe suchte die Kommission nach besten Kräften zu erfüllen. Bei ihrer Einsetzung war über die Stärke und Leistungsfähigkeit der in Deutschland bestehenden Gewerkschaftsorganisationen keinerlei statistisches Material vorhanden. Die Mitglieder der Kommission schätzten die Zahl der in Deutschland organisirten Arbeiter auf etwa 600 000. Bei dieser Zahl, und wenn alle Organisationen die in der Resolution der Berliner Konferenz gegebenen Bestimmungen erfüllten, glaubte die Kommission mit einem ganz geringen Beitrag der einzelnen Organisationen zu den Verwaltungskosten der Kommission auskommen zu können. Sie wandte sich daher im Dezember 1890 in einem Zirkular an die Vorstände und Vertrauensleute der Gewerkschaften mit dem Ersuchen, zur Deckung der Verwaltungskosten pro Mitglied der Organisation 1 ₰ an die Kommission zu zahlen. Diese Beiträge liefen jedoch äußerst mangelhaft ein. Sie ergaben nur die Summe von M. 1208.

Dieser geringe Erfolg zeigte, daß ein Theil der Gewerkschaften nicht gewillt war, die Verpflichtungen, welche die Berliner Resolution von ihnen verlangte, einzugehen, ferner aber, daß die Zahl der in Deutschland gewerkschaftlich organisirten Arbeiter zu hoch geschätzt war. Dies Letztere erwies sich denn auch aus einer Statistik, für welche die Fragebogen gleichzeitig mit dem erwähnten Zirkular versandt wurden. Auch diese statistischen Bogen konnten von einzelnen Gewerkschaften nur nach wiederholter Aufforderung zurückerlangt werden, wodurch die Thätigkeit der Kommission wiederum erschwert wurde. Das Resultat der Statistik ergab, daß in Deutschland 1890 53 Zentralvereine mit 3150 Zweigvereinen und 227 733 Mitgliedern bestanden. Ferner gab es fünf Organisationen, die durch ein Vertrauensmännersystem zentralisirt waren und in 712 Städten 73 467 Mitglieder besaßen. Die Gesammtzahl der gewerkschaftlich organisirten Arbeiter betrug inklusive der in einzelnen Orten vorhandenen Fachvereine etwa 350 000.

Mittlerweile hat sich dieses Verhältniß wesentlich geändert. Es sind weitere Zentralvereine neu gegründet worden und auch die Mitgliederzahl in den Organisationen dürfte sich wesentlich verschoben haben. Eine Statistik, welche im Februar dieses Jahres aufgenommen werden sollte und zu der die Fragebogen Ende Januar versandt wurden, konnte nicht fertiggestellt werden, weil wenig mehr als die Hälfte der bestehenden Zentralvereine die Bogen rechtzeitig eingesandt hatten. Gleichzeitig mit dieser Statistik sollte auch eine solche über die in den letzten zwei Jahren vorgekommenen Streiks aufgenommen werden, doch wird hier kein positives Resultat erzielt werden, da nur wenige Organisationen über die Streiks statistische Daten geführt haben dürften. Es wird diese Umfrage deshalb wohl mehr dazu dienen, die Vorstände der Organisationen anzuregen, solche Daten zu führen. Die Ergebnisse dieser Statistiken werden, sobald ihre Zusammenstellung erfolgen kann, veröffentlicht werden.

Während auf der einen Seite die Organisationen ihre Verpflichtungen der Kommission gegenüber nur äußerst mangelhaft erfüllten, wurden andererseits große Anforderungen an dieselbe gestellt. Schon die Berliner Gewerkschaftskonferenz übertrug der Kommission die Verpflichtung, die Ausstände in Kirchhain i. L., Erfurt, Bergedorf und Ottensen zu unterstützen. Um dieses möglich machen zu können, wandte sich die Kommission in verschiedenen Aufrufen an die deutschen Arbeiter, diese zu freiwilligen Beiträgen zur Unterstützung der Streiks auffordernd. Diese freiwilligen Leistungen ergaben bis zum 1. März 1892 wohl die Summe von ℳ. 106 504,86, jedoch waren die Gelder zu der Zeit, als sie gebraucht wurden, nicht zur Stelle. Die Kommission glaubte, auf Grund der Berliner Resolution ein Recht zu haben, zur Unterstützung der Ausstände Anleihen machen zu dürfen. Es konnten diese Darlehen bei prozentualer Vertheilung auf alle Organisationen gedeckt werden. Die über die Leistungsfähigkeit der Gewerkschaften aufgenommene Statistik zeigte jedoch, daß diese bei dem gegenwärtigen Stande der Kassen nicht in der Lage sein würden, die gedachten Darlehen zu decken. Einmal, um nach dieser Richtung hin gedeckt, andererseits aber, um für spätere Kämpfe gerüstet zu sein, schrieb die Kommission die Sammlung zum Maifonds aus. Der Ertrag derselben blieb, trotz seiner in Anbetracht der ungünstigen wirthschaftlichen Verhältnisse enormen Höhe, hinter den Erwartungen, die darauf gesetzt waren, zurück. Die eingegangenen Summen genügten nicht einmal, die Verpflichtungen der Kommission erfüllen zu können, viel weniger noch war es möglich, einen festen Fonds zu bilden. Die von einigen Seiten ausgesprochene Meinung, die Kommission hätte die deutschen Arbeiter irregeführt, weil sie erklärte, der Maifonds solle ein fester Fonds werden, und hinterher die eingegangenen Summen zur Deckung der Schulden verwandte, ist nicht richtig. Die Kommission hatte die feste Absicht, einen solchen Fonds zu bilden. Ueberdies kann derselbe jederzeit festgelegt werden, sobald die Gewerkschaften, entsprechend der Berliner Resolution, prozentual die Ausgaben für die

Abwehrstreiks decken. Die Kommission hatte die Verpflichtung, diese Streiks zu unterstützen und konnte nicht anders handeln.

Ueber die Ausstände sind seitens der Kommission genaue Aufzeichnungen gemacht worden und waren die Ausstandsorte, falls sie auf Unterstützung Anspruch machen wollten, verpflichtet, wöchentlich Berichte über die Lage am Orte an die Kommission einzusenden.

Vom November 1890 bis September 1891 wurde von der Kommission von 37 angemeldeten Ausständen über 32 Statistik geführt. Von diesen wurden 31 pekuniär unterstützt, während bei sechs Ausständen eine solche Unterstützung abgelehnt wurde, weil es sich nach Ansicht der Kommission nicht um Abwehrstreiks handelte. Nachdem die Halberstädter Konferenz durch Annahme der bekannten Resolution die Grenzen für die Unterstützung der Streiks wesentlich enger gezogen hatte und nach der Konferenz auch keine Ausstände mehr unterstützt wurden, unterblieb von den Ausstandsorten auch die Berichterstattung oder beschränkte sich nur auf kurze Mittheilungen, so daß seit dieser Zeit keine Statistik geführt werden konnte.

Die 31 unterstützten Ausstände, an welchen insgesammt 6600 Personen 225 Wochen betheiligt waren, erforderten eine Ausgabe von M. 184 396. In diese Summe sind nur die Beträge eingerechnet, welche direkt als Streikunterstützung seitens der Kommission in Deutschland gewährt wurden. Nicht eingerechnet sind M. 2000, die nach Bremerhaven, und M. 100, die nach Fürth als Vorschuß gesandt und von dort wieder zurückgezahlt worden sind. Ferner M. 1000, die zur Unterstützung des Ausstandes der Buchdrucker in Wien bewilligt, sowie M. 3600, die zum deutschen Buchdruckerausstand als Darlehn gegeben wurden. Sodann auch M. 1600, die während des Ausstandes der Tabakarbeiter aus Antwerpen zur Verfügung gestellt und dann von der Kommission zurückgezahlt wurden. Für agitatorische Zwecke konnten unter diesen Umständen nur geringe Mittel verwandt werden. Es wurde Agitation unter den Ziegeleiarbeitern in Lippe-Detmold betrieben und ein Zuschuß zu einer Agitationstour, welche die Bauarbeitsleute nach Ost- und Westpreußen veranstalteten, gegeben. Im Uebrigen mußte die Kommission sich darauf beschränken, durch Zusammenstellung von Adressen den einzelnen Organisationen bei der Agitation behülflich zu sein. Durch Anlegung eines Städteverzeichnisses mit den in den einzelnen Orten vorhandenen Verbindungsadressen ist die Kommission in der Lage, jederzeit über solche Adressen Auskunft geben zu können. Nach dieser Richtung hin wurde die Kommission auch von einer Reihe Organisationen in Anspruch genommen. Ferner erwies sich die Einrichtung einer solchen Zentralstelle, wie sie in der Kommission gegeben ist, als durchaus praktisch, weil eine ganze Anzahl von Orten, in denen lokale Vereinigungen oder Gewerkschaftskartelle bestehen, sich von der Kommission über die verschiedensten Fragen Auskunft holte.

Um die Meldungen von Ausständen, sowie die Mittheilungen und Aufrufe der Kommission in die Presse zu bringen, sowie die Leiter der Organisationen stets über alle Vorgänge unterrichtet zu halten, wurde von der Kommission ein Blatt, das „Correspondenzblatt", herausgegeben. Diese Einrichtung erwies sich besonders bei der Diskussion über die Organisationsfrage als sehr vortheilhaft. Das Blatt wurde an die Vertrauensleute der Gewerkschaften und die Redaktionen der Arbeiterzeitungen gratis abgegeben. Es wurde in letzter Zeit in nahezu 400 Exemplaren regelmäßig versandt.

Am 25. April 1891 wurde der von der Kommission ausgearbeitete Organisationsplan veröffentlicht. Ueber die Frage, in welcher Form die Gewerkschaften sich näher verbinden sollten, entspann sich nunmehr in der Gewerkschaftspresse eine rege Diskussion. Diese nahm jedoch nach kurzer Zeit eine Form an, daß es nothwendig erschien, in einer Zusammenkunft der Leiter der Zentralorganisationen die Meinungen zu klären. Diese Zusammenkunft fand am 7. und 8. September in Halberstadt statt. Hier erklärte sich die Mehrzahl der anwesenden Vertreter der Organisationen für den Vorschlag der Generalkommission. Nach dieser Konferenz nahm die Diskussion bestimmtere Formen an und wurden auch von verschiedenen Seiten andere Vorschläge für die Verbindung der Gewerkschaften gemacht. Alle diese Vorschläge liegen nunmehr dem Kongreß zur Entscheidung vor.

Auch auf internationalem Gebiet wurde, soweit dies unter den schwierigen Verhältnissen möglich war, ein reger Verkehr unterhalten. Die Mittheilungen von Ausständen sowie Berichte über die Organisationen in anderen Ländern setzen die Kommission in die Lage, eine Reihe interessanter Veröffentlichungen zu machen.

Ueber den Geschäftsbetrieb der Kommission ist zu bemerken, daß Zusammenkünfte sämmtlicher Mitglieder fünfmal stattgefunden haben, während die in Hamburg wohnhaften Mitglieder der Kommission wöchentlich eine Sitzung abhielten. (Von den genannten fünf Sitzungen wurden jedoch nur zwei abgehalten, zu denen die sämmtlichen Kommissionsmitglieder direkt berufen wurden, während drei bei passender Gelegenheit, Konferenz oder Kongreß, stattfanden.) Sodann nahmen einige Kommissionsmitglieder auch an den Konferenzen anderer Gewerkschaften Theil, um bei der Klärung von Meinungsverschiedenheiten behülflich zu sein. Ferner wurden zwei Mitglieder der Kommission nach England gesandt, um die dortigen Gewerkschaften zur Unterstützung der deutschen Ausstände aufzufordern. Der Erfolg dieser Mission hat deren Unkosten vollauf gedeckt. Ueber den Postverkehr ist zu berichten, daß seit dem Bestehen der Kommission bis zum 1. März 1892 bei dem Vorsitzenden 1843 Postsendungen eingingen und von demselben 18571 Postsendungen abgesandt wurden. In der letzteren Ziffer sind die Sendungen des „Correspondenzblattes", der Maifondsmarken und der Broschüre „Die Organisationsfrage" enthalten. Nicht darin enthalten sind die Postsendungen des Kassirers der Kommission. Auch die Zahl dieser ist eine bedeutende.

Wir schließen unseren Bericht mit der Bemerkung, daß wenn auch von einzelnen Personen die Meinung vertreten worden ist und noch vertreten wird, daß die Einrichtung der Kommission, im Verhältniß zu deren Unkosten, keinen Nutzen für die Gewerkschaftsbewegung in Deutschland gebracht habe, diese Einrichtung sich als durchaus praktisch und zweckmäßig erwiesen hat. Eine ganze Reihe Fragen, die bisher nicht zur allgemeinen Kenntniß gelangt sind, wurden von der Kom=

mission an das Tageslicht gezogen. Die Kenntniß von der Stärke und Leistungsfähigkeit der einzelnen Organisationen war bisher nicht vorhanden und ist durch die Hülfe der Kommission gegeben worden. Ganz abgesehen von dem Stützpunkt, den schwächer gestellte Gewerkschaften in der Kommission fanden.

Wenn auch nicht alle die Anforderungen, welche an eine solche Körperschaft zu stellen sind, erfüllt werden konnten, so muß berücksichtigt werden, daß die Kommission bei Beginn ihrer Thätigkeit bis zur Halberstädter Konferenz fast gar keinen festen Rückhalt an den Gewerkschaften hatte.

Nach dieser Zeit wurde durch die Festsetzung des Quartalsbeitrages der Kommission wohl finanziell eine Grundlage gegeben, doch hat, wie die Abrechnung zeigt, auch nur ein Theil der Organisationen diesen Beitrag geleistet. Ferner ist zu berücksichtigen, daß die Kommission auf einem vollständig neuen Gebiet zu arbeiten hatte und mit der Zeit sich erst die nothwendigen Kenntnisse verschaffen mußte. Von diesen Gesichtspunkten aus bitten wir unsere Thätigkeit beurtheilen zu wollen.

Hamburg, März 1892.

Die Generalkommission der Gewerkschaften Deutschlands.

C. Legien, Vorsitzender.

Abrechnung
der
Generalkommission der Gewerkschaften Deutschlands
vom 20. November 1890 bis ultimo Februar 1892.

Einnahme.
a) Gewerkschaftsfonds.

Von Vereinen und Privaten	ℳ. 106504,86
Zurückgezahlte Beträge	„ 2100,—
An Quartalsbeiträgen	„ 5413,39
„ Broschüren „Organisationsfrage"	„ 2039,74

b) Maifonds.

Von Vereinen und Privaten	„ 64776,16

c) Verwaltungsfonds.

Von Vereinen	„ 1208,01

d) Darlehen.

An Darlehen aufgenommen	„ 106950,—
Summa der Einnahme	ℳ. 288992,16

Ausgabe.
a) Für Ausstände:

An die Glasarbeiter, Bergedorf	ℳ. 6800,—
„ „ „ Ottensen	„ 8030,—
„ „ Schuhmacher, Erfurt	„ 5430,—
„ „ Tabakarbeiter, Hamburg und Umgegend	„ 108041,—
„ „ Tabakarbeiter (Sortirer), Hamburg	„ 41500,—
„ „ Weißgerber Kirchhain (N.=L.)	„ 2710,—
„ „ Wirker, Chemnitz	„ 300,—
„ „ Töpfer, Cölln=Meißen	„ 250,—
„ „ Glasarbeiter, Flensburg	„ 150,—
„ „ Heizer und Trimmer, Hamburg	„ 4100,—
„ „ Wirker, Thalheim	„ 1300,—
„ „ Steinmetzen, Oppach	„ 745,—
„ „ Vergolder, Berlin	„ 375,—
„ „ Textilarbeiter, Bühl=Elsaß	„ 235,—
„ „ Zigarrenarbeiter, Pieschen=Dresden	„ 500,—
„ „ Seiler und Reepschläger, Stettin	„ 90,—
„ „ Buchdrucker, Wien	„ 1000,—
„ „ Metallarbeiter, Göppingen	„ 1000,—
„ „ Heizer und Trimmer, Bremerhaven	„ 2000,—
„ „ Former, Bernburg	„ 420,—
„ „ „ Liegnitz	„ 70,—
„ „ Schuhmacher, Barmstedt	„ 700,—
„ „ Kesselreiniger, Hamburg	„ 1000,—
„ „ Glasarbeiter, Fürth	„ 100,—
„ „ Weißgerber, Berlin	„ 650,—
„ „ Buchdrucker (leihweise)	„ 3600,—
„ den Zigarrenmacherbund, Antwerpen	„ 1600,—
	ℳ. 192696,—

b) Zurückgezahlte Darlehen.

An Darlehen zurückgezahlt	„ 75000,—

c) Für Agitation, Verwaltung und Verschiedenes.

Für Agitation	„ 660,70
„ Prozeßsachen	„ 456,70
„ Drucksachen	„ 3597,—
Versand=, Brief= und Strafporto	„ 1494,63
Gehalt des Vorsitzenden	„ 1610,—
Unkosten des Kassirers	„ 79,90
Für Vertretung des Kassirers	„ 168,—
„ Sitzungen der Gesammtkommission	„ 267,60
Zurückgezahlte Beiträge	„ 3334,10
Wechsel=Manko	„ 26,—
Delegation u. Unkosten d. Konferenz i. Halberstadt (Sept 1891)	„ 260,80
Delegation zum Zieglerkongreß	„ 58,—
Unkosten der Konferenz Berlin (16. November 1890)	„ 68,30
Reise nach London (zwei Komm.=Mitgl.)	„ 400,—
Bücher und Zeitungs=Abonnement ꝛc.	„ 75,05
Summa der Ausgabe	ℳ. 280252,78

Bilanz.

Summa der Einnahme	ℳ. 288992,16
Summa der Ausgabe	„ 280252,78
Kassenbestand	ℳ. 8739,38
An Darlehen aufgenommen	ℳ. 106950,—
An Darlehen zurückgezahlt	„ 75000,—
Bleiben noch abzutragen	ℳ. 31950,—

A. Dammann, Kassirer.

Die nach dem Halberstädter Konferenzbeschluß an die Generalkommission zu zahlenden Beiträge sind von nachstehenden Gewerkschaften theilweise für ein und zwei Quartale bezahlt worden:

Cigarren=Sortirer	Porzellanmaler
Bildhauer	Schiffszimmerer
Bauarbeiter	Steinmetzen
Barbiere	Schlosser
Drechsler	Schmiede
Fabrik= und Handarbeiterinnen	Seiler und Reepschläger
Former	Sattler
Glasarbeiter	Schuhmacher
Glacéhandschuhmacher	Stellmacher
Gold= und Silberarbeiter	Schneider ꝛc.
Hutmacher	Stukkateure
Kürschner	Tischler
Kupferschmiede	Tabakarbeiter
Lithographen, Steindrucker ꝛc.	Töpfer, Hamburg
Lohgerber	Textilarbeiter
Land= u. gewerbliche Hülfsarbeiter	Töpfer Deutschlands
Maurer	Werftarbeiter
Musikinstrumentenarbeiter	Weißgerber
Plätterinnen	Zimmerleute
Posamentiere	

Legien als Vertreter der Generalkommission wendet sich, nachdem er noch einige Ergänzungen zu dem gedruckten Bericht gegeben hatte, hauptsächlich gegen die Einwände und Vorwürfe, welche der Kommission gegenüber gemacht worden sind. Hierhin gehören die so weitgehende Unterstützung der Ausstände, die Aufnahme der Darlehen, die Veranstaltung der Maisammlung, sowie die Herausgabe des „Correspondenzblattes". Die Kommission wäre wegen einzelner dieser Handlungen in einer Weise kritisirt worden, die gezeigt hat, daß man in gewissen Kreisen nicht zu begreifen vermochte, daß eine solche Zentralkörperschaft für die Gewerkschaftsbewegung in Deutschland von enormer Bedeutung sei und daß man dort ferner nicht zu berücksichtigen verstand, daß die Kommission auf einen höchst unsicheren Boden gestellt worden ist und erst durch Klärung der Verhältnisse den Grund für ihre weiteren Arbeiten legen mußte. Noch in den letzten Tagen hat das Fachblatt der Malerorganisation sich zu einer Kritik der Kommission und des Kongresses aufgeschwungen, die alles Andere zeige, nur nicht den guten Willen, der gewerkschaftlichen Bewegung zu dienen. Zum Mindesten wäre es angebracht gewesen, daß die Leute, welche solchen Ansichten huldigen, diese auch an dieser Stelle vertreten, doch hätte die Leitung der Malerorganisation es vorgezogen, dem Kongreß fern zu bleiben. Eine solche Handlung charakterisire sich selbst. Die Schwierigkeit der Arbeit der Kommission lag auch zum Theil darin, daß die Organisationen, welche sich auf der Berliner Konferenz verpflichtet hatten, die Kommission in ihren Unternehmungen zu unterstützen, diesem Versprechen nicht nachgekommen sind. Selbst die Angaben für die statistischen Zusammenstellungen konnten erst nach wiederholter Aufforderung von einzelnen Organisationen zurückerhalten werden. Es war unter solchen Umständen nicht leicht, die Aufgabe, die gestellt war, erfüllen und den verhältnißmäßig großen Anforderungen entsprechen zu können. Er halte eine Kritik der Thätigkeit der Kommission für durchaus angebracht, weniger deswegen, um den bisherigen Kommissionsmitgliedern zu zeigen, daß sie nicht richtig gehandelt haben, denn diese sind sich bewußt, nur streng ihren Pflichten gemäß verfahren zu sein, sondern um der jedenfalls wieder einzusetzenden Kommission eine Richtschnur für ihr Verhalten und ihre Thätigkeit zu geben.

In der nunmehr eröffneten Diskussion stellt zunächst Grenz-Chemnitz fest, daß in der „Metallarbeiter-Zeitung" vor einiger Zeit die Frage aufgeworfen wurde, ob er privatim oder gegen Besoldung für die Generalkommission agitire. Auf diese Frage könne er heute dahingehend Antwort geben, daß er aus dem für Agitation in der Abrechnung aufgeführten Posten von M. 660,70, sowie überhaupt von der Generalkommission nichts erhalten habe, sondern daß seine Agitation für diese rein privat und aus innerer Ueberzeugung von ihm betrieben worden ist.

Metzger-Hamburg hält für unbedingt nothwendig, daß über den Bericht der Kommission gründlich debattirt wird. Die Kommission habe bei der Aufnahme von Darlehen zur Unterstützung des großen Tabakarbeiterausstandes in Hamburg ihre Befugnisse weit überschritten. Die Kommission hat sich dabei in zu hohem Maße engagirt; sie mag wohl heute noch Kopfschmerzen über die Deckung der Darlehen haben. Ich bin nicht der Meinung, daß die Herausgabe des Correspondenzblattes unbedingt nothwendig war. Jedes Gewerkschaftsorgan würde zur Aufnahme der Ansichten der Kommission bereit gewesen sein und hätte eine Anzahl Abzüge zur weiteren Versendung zur Verfügung gestellt. Zur Pflege der internationalen Beziehungen hat die Kommission eigentlich gar keine Zeit. Ich bin überzeugt, die Kommission wollte das Beste, ist aber zu weit gegangen.

Meyer-Hamburg stellt richtig, daß das Geld für Hamburg nicht nur von den dort wohnenden Mitgliedern gegeben sei; er nimmt an, daß die gesammten Mitglieder mit der Bewilligung einverstanden waren.

Dammann-Hamburg: Ein großer Theil von Verbänden hat die auf der Konferenz in Halberstadt festgestellte Verpflichtung nicht erfüllt. Herrn Metzger erkläre ich, daß er nicht nöthig hat, sich über die Kopfschmerzen der Generalkommission Kopfschmerzen zu machen; die Aufnahme von Darlehen war freilich kein guter Zug. Die Arbeiter haben die Kommission im Stich gelassen. In der Kommission hat sich die Ansicht Bahn gebrochen, daß unter Streiks kein Unterschied zu machen sei. Der Tabakarbeiterstreik war aber immerhin ein Abwehrstreik. Ich behaupte, daß das „Correspondenzblatt" die Gewerkschaften erst zusammengeführt hat.

Behrend=Berlin: Wenn sich Legien darüber beschwerte, daß die Arbeiter der Kommission gegenüber nicht die nöthige Solidarität übten, so ist das ein Beweis für mich, daß dafür kein Interesse vorhanden war; sie ist in Deutschland als todtgeborenes Kind betrachtet worden. Das Geld des Maifonds ist nicht in richtiger Weise verwandt worden. Hatte die Kommission kein Geld, so mußte sie einen Aufruf zu Geldsammlungen erlassen, andernfalls das Amt niederlegen. Wer ist denn schuld daran, daß die Meisten, welche Angriffe zu machen haben, hier nicht erschienen sind? Das ist die Form der Einberufung des Kongresses. Wir haben heute Vormittag gesehen, daß hier sehr verwirrte Ansichten zum Ausdruck kamen. Herr Legien beschwert sich darüber, daß gerade die Vorstände der Zentralisationen das Material über die Statistik nicht eingesandt haben. Das beweist, daß kein Interesse vorhanden war. Das „Correspondenzblatt" war überflüssig; jede Gewerkschaft hat bereits ein Organ. In der Resolution der Berliner Konferenz steht kein Wort, daß die Kommission berechtigt war, Anleihen aufzunehmen. Das ist ein sehr eigenmächtiger Schritt.

Legien=Hamburg: Wenn die Genossen Metzger und Behrend erklären, daß die Aufnahme der Darlehen seitens der Kommission nicht berechtigt war, so sind sie Beide in Irrthum. Die Kommission hatte den Auftrag, Abwehrstreiks zu unterstützen. Sie wissen aber, wie schwer es ist, bis Sammelgelder zusammenkommen. Sollten wir den Streikenden nun sagen, sie sollten hungern, bis Gelder einlaufen? Diejenigen, welche uns die Darlehen gaben, hatten mehr Vertrauen zu den deutschen Gewerkschaften, als Die, welche heute Kritik üben, denn sonst hätten wir das Geld nicht erhalten. Uns noch über die Nothwendigkeit der Pflege internationaler Beziehungen hier auseinanderzusetzen zu müssen, darüber sollten wir doch hinaus sein. Je mehr wir auch dem Auslande gegenüber unsere Lage zu klären suchen, um so sichereren und festeren Boden werden wir gewinnen. Einem todtgeborenen Kinde sähe die Kommission kaum ähnlich, da die Einberufung des Kongresses und die nöthigen Vorarbeiten für denselben kaum die Richtigkeit der Aeußerung Behrends bestätigen dürften. Welche Verantwortlichkeit würde uns treffen, wenn wir auch nur daran gedacht hätten, unser Amt niederzulegen. Den lokalorganisirten Arbeitern wäre die Gelegenheit zur Vertretung nicht beschnitten. So seien die Berliner Maurer, welche angeblich in Stärke von 3000 Mann organisirt sein sollen, durch zwei Delegirte hier vertreten, während der Verband der Maurer mit 12000 Mitgliedern nur 3 Delegirte habe. Die Opposition gegen die Generalkommission batirt nicht seit der angeblich falschen Verwendung des Maifonds, sondern vom Bestehen der Kommission an. Auch wir wollten den Maifonds zu einem festen Fonds gestalten; hätten uns die Gewerkschaften mehr unterstützt, so brauchten wir den Maifonds nicht zur Tilgung der Darlehen. Welcher gewaltige Unterschied würde wohl darin bestehen, wenn wir statt des „Correspondenzblattes" vielleicht

300 Exemplare einer Tageszeitung gekauft hätten. Jede Nummer des „Correspondenzblattes" kostete uns M. 26,—, von einer Verschwendung der Arbeitergelder kann also keine Rede sein.

Heismann=Flensburg. Die Ausführungen des Herrn Metzger haben mich befremdet. Ich stehe auf dem Standpunkt: was die Kommission that, hat sie mit gutem Willen gethan und dafür können wir nur dankbar sein. Die Unterstützung der Buchdrucker gegenüber den Tabakarbeitern ist allerdings nur gering. Wollten wir die Leiter der Organisationen immer so angreifen, so würden wir wohl Niemand mehr finden, der ein Amt annimmt. Der Maifonds ist nicht falsch angewandt worden. Warum sollte sich die Generalkommission, wenn jede Gewerkschaft ihr Organ hat, sich nicht ein solches Blättchen leisten. Der Redner bedauert, daß um einer so kleinen Sache willen soviel Aufhebens gemacht wird.

Da geschäftsordnungsmäßig die Zeit zum Schluß der Sitzung herangerückt ist, so wird die Diskussion abgebrochen und nach Verlesung des Protokolles die Sitzung geschlossen.

Dritte Sitzung.
Dienstag, 15. März, Vormittags.

Eröffnung 8¼ Uhr durch Deisinger. Nach erfolgter Mittheilung, daß wieder eine Reihe von Begrüßungstelegrammen eingelaufen ist, wird die Diskussion über Punkt 2 der Tagesordnung fortgesetzt.

v. Elm betont, daß die gestern gehörten Angriffe auf die Generalkommission zum Theil darum stattfanden, weil Mißerfolge zu verzeichnen seien. Die Generalkommission mußte aber das, was ihr aufgetragen war, durchführen, weil es Aufgaben waren, die ihr in langen schönen Reden auf der vorangegangenen Konferenz als nothwendig im Kampf gegen das Unternehmerthum deklarirt worden waren. Nachdem Redner dann klar gelegt, wie beim Tabakarbeiterstreik die Verhältnisse sich dergestalt entwickelten, daß eine Unterstützung desselben dringend angebracht erschien, wies er darauf hin, wie in Berlin die Unterstützung am allerwenigsten für nothwendig anerkannt wurde. Keine Kommission würde Besseres in Vorschlag und Ausführung gebracht haben. Wenn ferner das „Correspondenzblatt" und sein Inhalt als unnütz hingestellt wurde, so mag dies nur darum behauptet worden sein, weil man mit der Tendenz nicht einverstanden war; es sei aber nicht erwiesen, daß auf die vielen persönlichen Angriffe gegen die Kommission darin auch nur mit einer Silbe eingegangen wurde. Andere Blätter würden dies Blatt schwerlich ersetzt haben; z. B. hat das Organ der Tabakarbeiter fast gar keine Bekanntmachungen der Generalkommission zum Abdruck gebracht. Es ist wesentlich, daß die Bekanntmachungen der Kommission schnell veröffentlicht werden. Die Angriffe wegen der Veröffentlichung der übersetzten Berichte aus der ausländischen Gewerkschaftsbewegung seien ungerechtfertigt, denn gerade die sonstigen derartigen Berichte, welche bekannt wurden, waren theilweise tendenziös gefärbt. Metzger hätte wie auf anderen Gebieten auch auf dem gewerkschaftlichen Gebiete den internationalen Standpunkt einnehmen müssen; das Gegentheil sei reaktionär. Wir haben doch auch materiell gute Unterstützung aus dem Auslande erhalten. Der Maifonds wird wieder da sein, so bald die eingegangenen Verpflichtungen durch die Gewerkschaften erfüllt sind. Die gegen die besonders starke Unterstützung der Hamburger Genossen erhobenen Bedenken seien übertrieben. Dort würden, so bald es an der Zeit sei, auch wieder die größten Opfer gebracht. Redner bleibt also dabei, daß die schönen Reden der Konferenz der Generalkommission Berechtigung gaben, die stattgehabten Unternehmungen auszuführen und daß, wenn der Erfolg ein großer gewesen wäre, auch die Angriffe nicht derartig stattgefunden hätten wie es geschah.

Zur Geschäftsordnung wird beschlossen, daß die bei § 5 Abs. 2 stehende Bestimmung von 10 Minuten Redezeit bei der jetzigen Diskussion gilt.

Timm=Berlin ist der Ansicht, daß die Generalkommission ihre Aufgabe überschritt und kein Recht habe, jetzt der Arbeiterschaft Vorwürfe zu machen. v. Elm's Ansicht, man habe bei den Gegnern der Generalkommission die wirthschaftliche Lage nicht gekannt, sei gerade dieser gegenüber zu behaupten. Die gegen die Berliner Arbeiter gemachten Vorwürfe weist Redner entschieden zurück; auch dort habe man seine Schuldigkeit gethan. Das Zentralblatt erklärt Redner für überflüssig. Die M. 26 pro Woche hätten gespart werden können; mit den wirthschaftlichen Verhältnissen hätte müssen gerechnet werden, was z. B. selbst aus den in Nr. 31 des „Correspondenzblattes" gemachten Behauptungen über den Buchdruckerstreik zu ersehen sei. Streiks sind in der gegenwärtigen Krisis erfolglos, wenn sie nicht in acht Tagen beendet sind.

Krüger=Dresden. Redner knüpft an die Aeußerungen des Vorredners an. Auch in Sachsen habe man gegen die Generalkommission Mißtrauen gezeigt und die Ueberschreitungen hinsichtlich des Maifonds verurtheilt. Manches sei natürlich nicht auf das Konto der Generalkommission zu setzen; man habe einfach mehr von derselben erwartet, als es berechtigt war. Die zu erhebende Statistik sei dringend nothwendig, und zu tadeln, daß in dieser Hinsicht die Generalkommission nicht gehörig unterstützt sei. Die entstandenen Defizits müssen unbedingt gedeckt werden. Das „Correspondenzblatt" sei in mancher Hinsicht sogar noch nicht mal groß genug; dasselbe als unnöthig zu bezeichnen, sei verkehrt; die gewerkschaftliche Presse sei theilweise zu mangelhaft, da es Blätter darunter giebt, die nur einmal im Monat erscheinen.

Beyer=Leipzig macht auf einige Eigenthümlichkeiten der Kampfesweise gegen die Generalkommission aufmerksam. Nicht Diejenigen, die am wenigsten zum Maifonds beigetragen, hätten das größte Recht zur Opposition. Das Recht der Anleihe im nothwendigen Kampfe ließ sich nicht bestreiten. Das „Correspondenzblatt" sei dringend nothwendig gewesen, da die Kommission ohne dasselbe garnicht hätte operiren können, weil sonst die Berichte ungenau verbreitet worden wären. Metzger's Tadel der internationalen Anknüpfung sei, so lange nichts Anderes gethan wurde, ungerechtfertigt.

Hagge=Hamburg ist der Ueberzeugung, daß die Unterstützung der Hamburger Tabakarbeiter nothwendig war; die Sache war eine An=

gelegenheit, die die ganzen deutschen Arbeiter anging; wäre man überall so opferwillig wie in Hamburg gewesen, wäre der Sieg errungen und eventuell der Buchdruckerstreik nicht nöthig gewesen. Das „Correspondenz=blatt" war seiner Originalberichte wegen nothwendig.

Fehmerling=Hamburg betrachtet die Generalkommission als eine nützliche Institution und begreift nicht, wie man dieselbe als todt=geborenes Kind bezeichnen könne. Einen Tadel hätte natürlich die Kommission verdient, daß sie eine so hohe Summe geliehen hätte. Diese Anleihe wäre überhaupt nicht nöthig gewesen, wenn die Arbeiter ihre Pflicht gethan hätten. Von unnützer Geldverschwendung könne bei der Generalkommission keine Rede sein. Das „Correspondenzblatt" müßte sein, sonst hätte man ein Hamburger Blatt zu beanspruchen gehabt, was ebenfalls wieder Lärm verursacht hätte. Auf nationalem Gebiete allein könne man heute nichts mehr erreichen, desgleichen waren die inter=nationalen Anknüpfungen nothwendig. Hatte man einmal in Berlin Beschlüsse gefaßt, so mußte man diese auch ausführen helfen.

Heine=Hamburg wünscht, daß einmal gemachte Aeußerungen nicht wiederholt werden.

Es findet eine Debatte über einen Schlußantrag statt. Der Antrag wird abgelehnt.

Tobler=Hamburg bedauert, daß seitens der Maler eine so eigen=thümliche Stellung eingenommen wird. Die Majorität der organisirten Arbeiter seines Gewerkes sei dem Anschluß geneigt. Die Berliner und Hamburger Genossen bekämpfen sich leider, doch habe dieses eine gewisse Berechtigung; leider müsse Redner behaupten, daß in Berlin die Kor=ruption stark zum Ausdruck komme. Die Stellung der Maler beein=trächtige übrigens die Gewerkschaftsunion nicht. Die Opposition liege an einigen intelligenten Führern. Der letzte Angriffsartikel im Maler=organ sei von Keßler geschrieben. Die Maler werden mit der Zeit doch den richtigen Standpunkt einnehmen.

Nach einer Debatte über einen Antrag auf Schluß der Rednerliste wird beschlossen, daß derartige Anträge unzulässig sind.

Klees=Magdeburg nimmt dieselbe Stellung wie seine Vorredner ein. Es sei ein Schauspiel für Götter, wie gewisse Leute heute gegen und morgen für die gewerkschaftliche Bewegung eintreten. Man muß konsequent sein und auch für das Nothwendige eintreten. Viele wollen nur für ihre eigene Person eine Rolle spielen. Am meisten zu tadeln sei, daß man sogar durchblicken ließ, die Generalkommission sei über=flüssig. Die Unterstützung der Tabakarbeiter durch die Kommission erklärt Redner für nothwendig. Hauptsache bleibe, daß die Solidarität gepflegt werde.

Dähne=Berlin. Der Bericht der Generalkommission beweist, daß die gewerkschaftliche Bewegung nicht so beschaffen sei, wie man erwartete. Dieserhalb sind auch die Vorwürfe gegen die Generalkommission un=gerechtfertigt. Aufgabe bleibe, nicht das Geschehene zu tadeln, sondern Besseres zu schaffen. Falsch sei, wenn man darum, weil der Erfolg nicht der gewünschte war, verlangte, daß die Kommission zurücktrat; das sei eine Forderung, die in der Arbeiterbewegung gar nicht auf=kommen dürfe. Viele Gewerkschaftsblätter seien lange nicht so noth=wendig, als das „Correspondenzblatt". Der Beschluß der Berliner gegen die zu verbreitenden Sammelmarken sei nur gefaßt, damit die Arbeiterorganisationen selber ihre Pflicht besser thun sollten.

Frau Steinbach hält die Achtstundenbewegung für nothwendig, um die Lebenslage der Arbeiter zu verbessern. Wenn aber der „Bauhandwerker" seinerzeit andeutete, daß die Maisteuer an anderer Stelle abgeliefert werden müsse, damit die Gewähr dafür vorhanden, das Geld würde auch rechtmäßig verwendet, so sei dies sehr eigenthümlich. Rednerin wendet sich dann gegen die Aeußerungen wegen des todtgeborenen Kindes, als welches die Generalkommission hingestellt wurde. Dies gleiche der Fabel vom Ei des Kolumbus. Nun, da die Kommission da sei, wäre es ja ein Leichtes, die Sache besser zu gestalten. Wäre die Unterstützung der ausgesperrten Tabakarbeiter im ganzen Deutschland eine bessere gewesen, hätte man auch den Maifonds nicht anzugreifen brauchen. Die Vorwürfe gegen die Kommission seien in jeder Weise ungerechtfertigt.

Ein weiterer Antrag auf Schluß der Debatte wird wieder abgelehnt.

Metzger erklärt, nur wegen drei Punkten gegen die Kommission gesprochen zu haben; zu nörgeln sei nicht seine Aufgabe. Er habe in jeder Weise die Kommission unterstützt, an dieser habe er nur zu tadeln, weil sie zu hohe Aufgaben durchzuführen versuchte. Für die Zukunft müsse dem vorgebeugt werden, damit nicht wieder über's Ziel geschossen werde. Betreffs seiner Ausführungen mit dem „Correspondenzblatt" habe man ihn vollständig verkehrt verstanden. Redner wolle mit Bürstenabzügen von den zu versendenden Berichten dasselbe ersetzt wissen; das wäre unbedingt billiger gewesen, da ℳ. 1000 gespart worden wären. Das „Correspondenzblatt" habe überhaupt manches Verkehrte und Ueberflüssige gebracht. Auch seine Ausführungen betreffs der internationalen Beziehungen seien verkehrt ausgelegt; er habe in Brüssel selber internationale Anknüpfungen mit unterstützt und weist darauf hin, daß dort die Wahl von Vertrauensmännern zur Pflege des internationalen Prinzips beschlossen wurde.

Ein Antrag, die Rednerliste zu schließen und den eingezeichneten Rednern fünf Minuten Redezeit zur persönlichen Bemerkung zu geben, wird abgelehnt.

Kloß-Stuttgart legt klar, daß Metzger seine Monitas bei Berathung der Organisationsform hätte anbringen können; nach seiner Ansicht wäre es Metzger nur zu thun gewesen, das Geschehene zu tadeln. Der Vorwurf des überstürzten Handelns sei gerade darum ungerechtfertigt, weil es die Metallarbeiter waren, die das Ganze anregten. Hätte man nur die Kommission kampffähig gemacht, würde diese ihrer Pflicht, schon bei der Gründung vorliegende Unterstützungsgesuche zu erfüllen, auch haben nachkommen können; so mußte sie so handeln wie sie es gethan. Internationale Anknüpfungen vorzunehmen war gerade die besondere Pflicht der Kommission; einen Vorwurf hätte sie verdient, wenn sie dies nicht gethan. Hätte die Kommission fortwährend mit Bürstenabzügen gearbeitet, würde die Sache elend kleinlich ausgesehen haben. Würde man die Generalkommission mehr materiell unterstützt haben, hätte sie besser operiren können. Der Metallarbeiterkongreß in Frankfurt habe den Göppinger Streik der Generalkommission zwar zur

Unterstützung überwiesen, aber keinen Pfennig an die Generalkommission abzuführen beschlossen.

Kirsten-Berlin bedauert, daß der Vorsitzende es nicht gerügt hat, daß den Berlinern Korruption vorgeworfen worden ist. Schweitzer repräsentire nicht die Berliner Arbeiter. Er könne der Generalkommission nicht den Vorwurf ersparen, mit Zurückweisung der Lokalvereine die Gleichberechtigung außer Acht gelassen zu haben. v. Elm's Vorwürfe waren tendenziös, da er selber in Berlin mit anwesend war, als der Beschluß gefaßt wurde, selber Marken auszugeben. In Berlin selber waren sechs Streiks zu unterstützen. Dazu hatte die Generalkommission den Weißgerbern die Unterstützung entzogen. Man habe eine große Antipathie gegen Berlin, das müsse sich ändern. Berlin habe Opfer genug gebracht, während für Hamburg gelte: an der Quelle sitzt der Knabe. Auch in Berlin könne man streiken, man sei aber zu schlau dazu. Es kann in Berlin nicht alles das geschehen, was unter den Arbeitern Hamburgs möglich ist.

Deisinger legt klar, daß er nicht jede Aeußerung eines Redners, die dem Gegner nicht paßt, zurückweisen könne.

Legien berichtet, daß Kirsten verkehrte Summen als in Berlin aufgebracht und an die Weißgerber abgeführt worden sind angeführt habe. Die Abrechnung beweise dies. Der Berliner Weißgerberstreit durfte nicht weiter unterstützt werden, weil die Beschlüsse der Konferenz in Halberstadt dies nicht mehr zuließen. Daß Berichte aus dem „Correspondenzblatt" früher in bürgerlichen Blättern als im „Vorwärts" erschienen sein sollen, könne nur in der Weise erklärt werden, daß ein Vertrauensmann die Berichte diesen Blättern zur Verfügung gestellt habe. Metzger hätte sich nur klarer ausdrücken sollen, dann wären ihm die Erwiderungen erspart geblieben. Gerade die Gegner der Generalkommission hätten Ursache, für die Einrichtung des „Correspondenzblattes" dankbar zu sein, weil ihnen hierdurch Gelegenheit gegeben ist, die Handlungen der Generalkommission fortlaufend kontroliren zu können. Das wäre ihnen bei Bürstenabzügen kaum möglich gewesen. Die lokalorganisirten Arbeiter hatten genügend Gelegenheit, sich auf dem Kongreß vertreten zu lassen; wenn sie dies nicht benutzten, so war es ihre Schuld.

Faber-Berlin. Legien habe in seinem Berichte sich gegen Angriffe gewendet, die außerhalb und nicht innerhalb des Kongresses stattfanden. Dies zeuge von Unsicherheit. v. Elm habe gewußt, aus welchem Grunde die Marken zur Unterstützung der Tabakarbeiter in Berlin nicht vertrieben wurden. Es sollten die bestehenden Einrichtungen für die Sammlungen verwendet werden. Viele Streiks sind von der Generalkommission nicht unterstützt, weil es keine Abwehrstreiks sein sollten. So wurde die Unterstützung des Ausstandes der Handschuhmacher und Glasmacher an die Berliner Streikkontrolkommission verwiesen. Berlin hat verhältnißmäßig mehr Streiks zu unterstützen, als die Hamburger voraussetzen. Der Vorwurf der Opposition darf den Berlinern nicht von Leuten gemacht werden, die die Berliner Verhältnisse nicht kennen.

Ein Schlußantrag wird angenommen.

Legien führt im Schlußwort aus, daß die Generalkommission die Verpflichtung hatte, alle im Laufe des Jahres gegen sie erhobenen

Vorwürfe hier zur Sprache zu bringen und nicht warten konnte, bis dieselben Angriffe aus der Mitte des Kongresses kämen. Die Ansicht Timm's, daß ein Ausstand heute innerhalb acht Tagen entschieden sein muß, theile er nicht. Eine solche Auffassung zeuge nicht von tiefer Auffassung der wirthschaftlichen Verhältnisse. Die Widerstandsfähigkeit der Unternehmer werde mit der Konzentration des Kapitals gehoben. Schon Lasalle gab zur Zeit, als die Industrie noch weniger entwickelt war, 14 Tage als Grenze für die Dauer eines Ausstandes an. Nach der heutigen Lage wäre diese Zeit aber noch als zu kurz zu bezeichnen. Das „Correspondenzblatt" habe sich als eine durchaus zweckmäßige Einrichtung gezeigt und wäre dessen Fortbestand äußerst wünschenswerth. Die Debatte habe wohl gezeigt, daß Manches seitens der Kommission gethan worden, was heute nicht mehr geschehen würde, doch berücksichtige man, unter welch schwierigen Verhältnissen die Kommission zu arbeiten hatte. Er trage das Bewußtsein, daß die Generalkommission voll ihre Schuldigkeit gethan habe.

Es folgt dann eine Reihe persönlicher Bemerkungen und Berichtigungen.

Metzger erklärte, daß er sich wegen der Schulden der Generalkommission keine Kopfschmerzen mache. Der Ausstand der Göppinger Metallarbeiter sei von dem Verband mit M. 1000 Schulden übernommen worden.

Tobler bestreitet, über die Berliner Vorgänge Unwahres behauptet zu haben. Wenn er von Korruption gesprochen habe, so meinte er nur, daß die Zerstörung der Organisation in Berlin um sich greife.

v. Elm weist einige Ausführungen gegen seine Behauptungen zurück. Man habe in Berlin in den Organisationen recht gute Beschlüsse gefaßt, sie aber nicht durchgeführt.

Behrend erklärt, daß keine Klarheit über die Situation vorhanden wäre. Das Recht der Kritik lasse er sich nicht nehmen. Sonderbar sei, daß Dähne ihm vorwerfe, er habe sich gefaßten Beschlüssen nicht gefügt; die Putzer Berlins seien es gerade gewesen, die sich den Beschlüssen nicht fügten.

Feder erklärt, daß es auf dem Kongreß keine unabhängigen Sozialisten, sondern nur Gewerkschaftsvertreter gäbe.

Kirsten giebt zu, sich betreffs der Beisteuer der Weißgerber geirrt zu haben.

Bringmann erklärt, daß er durch Annahme des Schlußantrages verhindert worden ist, die Anschauung der Zimmerleute vortragen zu können.

Gèbel erklärt dasselbe und führt vor, wie die Glasarbeiter Charlottenburgs bei Eintritt in die Lohnbewegung standen.

Kloß weist Metzger's Ausführungen betreffs des Göppinger Streiks als unrichtig zurück. Der Streik wurde am 22. Juni beendet, während der Metallarbeiterkongreß am 6. Juni stattfand, so daß von diesem Unterstützung hätte beschlossen werden müssen und nicht an die Generalkommission diese zu überweisen war.

Beyer will nur die Kampfesweise der Gegner der Kommission bekämpft haben.

Junge giebt kund, daß der Göppinger Streik den Metallarbeitern enorme Schulden aufgebürdet habe, da Anleihen gemacht werden mußten.

Ein Antrag, einen vorliegenden Protest der Lohgerber Berlins gegen die Einberufung des Kongresses zur Verlesung zu bringen, wird angenommen. In dem Protest wird erklärt, daß die Lohgerber und Lederzurichter von einer Beschickung des Kongresses absehen, weil die Vertreter der lokal organisirten Arbeiter auf demselben nur geduldet werden. Im Ferneren wird gegen die Art und Weise protestirt, in welcher die Generalkommission gegen die Lokalorganisationen polemisirt habe. Die Bildung von Unionen würde die Gewerkschaften in das Fahrwasser der Hirsch=Duncker'schen Gewerkvereine treiben und läge darin die Gefahr einer Versumpfung der Arbeiter. Nicht die Form, sondern der sie beherrschende Geist gebe der Organisation den Werth. Der weitere Wortlaut des ziemlich umfangreichen Protestes schildert die Vorgänge in der Gerberorganisation und die Differenzen, welche zwischen den in Berlin organisirten Lohgerbern und dem Vorstand des Zentralverbandes bestehen.

Ein Antrag, über den Protest zur Tagesordnung überzugehen, wird angenommen.

Sodann wird in die Berathung von Punkt 4 der Tagesordnung „Die Organisationsfrage" eingetreten.

Ein Antrag, eine weitere zu diesem Punkte eingereichte Resolution, sowie noch verschiedene Anträge und Resolutionen drucken zu lassen, wird, nachdem Bringmann sich energisch gegen das Auftreten einzelner Berliner Delegirten ausgesprochen hat, abgelehnt.

Frau Steinbach erklärt, daß in diesem Beschluß eine Ungerechtigkeit liege.

Nach längerer Debatte darüber, wie die Diskussion über diesen Punkt der Tagesordnung geführt werden soll, wird beschlossen, daß für die drei in Vorschlag gebrachten Organisationsformen je ein Referent zunächst zum Wort kommen solle.

Hierauf wird die Sitzung um $12^{1}/_{4}$ Uhr geschlossen.

Vierte Sitzung.
Nachmittags 2 Uhr.

Den Vorsitz führt Kloß.

Will=Hamburg hält die Zutheilung der Schiffszimmerer zur Gruppe der Bauarbeiter nicht für zweckmäßig und verlangt die Zuertheilung zur Gruppe der Werftarbeiter.

Müller-Hamburg will, daß die Zusammenstellung so bleibe, wie sie von der Kommission gemacht und von dem Verbande der Schiffs= zimmerer direkt verlangt sei.

Nachdem noch Feder und Hilmer sich dahin geäußert, daß es jeder Organisation überlassen bleiben müsse, sich der Gruppe anzuschließen, die ihr zusagt, wird über den Antrag Will zur Tagesordnung übergegangen.

Der Vorsitzende verliest zwei zu diesem Punkte der Tagesordnung neu eingegangene Resolutionen.

Sodann erhält als Referent für den Organisationsplan der Generalkommission Legien das Wort und führt Folgendes aus: Es würde keine angenehme Aufgabe für ihn sein, diesen so viel angefeindeten und bekämpften Organisationsplan zu vertheidigen, wenn derselbe nicht von der Halberstädter Konferenz der Vorstände der Zentralorganisationen gutgeheißen wäre. Bei der Frage der zweckmäßigsten Organisations=
form seien zwei Gesichtspunkte entscheidend und zwar, wie groß ist die Zahl der organisirten Arbeiter gegenüber den unorganisirten, und welche gesetzlichen Hindernisse stehen den Organisationsbestrebungen entgegen. Die Thatsache, daß der überaus große Theil der Arbeiter außerhalb der Organisationen stehe, zwinge, eine Organisationsform zu wählen, die für die Agitation am zweckmäßigsten ist. Mit Ausnahme von Sachsen und Anhalt sei die Vereinsgesetzgebung in Deutschland dergestalt, daß die Organisationen sich nach Belieben formiren können, sofern sie es ver=
meiden, in der Organisation Politik zu treiben. Wenn man bei voller Bewegungsfreiheit in den Gewerkschaften Politik treiben wolle, so dürfte dieses trotzdem nur mehr Interessen= als Parteipolitik sein. Der Kampf auf wirthschaftlichem Gebiet ist die Aufgabe der Gewerk=
schaft. Redner hält es nicht für nothwendig, auf die Frage, ob lokale oder zentrale Organisation anzustreben sei, einzugehen, da einerseits die Vertreter der Lokalorganisation uns nach dieser Richtung hin zu einer Debatte nöthigen werden, andererseits aber diese Frage als ent=
schieden zu betrachten ist, weil die Mehrzahl der organisirten Arbeiter in den Zentralorganisationen sei. Es stehen sich auf dem Kongreß drei Ansichten über die Organisationsform gegenüber, diejenige, welche die Industrieverbände will, dann die der Branchenorganisation und Zusammenschluß in Unionen und die der Lokalorganisation. Die Er=
fahrung hat gelehrt, daß die Branchenorganisation für die Agitation sich am zweckmäßigsten erweise, da der so viel bestrittene Berufsdünkel und Kastengeist doch unter den Arbeitern besteht. Bedenke man, daß das Sozialistengesetz die Organisationen vollständig vernichtete und daß es nunmehr gilt, von Neuem aufzubauen, so müsse man zugeben, daß vor der Hand das Schwergewicht auf die Agitation zu legen und mit den indifferenten Massen zu rechnen ist. Die Industrie ist noch nicht so hoch entwickelt, daß zur allgemeinen Gründung von Industrie=
verbänden geschritten werden kann. Selbst in dem industriell am weitesten vorgeschrittenen Lande, in England, findet man die Branchen=
organisation. Es giebt dort nicht weniger als 11 verschiedene Metall=
arbeiterorganisationen. Ebenso liegen die Verhältnisse in Amerika. Wenn man es dort für zweckmäßig erachtet hätte, Industrieverbände zu gründen, so wäre es geschehen. Die deutschen Metallarbeiter hätten den Industrieverband als Organisationsform gewählt. Ob er zweck=
mäßig und vortheilhaft, wird die Zeit lehren. Was für diese Industrie möglich, gelte aber nicht für alle anderen. So ist z. B. in der Gruppe der Holzarbeiter das Beitragsverhältniß in den einzelnen Organi=
sationen ungemein groß. Es giebt dort Beiträge von 7½ bis 35 ₰ per Woche. In einem Industrieverband aber müßten Beiträge und Leistungen für alle Mitglieder gleich sein. Daran würde die Ver=
schmelzung dieser Gruppe zu einem Verbande scheitern. Allgemein werden in den Organisationen niedrige Beiträge bezahlt, während

darauf gedrungen werden muß, daß die Organisationen finanziell günstiger gestellt werden. Wolle man behaupten, daß größere Geldmittel nicht von Bedeutung seien, weil das Beispiel des Buchdruckerausstandes zeige, daß auch mit enormen Mitteln nicht immer ein Ausstand gewonnen werden könne, so betrachte man die Lage des Buchdruckgewerbes zur Zeit des Ausstandes. Die ungünstige Konjunktur, die übergroße Zahl der Arbeitslosen und Streikbrecher im Buchdruckgewerbe, sowie durch allgemeine Arbeitslosigkeit erschwerte ausreichende Unterstützung der übrigen Arbeiterschaft Deutschlands, das sind die Ursachen des unglücklichen Ausganges des Buchdruckerstreiks Die noch nicht soweit entwickelte Industrie, die Verschiedenartigkeit der Beiträge und Leistungen in den einzelnen Organisationen sowie der Kastengeist sind die Hindernisse, welche der Gründung von Industrieverbänden entgegenstehen. Es empfehle sich daher, an der Branchenorganisation festzuhalten und diese Organisationen zu Unionen zu vereinigen. Redner führt dann eingehend aus, wie bei der Unionsbildung die einzelnen leitenden Körperschaften miteinander zu arbeiten haben, wie die Agitation, die Streikunterstützung und alle anderen gemeinsamen Angelegenheiten zu regeln sind und wie die Fachpresse zu gestalten ist. Die Generalkommission halte nach wie vor die Unionsbildung für das Zweckmäßigste, habe aber zunächst empfohlen, daß die verwandten Berufsorganisationen Kartellverträge untereinander abschließen. Die Spezialkongresse müssen darüber entscheiden, inwieweit die gemachten Vorschläge durchführbar sind.

Der Vorsitzende verliest sodann einen Antrag der Frauen- und Mädchenorganisation in Offenbach, nach welchem ein allgemeiner gewerkschaftlicher Arbeiterverein für ganz Deutschland errichtet werden soll. Der Antrag findet nicht genügend Unterstützung und wird nicht zur Debatte gestellt.

Ferner wird ein Antrag der Kellner Hamburgs verlesen. Derselbe verlangt, daß die organisirten Arbeiter die Bestrebungen der Kellnerorganisation unterstützen mögen. Der Antrag wird zur Debatte gestellt.

Sodann erhält der Referent für den Vorschlag der Industrieverbandsgründung Segitz-Fürth das Wort. Derselbe führt aus: Er müsse sich zunächst an die Ausführungen Legien's halten. Ganz dieselben Gesichtspunkte, welche die Kommission leiteten, bildeten auch die Richtschnur des Metallarbeiterkongresses in Frankfurt a. M., nur sei man dort zu einem ganz anderen Schluß gekommen. In Deutschland giebt es 58 Zentralorganisationen mit ebenso vielen Fachblättern. Zweifellos sei, daß hierdurch Geldmittel verschwendet würden. Die Generalkommission legt Gewicht auf die Gründung vieler Organisationen, weniger auf die Mitgliederzahl. Die vielen Organisationen erforderten viele Kosten der Verwaltung. In England seien auf dem letzten Kongreß 1 300 000 Arbeiter vertreten. Die zwölf Metallarbeiterorganisationen seien dort nicht Branchenvereinigungen, sondern Industrieverbände, da in einzelnen selbst die Tischler, die in dem Industriezweige arbeiten, Mitglieder sind. In allen aber befinden sich sämmtliche Hülfsarbeiter der betreffenden Industrie. Da habe man sich nicht nach Berufen, sondern nach der Industrie organisirt. Mit der Gründung der vielen Fachblätter sei ein wahrer Unfug getrieben worden. Die „Tischler=Zeitung" komme bei acht Seiten nur auf 3 Pfennig pro Nummer. Die leichtere Beweglichkeit spricht für die Organisation der Metallarbeiter. An der Agitation liegt es, daß man noch nicht weiter gekommen sei. Der Kastengeist herrsche nicht so sehr. Die Metallarbeiter haben es in fünf Monaten auf 23 000 Mitglieder gebracht und eine Einnahme von M. 53 000 gehabt. Jeder müsse sich so versichern, wie es seine Kassenverhältnisse erlauben. Er erwartet vom Kongreß, daß die Organisation der Metallarbeiter Anerkennung finden werde.

Das Wort erhält der Vertreter der Lokalorganisation, Riecke=Braunschweig: Die Resolution der Generalkommission sei unannehmbar. Wir treiben Politik in unseren Versammlungen, sind aber keine politischen Vereine. Die englischen Dockarbeiter schlossen sich bei dem Streit gleich der politischen Bewegung an. Die amerikanischen Gewerkschaften lehren, wie weit sie gekommen sind. Wir wollen anderen Gewerkschaften keine Organisationsform aufzwingen, aber wir wollen unsere Organisation auch geachtet wissen. Die Maurer hatten in den Lokalvereinen 33 000 Mitglieder, jetzt im Verband 10 000, das liege an der Organisation. Man habe kein Recht, von Streikbrechern zu reden; während in einer Stadt elf und zwölf Stunden bei M. 15 Verdienst gearbeitet werde, wird in den großen Städten das Doppelte verdient bei weniger Arbeit; dafür müsse gesorgt werden, mit wenigen Mitteln sei das möglich, daß diese schlecht gestellten Arbeiter ihre Lage verbessern können. Karl Marx habe den allgemein anerkannten Ausspruch gethan: „Proletarier, aller Länder vereinigt Euch!" und so möge auch der Kongreß eine Einigung aller Organisationen herbeiführen.

Schmidt=Berlin: Die Reihe der Mißerfolge in den verschiedenen Gewerkschaftskämpfen müsse den Prügelknaben abgeben. Die Macht des Kapitals entfaltet sich von Jahr zu Jahr kräftiger und wir können nicht mehr damit Schritt halten. Jetzt kommen nur noch Abwehrstreiks. Ein großer Theil der Arbeiterschaft ist so schlecht gestellt, daß die Beiträge nicht aufgebracht werden können. Die Buchdrucker wollten beim Streit eine Anleihe aufnehmen, bei der Leere der Kassen konnte aber nur eine so kleine Summe gegeben werden, die rein lächerlich sei. Jeder soll sich in einem Beruf organisiren, der für ihn paßt. Die Zusammensetzung des Kongresses scheine einen Zwang herbeiführen zu wollen. Fünf Prozent der Arbeiter seien nach einer Berliner Statistik organisirt, diese Summe beweise, wie gering die Ausdehnung der Organisation sei. Eine Diktatur dürfe nicht ausgeübt werden. Der Stein des Anstoßes soll entfernt werden, dahin sei zu streben.

Timm=Berlin: Die Gewerkschaftsorganisation wird keine große Zukunft haben. Zur Erziehung und zum Aufbau des künftigen Wirthschaftslebens sei die Gewerkschaftsbewegung nöthig. Jedes Ding müsse seine Grenze haben. Man weise immer nach England und Amerika hin, diese Verhältnisse seien aber für uns nicht maßgebend. Die Behörden griffen immer ein, sobald in Deutschland der Versuch gemacht würde, etwas zu verbessern. Redner zitirt aus dem „Sozialpolitischen Zentralblatt" eine Notiz über Eingriffe der Behörden. Man müsse so organisirt sein, daß die Behörden uns nicht angreifen können. Bei der geplanten Organisation sei es möglich, daß eines schönen Tages die

Polizei die Hand auf die Kasse legen würde. Das Vertrauensmänner-System müsse bestehen bleiben und mit der Generalkommission verkehren. Die Vertrauensmänner könnten auch die Kartelle gründen. Die Kartelle müssen für die Agitation sorgen, die verschiedenen Redner wählen 2c. Eine Brücke zwischen organisirten und nichtorganisirten Arbeitern müsse geschaffen werden und dazu eigneten sich die Vertrauensmänner. Die Presse kann bei den Kartellen auch besser werden. Genosse Kloß hätte bei dem Kommers erklärt, daß es nicht auf die Formen ankomme, sondern auf den Geist. Das müsse hochgehalten werden. Vollständige Bewegungsfreiheit müsse stattfinden. Würde der Antrag der Generalkommission angenommen, so ginge die Gewerkschaftsbewegung um 20 Jahre zurück.

Krüger-Dresden: Ich bin nicht Gegner der Zentralisation, trotzdem in Sachsen es nicht möglich ist, sich so zu vereinigen. Das verbieten die Gesetze. Es sei der Versuch gemacht worden, sich zu zentralisiren in Sachsen und theilweise mit Erfolg, was ja die anwesenden Delegirten bewiesen. Neben der Lokalorganisation müssen wir die Zentralorganisation und auch das Vertrauensmännerinstitut haben. Wer der Zentralorganisation angehöre, muß auch der Lokalorganisation angehören. Es fiele aber ein Theil des Beitrags auf der einen Seite dann fort. Den gesetzlichen Hindernissen müsse Rechnung getragen werden. Die Nürnberger Resolution sei die einzige, die für ihn annehmbar sei. Eine Oberleitung sei nicht da, und nur wenn ein Fonds gesammelt werden soll, muß ein Kassirer gewählt werden, dem einige Personen zur Seite gestellt würden. Der Presse. muß mehr Aufmerksamkeit zugewandt werden. Der Indifferentismus wird nicht beseitigt, auch durch die vollständigste Koalitionsfreiheit nicht.

Blaurock-Berlin: Alle Organisationen, die bestrebt sind, die wirthschaftlichen Verhältnisse zu verbessern, müssen bestehen bleiben. Es scheine, als gehe man damit um, die lose Zentralisation zu vernichten. Es freue ihn aber, daß ein Verbandsmitglied aus Berlin (Timm) auch seinen Standpunkt vertrete und es würden sich wohl noch Mehrere finden. Mittel und Wege müssen gefunden werden, um Hindernisse, die sich bieten, wegzuräumen. Bei dem Kampf mit den schmutzigen Waffen sei es kein Wunder, daß die Maurerbewegung keinen Fortschritt mache. Die Mittel, die bei den letzten großen Ausständen ausgegeben sind, haben nichts genützt. Bei den Buchdruckern hatte man viel Geld, aber das Geld allein thuts freilich nicht. Die Maurer hatten nicht die genügende Unterstützung, trotzdem habe man etwas erreicht. Nur die Intelligenz und das Klassenbewußtsein schaffe den Sieg. Der Kapitalist sei auch organisirt. Eine Aussperrung finde dann statt, wenn der Kapitalist den Arbeiter nicht brauche. Die Entwickelung der Produktionsweise der Kapitalisten bringe uns immer wieder zusammen auch wenn wir uneinig auseinander gingen. Agitatoren durch Schaffung einer Existenz in kleine Städte zu setzen, sei keine Agitation. Nur der agitire, der stets und ständig mit seinen Kollegen zusammen komme. Jede Organisation, die auf dem Standpunkt des Klassenbewußtseins steht, hat das Recht zu existiren.

v. Elm: Die Resolution von Nürnberg halte ich für verfrüht. Zu Industrieverbänden sei die Grundlage noch nicht da; die Groß-

industrie sei noch nicht so entwickelt, daß man den Vorschlägen zu=
stimmen könne. Die Zahl der organisirten Metallarbeiter sei gegenüber den
unorganisirten eine sehr kleine. Gerade England beweise die Zweckmäßigkeit
der Berufsorganisation. Dort bestehen elf Metallarbeiterverbände und die
könnten und würden nicht aus der Welt geschafft. Von Preßunfug könne man
nicht reden. Alle Blätter sind gegründet worden, um zur Verbesserung
der Lage der Arbeiter beizutragen. Der Kongreß wird ja den Metall=
arbeiterverband anerkennen, aber es sei auch nothwendig, daß etwas
mehr Toleranz seitens des Verbandes geübt würde und der Ton der
Presse ein mehr sachlicher werde. Die Vertreter der Lokalorganisation
kehren immer die politische Seite hervor. Wir stehen auf keinem
einseitigen Standpunkt. Die Verhältnisse der Arbeiter sind in England
und Amerika ganz andere und sind mit den unserigen garnicht zu ver=
gleichen. Die Vertreter der Dockarbeiter stehen auch auf dem Stand=
punkte, daß die Parteipolitik den Gewerkschaften fernzuhalten ist. Die
Krisis habe auch Schuld an dem Rückgang der Maurerorganisation.
Wir müssen eine bindende Form der Organisation finden. Die
Zentralisation ist die bessere Form, als die lokale. Einen Ver=
gleich mit der Zentralisation könne die Lokalorganisation nicht aus=
halten. Die Streikbrecher, die in den kleinen Städten sind, gehen
deshalb in die großen Städte, weil sie glauben, dort die Fleischtöpfe
Egyptens zu finden. Hier könne nur die Zentralisation helfend ein=
greifen, und darum muß mit allen Mitteln für den Ausbau der Zen=
tralisation gesorgt werden

Kloß frägt an, ob eine Abendsitzung stattfinden soll, da 51 Redner
eingeschrieben sind.

Heine=Hamburg ist nicht der Meinung.

Klütz ersucht, daß jeder Redner seine Ausführungen einschränken
könne und das schon Gehörte weglassen möge.

Heine=Ottensen: Er habe gehört, daß jeder Delegirte sein Licht
leuchten lassen wolle; einzelne Redner machten durch die langen Aus=
führungen die anderen todt.

Döblin=Berlin tritt den Ausführungen entgegen. Er erklärt
im Namen seiner verwandten Berufsgenossen, daß sie einen Redner
bestimmt hätten, das hätten andere Branchen auch thun können.

Pgötz=Dresden macht dem Bureau den Vorwurf der Voreiligkeit,
weil es die Spezialkongresse bereits für morgen angesetzt habe.

Dies wird vom Vorsitzenden zurückgewiesen.

Auf verschiedene eingegangene Geschäftsordnungsanträge wurde
ohne Diskussion die Abstimmung beschlossen.

Ein Antrag, die Redezeit auf fünf Minuten zu bestimmen, wird
abgelehnt. Der Antrag Tigges, die Redezeit auf 10 Minuten fest=
zusetzen, wird angenommen.

Anträge auf Verlängerung der Sitzungszeit werden abgelehnt. Des=
gleichen ein solcher, die Namen der Redner nicht im Protokoll zu vermerken.

Es wird in der Diskussion fortgefahren.

Metzger=Hamburg: Segitz habe nur im Allgemeinen gesprochen.
Dem Kastengeist sei in der Metallarbeiterorganisation die größte Rechnung getragen. Viele wüßten garnicht, wie die Organisation sei. Es
gäbe Spengler, Schlosser ꝛc., die alle unter der Leitung des Verbandes

ständen. Die Massen müssen organisirt werden, nicht die hohen Beiträge führen zum Ziel, das beweise als warnendes Beispiel der Buchdruckerstreik. Er warne vor der verderblichen Tendenz der hohen Beiträge.

Pötzsch-Berlin: Den Kellnern sei es nicht möglich, sich zu zentralisiren, und bitte er den Kongreß, sie nicht als unorganisirte Arbeiter zu betrachten. Er stehe auf dem Boden der Zentralisation, wo dies möglich sei. Alle Mühe habe man sich gegeben, Kellnervereine in den verschiedenen Städten zu gründen. Die Arbeitszeit betrage 16 bis 18 Stunden. In Leipzig habe sich kein Kellner zur Einberufung einer öffentlichen Versammlung gefunden. Ein materieller Vortheil müsse den Arbeitern in Aussicht gestellt werden. Die Gelder hätten den Buchdruckern nichts genützt. Die Gelder müssen zu Agitationszwecken verwandt werden. Die Summe, welche hierzu von der Kommission verwandt worden, sei viel zu gering. Nicht die gut gestellten Arbeiter müßten unterstützt werden, sondern die zurückgebliebenen.

Hierauf folgte Schluß der Sitzung.

Fünfte Sitzung.
Mittwoch, 16. März, Vormittags.

Eröffnung durch Deisinger, Morgens 8 Uhr.

Nach erfolgter Mittheilung, daß wiederum eine Reihe Begrüßungstelegramme und Schreiben eingelaufen sind und Annahme eines Geschäftsordnungsantrages, die Rednerliste vom gestrigen Tage bestehen zu lassen, erhält Döblin-Berlin zur Tagesordnung, die Organisationsfrage, das Wort. Redner glaubt annehmen zu dürfen, daß jeder Delegirte mit der Absicht hierher gekommen sei, etwas Nützliches zu schaffen. Durch die Hereinziehung der Politik in die Gewerkschaften, wie dies gestern von einigen Delegirten gewünscht wurde, werde die Gewerkschaftsorganisation nicht gestärkt. Namentlich bedauere er den Ausspruch Metzger's über die verderbliche Tendenz der hohen Beiträge, da nur durch größere Leistungen der Mitglieder Erfolge zu erzielen seien. Ihm scheine es, als ob einem Theil der Arbeitervertreter im Reichstage starke Gewerkschaftsorganisationen nicht immer sympathisch seien. Hoffentlich stände Metzger mit seiner Meinung mit seinen Fraktionsgenossen im Widerspruch. Die Gewerkschaftsorganisation müsse zuerst in Angriff genommen werden, als das zunächst Erreichbare. Der Hinweis auf den Buchdruckerstreik, daß auch eine starke mit gefüllter Kasse versehene Organisation nichts mehr erreichen könne, sei nicht richtig, denn an dem verlorenen Buchdruckerstreik seien die wirthschaftlichen Verhältnisse schuld. Redner begrüßt den Vorschlag der Generalkommission, wodurch nach seiner Meinung eine Einigkeit erzielt werden kann. Redner wünscht, auch die Reichstagsfraktion solle den Gewerkschaftsorganisationen mehr Rechnung tragen.

Eckstein-Zwickau führt aus, daß durch die sächsischen Vereinsgesetze der Anschluß an die Zentralorganisationen sehr erschwert, doch nicht ganz unmöglich sei, wenn der Wille vorhanden ist. Redner glaubt, daß nicht alle Organisationen ihre Pflicht erfüllen und ihre Aufgabe richtig erfaßt haben, denn mit Fahnen und anderem Plunder können die Arbeiter nicht herangebildet werden. Die angegebenen Zahlen bezüglich der Lokalorganisation der Maurer in Berlin und Blankenburg entsprechen nicht den Thatsachen. Die Minorität habe sich der Majorität zu unterwerfen. Der Dünkel müsse beseitigt werden, erst dann kann eine einzige Vereinigung entstehen. Redner polemisirt gegen die Ausführungen Blaurock's.

Wolter=Berlin: Er glaube nicht, daß die Metallarbeiter mit ihrer Organisation das Richtige getroffen haben. Ebensowenig könne die Lokalorganisation als die richtige Form bezeichnet werden. Der Baumeister Keßler hat seinen Organisationsentwurf zu einer Zeit geschrieben, die mit der heutigen nicht zu vergleichen sei; würde derselbe heute einen Entwurf zu schreiben haben, so müßte dieser, wollte Keßler offen sein, anders aussehen. Die Arbeiterschaft verlangt vom Kongreß, daß er etwas Bestimmtes schafft, sich positiv über die Form ausspricht. Wir müssen uns freiwillig einer Disziplin unterwerfen. Redner glaubt deshalb, die geeignete Form zu dieser Organisation gebe die Resolution des Zimmererverbandes an.

Odenthal=Cöln: Die Organisation müsse als Mittel zum Zweck betrachtet werden. Wir können nicht allein auf gewerblichem Gebiete unsere Lage verbessern. Dies haben uns die großen Streiks gelehrt. Man muß in den Gewerkschaften auch Politik treiben und hierzu eigne sich die Lokalorganisation am besten. Man solle die Lokalorganisation bestehen lassen. Von den Hamburger Maurern sei dies aber nicht geschehen. Redner verlangt für die Organisationen mit Vertrauensmännern das gleiche Recht der Anerkennung wie bei den Zentralisationen.

Henning=Breslau: Ich glaube, daß die Zentralverbände nicht die allein seligmachende Form der Organisation sind. Gerade in Berlin, wo die Lokalorganisation dominire, sei die Maisammlung am besten ausgefallen. Das Vertrauensmännersystem sei noch weiter auszubilden und die Arbeitersekretariate als Brennpunkt derselben zu betrachten. Der Vorschlag der Generalkommission, Kartellverträge zu schließen, sei annehmbar; auch die einheitliche Agitation sei empfehlenswerth. Die Gründung so vieler Fachorgane sei nicht zu empfehlen.

Diedrich=Hamburg wendet sich gegen die Resolution des Metallarbeiterverbandes. Diese Resolution führe zur Ungerechtigkeit gegen andere Organisationen. Er stehe auf dem Boden der Resolution Nr. 9 der Generalkommission, wodurch ein Uebergangsstadium geschaffen werde. Metzger sei früher bezüglich der höheren Beiträge anderer Ansicht gewesen, als wie heute. Die Träger der Lokalorganisation sind hauptsächlich in Berlin zu suchen. Die Resolution der Genossen Kloß und Grillenberger, welche auf dem Parteitag zu Halle angenommen wurde, sei von den Metallarbeitern in unrichtiger Weise ausgenützt worden. Die Resolution des Metallarbeiterverbandes entspreche nicht den Wünschen der Berufsgenossen.

Heine=Hamburg: Durch gegenseitige Polemik, wie sie bisher geführt wurde, kann keine Einigkeit erzielt werden. Man müsse jede Organisation anerkennen, bis die Mitglieder derselben selbst zur Erkenntniß kommen, daß ihre Organisation nicht die richtige sei oder umgekehrt. Die Lokalorganisationen, welche, wie hier ausgeführt, Politik treiben, können die Zentralorganisationen der Auflösung entgegenführen, wenn ein Zusammenschluß erfolgt. Die Beitragsverschiedenheit innerhalb der Gewerkschaftsorganisation bilde das größte Hinderniß für eine Verbindung in einer Organisation. Die kleinen Blättchen durch ein einziges Preßorgan zu ersetzen, sei nicht zu empfehlen, denn jene haben ihre Schuldigkeit bis heute zum größten Theil gethan. Er empfiehlt die gegenseitige Meinungsachtung.

H a g g e = Hamburg bezweifelt, daß die Zentralisation als Grundlage der Organisation betrachtet werden kann. Ich erkläre mich gegen die Resolution der Nürnberger Gewerkschaften, weil die Aufklärung unter den Arbeitern noch nicht weit genug vorgeschritten ist. Die zweckmäßigste Form der Organisation ist die in der Resolution Nr. 9 der Generalkommission empfohlene. Redner erklärt sich für größte Ausdehnung der statistischen Erhebungen. Ich spreche nicht allein im Namen der Kistenmacher, sondern auch für die zehn Lokalorganisationen in Hamburg. Ich habe den Auftrag erhalten, zu erklären, daß für Aufhebung der Lokalorganisation gewirkt werden soll. Zwischen männlichen und weiblichen Arbeitern darf kein Unterschied in den Gewerkschaften gemacht werden.

K r e t s c h m a r = Hamburg steht auf dem Standpunkt der Resolution Nr. 9 der Generalkommission. Die Erfahrung habe ihm gelehrt, daß die Zeit für die Unionsbildung noch nicht gekommen sei. Der direkte Verband der ganzen Berufe sei vielleicht bei einzelnen Industriegruppen durchzuführen, bei andern aber nicht. Die Beiträge können wegen der verschiedenen Löhne nicht gleichmäßig gestaltet werden. Die beste Form der Gewerkschaftsorganisation ist unstreitig die Zentralisation. Durch Lokalorganisation kann nicht der nöthige Anschluß an andere Vereine erfolgen, ebenso seien dadurch Minderjährige und Frauen ausgeschlossen und gerade mit diesen muß gerechnet werden. Wir wollen die Lokalorganisationen nicht befeinden, sondern ignoriren. Er warne vor zu hohen Beiträgen. Der deutsche Arbeiter müsse in den verschiedenen Versicherungen hohe Beiträge bezahlen. Dies ist bei dem englischen Arbeiter, der immer als Beispiel angeführt wird, nicht der Fall.

H i l m e r = Hamburg betrachtet als beste Form der Organisation den Zentralverein der einzelnen Berufe, da aber bis jetzt noch nicht weiter gegangen werden kann, erkläre ich mich für die Resolution Nr. 9 der Generalkommission. Redner polemisirt gegen den Verband der Metallarbeiter. Die Vertreter der Schmiede haben auf dem Frankfurter Kongreß die Hand zum Frieden geboten, sind aber zurückgewiesen worden. Redner hofft, daß nunmehr eine Einigkeit erzielt werde. Dem Anarchismus unter den Gewerkschaften muß Einhalt gethan werden. Die Lokalorganisation sei nicht zu empfehlen, das Vertrauensmännersystem genüge nicht.

F e h m e r l i n g = Hamburg steht auf dem Standpunkt der Resolution der Gewerkschaften Nürnbergs. Es ist dort vorgesehen, daß erst bis zum Jahre 1894 die Umgestaltung erfolgen soll und haben somit die Gewerkschaften Zeit, die Umgestaltung zu bewerkstelligen. v. Elm hat gesagt, es gäbe 60 000 Former in Deutschland, und wären diese in einer Organisation, so wäre diese stark genug. Ich bin der Meinung, daß wir die Gewerkschaftsorganisation nicht mehr in der heutigen Form gebrauchen werden, wenn die 60 000 Former die Nothwendigkeit der Organisation eingesehen haben. Dann werden wir auf andere Weise mehr erringen. Die Lokalorganisation sei nicht zu empfehlen. Die Arbeitstheilung vermischt die einzelnen Berufe immer mehr. Durch die Branchenorganisation werde die Gewerkschaftsbewegung nicht gefördert. Wenn man sich nicht auf den Standpunkt der Nürnberger Resolution stellen kann, so solle man doch etwas schaffen, um vorwärts zu kommen.

Tobler=Hamburg empfiehlt die Berufsorganisation in zentraler Form. Ein Redner hat gesagt, es wäre modern geworden, sich den gefaßten Beschlüssen nicht zu fügen. Trotzdem die Maler Deutschlands alle Ursache hätten, die Beschlüsse ihrer Generalversammlung nicht anzuerkennen, würde er doch für diese eintreten. Ob dies seitens der Berliner Maler geschehen würde, kann bezweifelt werden. Die Beiträge müssen erhöht werden, wenn die Organisationen leistungsfähig sein sollen. Die Generalkommission müsse bestehen. Das Vertrauensmännersystem sei unhaltbar.

Grenz=Chemnitz: Der Schwerpunkt des gegenwärtigen Kongresses liege nicht, wie behauptet wurde, in den Spezialkongressen, denn die Anhänger der Branchenorganisation sind dort in der Minorität. Das geistige Band des Metallarbeiterverbandes ist die „Metallarbeiterzeitung". Wenn dieselbe die Ansicht des Genossen Segitz, welche derselbe gestern hier vorbrachte, theilt, sei sicher eine Einigung zu erzielen. Dadurch, daß in Sachsen die Mitgliederlisten eingereicht werden müssen, ist es vorgekommen, daß ein Beamter, welcher gleichzeitig Vorstandsmitglied eines Kriegervereins ist, die Arbeiter veranlaßte, aus der Organisation der Former auszutreten. Mit niedrigen Beiträgen, wie Metzger glaubt, sei nichts anzufangen. Ich glaube, auf Grund der Resolution Nr. 9 der Generalkommission lasse sich eine Einigung erzielen.

Meyer=Hamburg (Tapezierer) bezeichnet als Aufgabe des Kongresses die Förderung der Zentralisation. Redner wendet sich gegen den Berliner Lokalverein seiner Branche. Durch Kartellverträge will Redner den Weg für die Unionsbildung ebnen.

Saupe=Magdeburg: Von den drei verschiedenen hier vertretenen Richtungen halte ich die Zentralisation für die beste. Ich bin Gegner der Ansicht, daß in den Gewerkschaften Politik getrieben werden muß. Man kann die Aufklärung der Arbeiter auch auf andere Weise betreiben. Man hat den Beschlüssen der Berliner Konferenz bis heute nicht Rechnung getragen. Die Branchenzentralisationen müssen durch lockere Kartellverträge verbunden werden.

Käppler=Altenburg steht vollständig auf dem Boden des Entwurfes der Generalkommission, nur bedauere er, daß auf die zurückgebliebenen Gewerkschaften zu wenig Rücksicht genommen ist. Die Organisationen in der Nahrungsmittelindustrie könnten die geforderten Beiträge nicht leisten. Im Verhältniß zum Arbeitseinkommen der Mitglieder würden dort jetzt schon zu hohe Beiträge verlangt. Wir können nur an einer allgemeinen Vereinigung theilnehmen, wenn die getroffenen Bestimmungen uns dies gestatten.

Ein Geschäftsordnungsantrag, die Debatte um 11 Uhr zu schließen und den drei Referenten für die Organisationsvorschläge noch je zehn Minuten Redezeit zu gewähren, wird eingebracht und nach längerer Debatte angenommen. Gleichzeitig wird eine Reihe Geschäftsordnungsanträge, dahingehend, die Sitzung bis 1 Uhr zu verlängern, von jeder Branche noch einen Redner sprechen zu lassen, die Redezeit zu verkürzen, eingebracht und abgelehnt. Ein Antrag, die Rednerliste für den folgenden Tag fortbestehen zu lassen, wird angenommen.

Schallbruch-Solingen tritt für die Zentralorganisation ein, weil in seinem Industriezweig eigenthümliche Verhältnisse herrschen, die rein örtlicher Natur sind und durch örtliche Vereinigung gebessert werden können. Im Uebrigen ist Redner mit Rücksicht auf die ungünstige wirthschaftliche Lage gegen hohe Beiträge.

Legien wendet sich in dem Schlußwort gegen die Lokalorganisationen, besonders die von Berlin. Die dortigen Delegirten sind heute für den Frieden, trotzdem sie in ihrer Presse fortgesetzt den Krieg gegen die Zentralorganisation gepredigt haben. Unter dem Worte: „Arbeiter aller Länder, vereinigt Euch!" verstehen wir ein geschlossenes Zusammenhalten in einer Organisation und nicht das Durcheinanderlaufen wie in einer Hammelheerde. Der Kampf auf wirthschaftlichem Gebiete ist keine Phrase, sondern etwas durchaus reell Durchführbares. Die Gewerkschaftsorganisation hat in der ungünstigen Wirthschaftsperiode das zu erhalten, was in der günstigen errungen wurde, bei jedem wirthschaftlichen Aufschwung aber einen weiteren Vorstoß zu machen. Deswegen müssen wir in der ungünstigen Geschäftszeit unsere Organisationen zu halten und zu stärken suchen. Wir in Deutschland können die Lokalorganisation nicht anerkennen, weil wir die Zentralorganisation in die Gefahr der Auflösung bringen. Ohne die größte Opferwilligkeit werden wir in diesem Kampfe machtlos bleiben, deswegen müssen höhere Beiträge bezahlt werden.

Segitz glaubt, daß in absehbarer Zeit ein Gesetz vorgelegt werden dürfte, welches die Befugnisse der Gewerkschaften regelt. Das Vertrauensmännersystem könne er nicht empfehlen. Prinzipiell sei gegen den Vorschlag der Metallarbeiter nichts vorgebracht worden. Wir nehmen heute keinen anderen Standpunkt ein als früher; wir werden heute wie früher die Hand zur Versöhnung bieten. Ich fühle mich mit den übrigen Metallarbeitervertretern in meiner Ansicht einig.

Feder-Berlin: Es ist schwer, nach den vortrefflichen Ausführungen einzelner Redner den Standpunkt der lokalen Organisation zu vertreten. Aber gerade durch diese Ausführungen sei er in seiner Ansicht, daß die lokale Form der Organisation einzig und allein die richtige sei, bestärkt worden. Redner bezweifelt, daß mit den Arbeitergroschen gegen das Großkapital überhaupt etwas auszurichten sei. In den Berufsorganisationen wird der Kastengeist gefördert, was in den Lokalorganisationen nicht geschieht. Die Errringung des achtstündigen Arbeitstages sei keine Politik, aber die Diskussion dieser Frage. Wir wollen mit Ihnen zusammenarbeiten, prüfen Sie deshalb unsere Resolution.

Die Urlaubsgesuche der Delegirten Günther-Braunschweig, Buchdrucker; Brand, Formenstecher, Einbek und Tusche, Bäcker, Leipzig, werden genehmigt. Hierauf Schluß der Sitzung.

Sechste Sitzung.
17. März, Vormittags.

Den Vorsitz führt Legien. Auf der Tagesordnung steht: Fortsetzung der Berathung über die Organisationsfrage und Berichterstattung über die Spezialkongresse. Neben einer Anzahl Begrüßungstelegramme ist auch ein solches aus dem 22. sächsischen Wahlkreis eingetroffen, worin die Wahl Hoffmann's, Sozialdemokrat, gemeldet wird.

Der Vertreter der Bürstenmacher, Daun=Berlin, theilt mit, daß er krankheitshalber gezwungen ist, dem Kongreß fernzubleiben.

Der Verein der Militärschneider Berlins sendet einen Protest, in welchem die eigenartige Form der Einberufung des Kongresses getadelt wird. Aus diesem Grunde habe sich der Verein nicht vertreten lassen können. Ueber den Protest wird zur Tagesordnung übergegangen.

Zimmermann=Nieder=Planitz beantragt Schluß der Generaldiskussion. Nach längerer Geschäftsordnungsdebatte wird der Antrag angenommen.

Zu persönlichen Bemerkungen sprechen Metzger=Hamburg, Behrend=Berlin, Siebert=Nürnberg, Timm=Berlin, Buchhorn=Blankenburg, Kaulich=Hamburg, Dietrich=Hamburg, Eckstein=Zwickau, Feder=Berlin und Kaulich=Halle, welche sich theils gegen persönliche Angriffe rechtfertigen und theilweise Berichtigungen machen.

Auf Vorschlag des Vorsitzenden wird der Bericht der Revisionskommission entgegengenommen. Der Referent Besteck=Berlin macht darauf aufmerksam, daß bei dem Posten „Broschüren" in der Einnahme in der gedruckten Abrechnung ein Irrthum unterlaufen sei und berichtigt denselben. Die Kommission beantrage, dem Kassirer Decharge zu ertheilen. Der Antrag wird einstimmig angenommen.

Für den Spezialkongreß der Bauarbeiter erstattet Eckstein=Zwickau Bericht und betont die Wichtigkeit der gedruckten Vorlage. Es sei ein Antrag eingebracht worden, wonach die einzelnen Gewerkschaften Erklärungen abgeben sollten, ob sie mit den Lokalorganisationen in Verbindung treten wollten. Der Antrag sei aber von sechs gegen zwei Organisationen abgelehnt worden. Die Vertreter der Lokalorganisationen hätten alsdann den Kongreß verlassen. Es sind dies die Delegirten: Odenthal=Köln, Stukkateur; Hoffmann=Berlin, Pgötz=Dresden, Hennig=Breslau, Kaulich=Halle, Töpfer; Riecke=Braunschweig, Denecke=Wolfenbüttel, Blaurock=Berlin, Behrend=Berlin, Emmer=Halle, Buchhorn=Blankenburg, Maurer. Wir kamen nun zu dem einstimmigen Beschluß, daß die Resolution 9 als Grundlage der Berathung angenommen werden solle. Abgeändert soll nur werden, daß es bei dem Fonds der Generalkommission nicht ℳ. 100 000, sondern ℳ. 50 000 heißen soll. Auf diesem Standpunkt möge sich der Kongreß einigen. Beschlossen wurde ferner, daß in kleinen Orten gemeinschaftliche Vereine gebildet werden sollen und daß abreisende Mitglieder an anderen Orten, wo keine Zahlstelle ihres Verbandes besteht, ohne Beitrittsgeld den Zahlstellen der verwandten Berufe beitreten können.

Der Berichterstatter für die Bekleidungsindustrie Klüß=Elmshorn erklärt, daß auch sie die Resolution 9 als Grundlage der Organisation genommen haben. Im Prinzip seien sie zwar für die Nürnberger

Resolution, da sich jedoch ihre Industrie bis jetzt noch nicht so weit entwickelt habe, sei diese Form der Organisation vorläufig noch nicht durchführbar. Dennoch würden die Schuhmacher und Schneider schon jetzt suchen, sich zu vereinigen. Vorläufig sind sie noch für Kartell=verträge in Bezug auf Reiseunterstützung, Agitation und das Preß=wesen. Es wurde der Wunsch ausgesprochen, daß im Interesse der Sache das Organ der Schuhmacher eingehe. Redner hofft, daß es in Zukunft überall zu großen Industrieverbänden kommen werde.

Es gelangt folgende Resolution der Bergleute zur Verlesung: „Die Vertreter der deutschen Bergarbeiter schließen sich der Resolution 9 der Generalkommission der deutschen Gewerkschaften an, und erlauben sich den Gewerkschaftskongreß mit Rücksichtnahme auf das sächsische Vereins=gesetz zu ersuchen, die Beiträge zu den Kartellverbänden resp. für die Generalkommission durch Marken erheben zu können. Dann soll das Vertrauensmännersystem der deutschen Bergarbeiter beibehalten werden."

In Bezug auf die zu zahlenden Beiträge pro Mitglied und Quartal beschließt der Kongreß, dieselben auf 5 ₰ zu normiren.

Strunz=Zwickau, Bergarbeiter, bemerkt dazu, daß es ihm Anfangs geschienen habe, als sei noch ein starker Berufsdünkel vorhanden. Doch nachdem die Spezialkongresse getagt, habe er seine Meinung geändert. Die Bergleute seien für eine allgemeine Zentralisation, in Sachsen ist dieselbe aber nicht durchzuführen. Wir können uns deshalb dem deutschen Bergarbeiterverband nicht anschließen. Berufsdünkel haben unsere Kollegen nicht. Er empfehle die Annahme der Resolution 9, doch sind die Beisteuern zur Generalkommission von 10 ₰ auf 5 ₰ zu reduziren, man muß langsam vorgehen. Die sächsischen Arbeiter könnten freilich hier nicht direkt Verpflichtungen eingehen, doch würden sie schon eine passende Form finden, diese zu erfüllen.

Der Vorsitzende theilt mit, daß Borgmann=Berlin gezwungen ge=wesen sei, abzureisen.

Für die graphischen Gewerbe berichtet Dietrich=Stuttgart: Sie haben sich am leichtesten auf die Resolution 9 einigen können, da es in den graphischen Gewerben ob ihrer Verschiedenheit zu schwer sei, einen gemeinsamen Verband zu gründen. Es müsse daher ein Uebergangs=stadium gefunden werden. Was nur heute möglich ist zu erreichen, ist erreicht worden. In Bezug auf die Presse ist es bei uns nicht so leicht, ein einheitliches Organ zu schaffen, jedoch auch dieses soll ange=strebt werden. Für die Unionskasse sollen pro Mitglied und pro Woche 5 ₰ entrichtet werden. Wir haben 24000 Arbeiter organisirt und glauben somit, bald einen starken Fonds aufzubringen. Den Mitgliedern solle folgende Resolution zur Annahme empfohlen werden: „Die am 16. März in Halberstadt versammelten Vertreter der graphischen Berufe verpflichten sich, in ihrer Organisation dahin zu wirken, daß als erster Schritt eines engeren Zusammenwirkens ein gleichmäßiger Beitrag an eine gemeinsame Kasse entrichtet wird, aus welcher in noch besonders zu bestimmenden Fällen Mittel zur Förderung der gemeinsamen Inter=essen an die dem Kartell angehörenden Organisationen zu gewähren sind. Die Grundzüge einer engeren Verschmelzung sind von den einzelnen Generalversammlungen festzusetzen und bleibt deren Verwirklichung einer späteren Berathung der Vertreter der kartellirten Organisationen vor-

behalten. Die Beschlüsse derjenigen Organisationen, deren General=
versammlung zunächst stattfindet, dienen als Grundlage für die Be=
rathungen der Generalversammlungen der übrigen Organisationen."
Wir haben im Auge, daß bis zum 1. Juni 1893 das Kartell im
graphischen Gewerbe in Kraft treten kann. Zeigen wir, daß wir ge=
sonnen sind, in geschlossenen Massen dem Kapital gegenüber zu treten.
Die Resolution 9 wurde einstimmig angenommen.

Für die keramischen Gewerbe berichtet Wollmann=Altwasser:
Trotz unserer Einigkeit können wir auf Unionen und auch auf Kartell=
verträge nicht eingehen. Jedoch bei Streiks wollen wir uns unterstützen
und das Preßwesen regeln. Im Prinzip halten wir also den Entwurf
der Generalkommission mit einigen Aenderungen für richtig.

Für die Holzarbeiter berichtet Kloß=Stuttgart: Ein Theil der
Holzarbeiter steht auf dem Standpunkt der Nürnberger Resolution, ein
anderer Theil hält diese für verfrüht. Ob es rathsam sei, später,
nachdem jetzt Verträge geschlossen, Unionen oder Industrieverbände zu
gründen, muß die Erfahrung lehren. Wie die Bauarbeiter beschlossen
auch die Holzarbeiter, daß zugereiste Mitglieder an Orten, wo Zahl=
stellen ihrer Berufsorganisation nicht bestehen, ohne Beitrittsgeld
einer Zahlstelle der verwandten Berufe beitreten können. Das System
der Vertrauensmänner soll nur in solchen Staaten eingeführt werden,
wo den Zentralisationen gesetzliche Hindernisse entgegenstehen. Bezüglich
der Aufgaben der Generalkommission wurde der Punkt 5, wonach Dar=
lehen für Streiks an die Verbände geleistet werden sollen, abgelehnt,
weil durch diesen Punkt der Zankapfel zwischen Zentralverbände und
Generalkommission geworfen würde. Demgemäß wurden die Beiträge
an die Generalkommission normirt. Ueber die Form der Beiträge
waren zwei Meinungen vorhanden. Trotzdem ein Theil in einem be=
stimmten Satz eine Ungerechtigkeit erblickte, da die Beiträge zu verschieden
sind, wurde doch beschlossen, den Beitrag auf 5 ₰ zu normiren. Wo
die Zentralkasse die Beiträge nicht aufbringen kann, sollen die Mitglieder
sie besonders aufbringen. Ein gemeinschaftliches Preßorgan soll eingerichtet
werden. Der Punkt 5 der Thätigkeit der Generalkommission wurde gestrichen
und beschlossen, dafür zu setzen, die Generalkommission ist verpflichtet,
internationale Beziehungen anzuknüpfen. Den Verbänden, welche ihrer
Pflicht der Generalkommission gegenüber nicht nachkommen, soll die
moralische Unterstützung nicht verweigert werden, doch sollen sie weder
Sitz noch Stimme auf den Gewerkschaftskongressen haben. Ferner wurde
beschlossen, daß Gewerkschaftskongresse seitens der Generalkommission
einberufen werden müssen, wenn von zwei Dritteln der Vorstände dies
beantragt wird. Redner verliest eine vom Holzarbeiterkongreß aus=
gearbeitete Resolution und glaubt durch die darin vorgeschlagene Form
der Organisation den Weg für die Errichtung von Industrieverbänden
zu ebnen. Die Holzarbeiter würden voraussichtlich bald zur Gründung
eines Industrieverbandes kommen.

Als Korreferent erklärt Meyer=Hamburg, daß es den Zentral=
vorständen der durch Kartell verbundenen Organisationen überlassen
bleibe, über zu gewährende Unterstützung bei Streiks zu entscheiden.

Für die Metallarbeiter berichtet Segitz=Fürth: Die Metallarbeiter
können die Resolution der Generalkommission nicht für richtig halten.

Kartellverträge in diesem Sinne haben keinen Zweck, dasselbe kann durch die Vermittelung der Generalkommission erreicht werden. Bezüglich des Preßwesens war man der Meinung, daß wohl einige Blätter beseitigt werden könnten, jedoch ein gemeinsames Organ bei ihnen unmöglich sei. Der Metallarbeiterkongreß ging nicht auf den Antrag der Berufsorganisationen ein, wonach die Branchenorganisationen als vollberechtigt vom Kongreß anerkannt werden sollten. Hat der Kongreß auch kein praktisches Resultat gezeitigt, so hat er doch Nutzen gebracht.

Der Korreferent Theiß-Hamburg macht einige Berichtigungen zu den Ausführungen Segiß' und weist auf die Schwierigkeiten hin, die der Gründung eines allgemeinen Industrieverbandes entgegenstehen. Die Vertreter der Branchenorganisation wollten unter allen Umständen eine Einigung erzielen und reichten folgende Resolution ein: „Der Kongreß der Metallarbeiter erklärt, erst abzuwarten, was der allgemeine Kongreß beschließen wird, und überläßt es den Vorständen der einzelnen Organisationen, gegenseitig Kartelle anzubahnen. Jeder Anwesende verpflichtet sich, in seinen Kreisen dafür zu sorgen, daß Alles unterbleibt, was zu Reibereien führen kann. Die bestehenden Organisationen der Metallindustrie sind als zu Recht bestehend anzuerkennen." Diese Resolution wurde aber mit 19 gegen 14 Stimmen abgelehnt. Der Minorität war daran gelegen, daß ihre Organisation anerkannt werde, denn das war gerade im Interesse des Friedens nothwendig. Die Vertreter des Metallarbeiterverbandes konnten ja eine andere Resolution einbringen, wir würden vielleicht dafür gestimmt haben, das haben sie aber nicht gethan. Gegenüber den lokalen Vereinen werde die bisherige Haltung eingenommen, desgleichen gegenüber den Werftarbeitern. Es wird dies unberechenbare Konsequenzen nach sich ziehen. Gute Worte haben wir genug gegeben, ohne die Zwietracht beseitigen zu können. Der Standpunkt, welchen bisher die Majorität eingenommen hat, muß verlassen werden. Anrempelungen sind zu vermeiden, und wo solche vorkommen, zu rügen. Ein Jeder möge sich nun selbst ein Urtheil über unseren Kongreß bilden, an Entgegenkommen hat es unsererseits nicht gefehlt.

Für die Nahrungs- und Genußmittel-Industrie berichtet Junge-Bremen: Auch bei uns hat es nicht zum Besten geklappt, jedoch wie ich ersehe aber noch besser, wie bei manchen Anderen. Unsere Industrie ist gleichfalls eine sehr verschiedene. Im Prinzip sind wir für Zentralisation, jedoch läßt sich dieselbe nicht so leicht durchführen. Die Frauen und Lehrlinge müssen unbedingt in die Organisation hinein. Sind die Organisationen aber politische, wie die Vertreter der Lokalorganisationen wollen, so ist dieses nicht möglich. Wir dürfen uns nicht von den Organisationen trennen, die heute wegen zu geringer Mitgliederzahl sich noch nicht zentralisiren können. Unsere Stellung zur Vorlage ist eine andere als die der Holzarbeiter. Der Zankapfel kann auch durch die Unionsbildung in die Bewegung hineingeworfen werden. Wir sind für Kartellverträge bezüglich Streikunterstützung, Reiseunterstützung und des Preßwesens. Dagegen soll auch die Generalkommission für Streikunterstützung sorgen, diese in gewisser Beziehung vollständig übernehmen und demenstprechend finanziell ausgerüstet werden. Wenn man eine Institution schafft, muß man diese auch mit den nöthigen Mitteln ausrüsten. Wir halten daher einen Beitrag von 20 Pf. pro Kopf und Quartal für nicht zu hoch. Für die Darlehnsklausel sind wir nicht, weil dadurch Zank entstehen würde. Die Tabakarbeiter haben einen Durchschnittsverdienst von M. 11 per Woche und doch sind wir für einen höheren Beitrag. Die Beiträge sollen jedoch nicht gleichmäßige für Alle sein.

v. Elm bemerkt zur Geschäftsordnung, daß Junge nicht die Ansichten des Spezialkongresses vorgebracht habe. Er beantragt, noch einen anderen Referenten zu ernennen, wogegen der Kongreß nichts einzuwenden hat.

v. Elm erklärt, die Tabakarbeiter stehen auch auf dem Standpunkt, daß sich die verwandten Berufe zusammenschließen sollen. Die Streikunterstützung ist von Anfang an die Aufgabe der Generalkommission gewesen. Der Beitrag müsse zwar höher sein, jedoch ist es nicht richtig, daß wir verlangen M. 100000 anzusammeln. Unsere prinzipielle Stellung ist für Unionen.

Der Korreferent Kretschmer = Hamburg spricht im Interesse der Nahrungsmittelindustrie und betont, daß es unmöglich sei, einen so hohen Beitrag aufzubringen. Auch sie stehen auf dem Standpunkt der Resolution der Generalkommission, weil die Gründung von Unionen verfrüht ist. Redner empfiehlt gegenseitige Hülfeleistung, besonders in Bezug auf die Agitation, Regelung des Herbergswesens und der Statistik. Auf weitere Bedingungen können wir nicht eingehen, da uns die nöthigen Mittel fehlen. Die Delegirten der Nahrungsmittelindustrie haben sich über folgende Resolution geeinigt: „Die Organisationen in der Nahrungsmittelindustrie, als: Bäcker=, Brauer=, Fleischer=, Müller= und Gastwirthsgehülfenorganisationen wollen sich zunächst auf folgender Grundlage zu näherer Verbindung einigen:

1. In einer Stadt, wo eine Mitgliedschaft resp. Zahlstelle einer dieser Branchen besteht, ist die Leitung derselben verpflichtet, zu versuchen, Zahlstellen der anderen Branchen zu errichten.
2. Wo sich nur Einzelmitglieder einer Branche befinden oder solche sich zum Eintritt in ihre Organisation melden, vollzieht die Leitung der am Orte befindlichen Zweigorganisation einer anderen Branche die Aufnahme resp. nimmt die Beiträge entgegen.
3. Stellen sich Unregelmäßigkeiten bei einer Leitung ein, so kann die Leitung einer anderen Zahlstelle beauftragt werden, Revisionen vorzunehmen und Remedur zu schaffen, nöthigenfalls auch die Leitung so lange zu übernehmen, bis Remedur geschaffen ist.
4. Die Errichtung gemeinsamer Herbergen und Arbeitsnachweise ist in's Auge zu fassen.
5. Die Statistik wird gemeinsam betrieben resp. befördert.
6. Ein gemeinsames Fachorgan ist anzustreben."

Zum Preßwesen schlagen wir vor: Die Generalkommission soll mit ihrem Organ eine Beilage verbinden, die den Berufen, welche kein Blatt haben, zugestellt werden soll. Redner bittet die Delegirten, überall für die Organisation der Nahrungsmittel = Industrie zu wirken, da es da besonders nothwendig sei. Die Generalkommission möge ein

Auge darauf haben, ob nicht durch Boykott besonders in der Nahrungsmittelindustrie für die Arbeiter gewirkt werden könne.

Für die nichtgewerblichen Arbeiter berichtet Meyer=Hamburg(Maurer): Bei uns wurde die Organisationsfrage auch lebhaft erörtert und mit allen gegen eine Stimme die Resolution der Generalkommission angenommen. Im Prinzip sind wir für die Nürnberger Resolution, doch ist die Durchführung noch verfrüht. Ferner einigte man sich dahin, daß die Fabrikarbeiterinnen als besondere Gruppe dem Verband der Fabrikarbeiter beitreten sollen. Es wurde eine Resolution angenommen, wonach die Generalkommission ersucht wird, Auszüge aus der Reichsgewerbestatistik über die Zusammengehörigkeit der einzelnen Berufe von Zeit zu Zeit zu veröffentlichen. Es sei dieses zur Klärung der Sache nothwendig. In Bezug der Aufgaben der Generalkommission wünschen wir insofern eine Aenderung, daß in Zukunft auch an alle Zahlstellenvorstände das „Correspondenzblatt" geschickt werden soll. Im Gegensatz zur Holz= und Baubranche betone ich, daß wir nicht für Herabsetzung des Beitrages an die Generalkommission sind, trotzdem wir keine so günstigen Löhne haben. Folgende Resolution wurde angenommen:

„Die Vertreter der Gruppe erkennen an, daß die von der Generalkommission vorgelegte Resolution die geeignetsten Vorschläge enthält, nach denen die Organisationen einzurichten sind und empfehlen dieselbe dem Kongreß zur Annahme.

Der Kongreß wolle beschließen, die Generalkommission zu beauftragen, das bestehen bleibende „Correspondenzblatt" jeder Zahlstelle der Zentralorganisation zuzusenden und in demselben periodische Bekanntmachungen über die Zusammengehörigkeit der einzelnen Berufe und zwar an der Hand der Reichsgewerbestatistik zu veröffentlichen, um Klarheit zu schaffen, welcher Gruppe sich die einzelnen Vereinigungen anzuschließen haben.

Die Vertreter der nichtgewerblichen Arbeiter beschließen, innerhalb ihrer Gruppe eine spezielle Frauensektion bestehen zu lassen.

In Rücksicht besonders auf die Arbeiterinnen empfehlen dieselben, die Festsetzung der Beitragsleistung den betreffenden Sektionen zu überlassen."

Für die Textilarbeiter berichtet Petersdorf=Berlin: Die Form der Organisation hängt von der Entwickelung der Industrie ab. Die Eigenartigkeit unserer Industrie, besonders die Hausindustrie, zwingt uns, eine besondere Stellung einzunehmen. Man darf Niemand eine besondere Organisationsform aufoktroyiren, sondern muß jeder Branche freien Spielraum lassen. Dennoch kommt die Textilarbeiterorganisation der jetzt zu schaffenden Organisationsform am nächsten, indem dort schon Manches eingeführt ist, was andere noch erstreben. Unser Organ kann nicht offizielles Verbandsorgan sein, indem es sich mit Politik befassen muß. Wir sind denn auch für die Nürnberger Resolution, mit Ausnahme des Punktes über das Preßwesen. Die Mehrzahl unserer Beschäftigten sind Arbeiterinnen, wo wir besonders mit rechnen müssen. An Stelle der Generalkommission wünschen wir, daß die verschiedenen Zentralvorstände je eine Person bestimmen, welche an einem bestimmten Ort, sobald es nothwendig ist, zusammentreten und diejenigen Angelegenheiten erledigen, welche alle Gewerk=

schaften interessiren. Da die wirthschaftlichen Verhältnisse so schlechte sind, empfehle ich Ihnen, im Prinzip der Nürnberger Resolution zuzustimmen. Bindende Beschlüsse wollen Sie jedoch nicht fassen.

Zur Geschäftsordnung ersucht T h e i ß = Hamburg, der Vorsitzende möge darauf achten, daß die Redner nicht so viel von der thatsächlichen Berichterstattung abweichen.

Vorsitzender L e g i e n verwahrt sich gegen diesen Vorwurf. Bei Vorführung der gefaßten Beschlüsse müssen auch die Gründe für die Beschlußfassung angeführt werden.

Es folgt der Berichterstatter für das Verkehrs= und Seewesen F e h m e r l i n g = Hamburg: Für uns war vor allen Dingen die Nürnberger Resolution maßgebend und zwar aus dem Grunde, weil in unserer Industrie das Kapital mehr denn je konzentrirt ist. Sollte die Nürnberger Resolution nicht vollständig angenommen werden, so empfehlen wir die Resolution der Generalkommission. Unser Standpunkt ist in folgender Resolution niedergelegt: „Der Spezialkongreß der am Schiffbau und in der Schifffahrt beschäftigten Arbeiter erklärt, daß in der genannten Industrie die in der Nürnberger Resolution ausgesprochene Organisationsform durchführbar ist. Die auf diesem Kongreß anwesenden Vertreter versprechen, für die Gründung einer solchen Organisation einzutreten. Der Spezialkongreß beschließt ferner, dem Gewerkschaftskongreß den Antrag zu unterbreiten, es den Industriezweigen zu empfehlen, wo es die Möglichkeit resp. die Zweckmäßigkeit erheischt, Industrieverbände zu gründen. Besonders sieht der Kongreß die Nothwendigkeit ein, daß die bestehenden zentralisirten Verbände (Vereine) anerkannt werden und daß es jedem Industriezweig freisteht, zu bestimmen, ob sie Industrieverbände oder Branchenvereinigungen mit Kartellverträgen resp. Unionen gründen wollen."

Hiermit ist die Berichterstattung über die Spezialkongresse beendet.

Es folgen persönliche Bemerkungen.

D ö b l i n = Berlin erklärt die Berichte der „Halberst. Zeitung" für unrichtig; er habe nicht gesagt, daß die Reichstags-Fraktion kein Interesse für die Gewerkschaften habe.

Desgleichen bemerkt S c h w a r z = Lübeck, wenn Metzger für ermäßigte Beiträge sei, so treffe dieses auf ihn nicht zu. Er sei natürlich für die Gewerkschaften und für hohe Beiträge.

B e h r e n d = Berlin wundert sich über Döblin. Dieser habe doch gesagt, was er soeben bestreitet, jetzt möge es ihm leid thun.

Die Angelegenheit wird für erledigt erklärt.

v. E l m beschwert sich über die Berichterstattung der „H. Z.", er habe nicht gesagt, die Berliner Bewegung sei korrumpirt.

M e t z g e r hat sich nicht allgemein gegen hohe Beiträge ausgesprochen, sondern gegen die verderbliche Tendenz der hohen Beiträge.

Auf Vorschlag des Vorsitzenden wird nun in die Spezialberathung der eingereichten Resolutionen eingetreten.

Es liegt die Resolution der Generalkommission, die des Holzarbeiterkongresses, eine neuerdings eingebrachte Resolution der Metallarbeiter und eine Resolution der Vertreter der lokal organisirten Arbeiter vor. Eine von Theiß eingebrachte Resolution wird vorläufig zurückgestellt. (Den Wortlaut der Resolutionen siehe Seite 55 u. ff.)

v. Elm begründet die Resolution der Generalkommission. Wir dürfen uns nicht auf den Standpunkt stellen, daß unsere erste Aufgabe die Anbahnung der Industrieverbände sein kann. Wir werden vielmehr Kartellverträge schließen und dann zunächst auf die Bildung von Unionen dringen müssen. Der Entwickelung können wir nicht vorgreifen. Praktische Erfahrung haben wir und haben bisher die Metallarbeiter noch nicht gemacht. Nicht um Reiseunterstützung zu zahlen, handelt es sich, sondern um die Arbeiter kampffähiger zu machen. Dazu gehört ein gemeinsames Zusammenarbeiten, das wird aber in den Industrieverbänden vorläufig nicht möglich sein. Einer jeden Organisation muß unbedingt eine gewisse Selbstständigkeit gelassen werden. Die Kleinindustrie ist in Deutschland noch zu sehr verbreitet, als daß ein bestimmtes Uebergangsstadium nicht nothwendig sei. Man solle vor allen Dingen darauf bringen, daß die noch nicht organisirten, besonders die Hülfsarbeiter, überhaupt zur Organisation herangezogen werden, niemals aber der naturgemäßen Entwickelung entgegen arbeiten. Die bestehenden Organisationen müssen anerkannt werden, so viel Toleranz müssen wir unbedingt üben, sonst führt unsere Arbeit zur Zersplitterung und die Gegner lachen sich in's Fäustchen. Eine andere Sache ist es mit den Lokalvereinen selbst. Diese erkennen unsere Beschlüsse nach keiner Richtung an, ihre Taktik ist eine ganz andere; deshalb sollen wir die Lokalvereine, für deren Berufe Zentralorganisationen bestehen, einfach links liegen lassen. Der Erfolg bei Streiks beruht besonders darauf, daß man das Ganze übersehen kann. Lassen wir uns deshalb auf keine Illusion ein, sondern rechnen wir mit den gegebenen Thatsachen.

Der Vorsitzende verliest folgende Resolution, die genügende Unterstützung findet und mit zur Debatte gestellt wird:

„Die Vertreter der Nahrungsmittelindustrie empfehlen dem Kongreß, die Generalkommission zu beauftragen, bei eintretender Nothwendigkeit ein Blatt herauszugeben, welches gewerkschaftliche Artikel und die Bekanntmachungen der Generalkommission bringt und bei eingerichtet ist, daß es zwei freie Seiten enthält. Dieses Blatt ist den Redaktionen der Gewerkschaftsblätter zum Herstellungspreise zu verabfolgen, so daß hierdurch eine Verbilligung der Fachpresse eintritt.

Die Arbeiter der Nahrungsmittelindustrie sind nur mit einem geringen Beitrag zur Deckung der Unkosten der Generalkommission heranzuziehen. Diese Arbeiter würden bei ihrer traurigen Lage nicht im Stande sein, 10 ₰ Beitrag zu bezahlen und somit der Möglichkeit beraubt werden, ihren Verpflichtungen nachzukommen.

Ferner beantragen dieselben Delegirten, daß die organisirten Arbeiter ersucht werden, in allen Orten Gewerkschaftskartelle, respektive Kommissionen zu errichten. Desgleichen soll die Agitation unter den Arbeitern der Nahrungsmittelindustrie von den organisirten Arbeitern unterstützt werden."

Ising wünscht eine Aenderung der Geschäftsordnung dahin, daß in dieser Diskussion noch alle eingezeichneten Redner zum Wort kommen.

Ein Antrag von Schaad, die Redezeit auf fünf Minuten zu beschränken, wird, nachdem Feder dagegen gesprochen, abgelehnt.

Hierauf tritt die Mittagspause ein.

Siebente Sitzung.
17. März, Nachmittags.

Der Vorsitzende Legien eröffnet die Verhandlungen um 2 Uhr und theilt zunächst mit, daß wieder eine Reihe Begrüßungstelegramme eingegangen ist.

Es wird in der Tagesordnung fortgefahren. Ein Geschäftsordnungsantrag, daß von jeder Industriegruppe nur ein Redner sprechen solle, wird abgelehnt.

Kloß begründet die Resolution der Holzarbeitergruppe. Dieselbe unterscheide sich sachlich von derjenigen der Generalkommission und der Metallarbeiter dadurch, daß sie keiner Gruppe vorschreibe, wie sie beschaffen sein solle; gegenwärtig wäre dies besser, da es zeitgemäßer sei. Auch sei genau darin ausgesprochen, welche Form der Organisation die beste ist. Den Bedürfnissen müsse man sich anpassen. Alle Branchen der Holzindustrie können sich dem Verband noch nicht anschließen, doch müsse ihnen der Weg dazu offen gelassen bleiben. Mit dieser Resolution stehe man auch in keiner Weise in Widerspruch mit einer anderen Form der Organisation. Klar müsse erklärt werden, daß die lokale Organisationsform die richtige nicht sei, denn der Grund, Politik treiben zu müssen, sei nicht stichhaltig.

Deisinger begründet die Resolution der Metallarbeiter. Dies sei ihm leicht, weil seine Resolution dasselbe was die der Holzarbeiter wolle. Redner verliest die Resolution und hält die Vorausschickung für nothwendig, daß genau präzisirt wird, was man will, sonst könne schließlich jeder Hirsch=Duncker'sche die Resolution unterstützen. Zu bestreiten sei nicht, daß die Industrieverbände allseitig anerkannt wurden, es komme nur darauf an, ob sie zeitgemäß seien. v. Elm's Ausführungen, daß die Anerkennung davon abhänge, ob das Vorgeschlagene sich bewähre, können nicht richtig sein. Auch im sozialdemokratischen Programm werde Vieles verlangt, was sich noch nicht bewährt. Die Zweckmäßigkeit, welche man voraussetze, müsse maßgebend sein. Im Statut des Metallarbeiter=Verbandes seien Bestimmungen, die allen Branchen dieser Industrie Freiheiten lassen und ihren Anschauungen Rechnung tragen. Gleichfalls seien Kartelle vorgesehen. Man wolle nur Bewährtes schaffen und gleiche hierin den Holzarbeitern mit ihren Anschauungen. Auch in England habe sich die vorgeschlagene Form als gut bewiesen. Redner ist überzeugt, wenn der vor 20 Jahren verstorbene York auferstehen könne, er den Kopf schütteln würde, weil Sachen, die er bereits wollte, heute als zu verfrüht hingestellt werden. Der Widerstand der Arbeiter ist die Hauptsache, nicht das Geld, das man aufbringt. Auszusprechen, welche Organisationsform berechtigt sei, wäre verkehrt, weil damit Mißbrauch getrieben wird. Das, was man als richtig anerkennt, müsse man auch erstreben.

Bringmann ist mit der Ueberzeugung zum Kongreß gekommen, daß nur mit Kompromissen etwas erreicht werden kann; ihn wundere, daß der Begründer der Resolution der Generalkommission jetzt anders spreche, als vorher. Die Vertreter der lokalen Organisation haben mit ihren vielen Reden selbst schuld, daß man ihnen keine Konzessionen machen kann.

Protokoll. 4

Störmer hält es für verkehrt, daß der Verband der Werftarbeiter in die Verkehrsindustrie hineingekommen ist. Der Matrosenverein sei für die Werftarbeiter nicht zu haben und ließe er sich nirgends aufpfropfen, sondern wolle allein so fortschreiten, wie die Entwickelung es mit sich bringe.

Beschlossen wird, daß die Antragsteller weiterer Resolutionen nur in derselben Reihenfolge als die sonstigen Redner zum Wort kommen.

Feder wundert sich, daß Kloß die lokalen Organisationen nicht anerkannt wissen will. Wenn die Kartellverbände geschaffen werden, so geschehe dies als Vertrauenssache; das sei auch bei dem Vertrauensmännersystem der Fall. Der gleichmäßige Beitrag in den Zentralverbänden hindere die Durchführung mancher Bestimmungen; gleichfalls die Vereinsgesetze. Auch Sachsen und Bayern lassen sich gewinnen mit dem Vertrauensmännersystem. Der Industrieverband der Metallarbeiter sei ihm sympathisch, man müsse in den kleinen Städten nur mehrere Berufe zusammenthun. Durch strikte Verbände lasse sich aber das Richtige nicht schaffen. Passus 5 der Resolution der Generalkommission sei unausführbar. Volle Gleichberechtigung müsse unbedingt gewahrt bleiben. Durch Dekret lasse sich nichts erreichen.

Sabath steht prinzipiell auf dem Boden der Nürnberger Resolution, doch dürfe man die Nothwendigkeit der organischen Entwickelung nicht außer Acht lassen. Feder's Verlangen, daß die Zentralorganisationen etwas Gutes aufweisen sollen, sei undurchführbar, so lange in einer Branche beide Richtungen, die zentrale und lokale, noch vorhanden sind. Mit Kartellen lasse sich am ersten etwas erreichen. Man müsse an die bestehenden Verhältnisse anknüpfen, daher sei die Resolution der Generalkommission zu empfehlen, doch sei sie einigen Verbesserungen zu unterziehen. Man werde in seiner Industriegruppe sofort anfangen Kartelle anzubahnen.

Segitz verzichtet auf viele Ausführungen, nachdem Deisinger das Meiste gebracht. Unstreitig sei zu bedenken, daß die Verhältnisse im Reich zu verschieden seien. Dieserhalb haben sich in einzelnen Orten die organisirten Arbeiter höhere Leistungen auferlegt und Arbeitslosenunterstützung eingeführt. Erst auf einem späteren Kongresse werde Besseres geschaffen werden können.

Körsten ist im Prinzip für die Resolution der Metallarbeiter; auch die lokal organisirten Arbeiter seiner Branchen könnten einen Prozentsatz der Einnahme an eine Zentralkasse abführen. Bekämpft hätten die lokalen Berliner Metallarbeiterorganisationen den Verband noch nicht. Man geht Hand in Hand. In Berlin herrschen besondere Verhältnisse. Dort seien 100 000 Arbeiter mit 50 Branchen. Die Aufgabe sei dankbar, diese zu organisiren. Der Ton, den Kloß angeschlagen, werde ihn öffentlich sehr schädigen. Wenn von anderer Seite gesagt werde, Politik muß raus aus den Gewerkschaften, so sage er: Politik muß rein! Der Buchdruckerstreit habe dies bewiesen. Man mache schlechten Gebrauch auf dem Kongreß von der Majorität. Konzessionen seien nothwendig. Umfallen könne Redner nicht, wenn er nach Berlin komme, denn die dortigen Verhältnisse seien stärker als Kongreßbeschlüsse. Man solle nur den Versuch machen, dort etwas zu erreichen. Was von der englischen Arbeiterbewegung angeführt wurde, paßt nicht für die deutschen Verhältnisse, was der englische Delegirte Graham auch 1889 in Paris selber zugestand.

Hilmer: Nach Körsten's Worten müsse man den Berlinern eine besondere Form der Organisation zugestehen. Das geht nicht an. Man müsse sich der Disziplin auch in Berlin unterwerfen. Man dürfe nicht die Handhabe dazu bieten, den Organisationen, welche in der Metall=industrie bestehen, die Existenz zu nehmen, wie es seitens der Metall=arbeiter versucht werde, denn die 3000 Schmiede, welche organisirt, sind sehr schwer heranzuziehen gewesen. Das Gewerk derselben bilde die Hälfte sämmtlicher Metallarbeiter und stecke tief in der Klein=industrie. Würden Beschlüsse gefaßt, die es den Schmieden unmöglich machen, sich in der Organisation zu entwickeln, so schädige dies dieselben. York würde, wenn er noch lebte, heute anders denken, als damals. Seine Ideen hätten gerade Fiasko gemacht, das beweise das Eingehen der von ihm in's Leben gerufenen Holz= und Metallarbeiter=Organisationen.

Roll bestreitet, daß die Aeußerungen mancher Redner zu Gunsten der Resolution der Metallarbeiter die richtigen seien. In Versamm=lungen einzelner Berufe haben Beschlüsse viel mehr Werth als in all=gemeinen Versammlungen. Von großen Versammlungen der Metall=arbeiter dürfe nicht geredet werden, da solche nicht stattfinden. Man solle etwas Positives schaffen, die Arbeiter warten darauf, damit man mit der Organisation mit Erfolg beginnen könne.

Krüger=Dresden behauptet, daß da, wo die Arbeiter gewerkschaft=lich gut organisirt sind, auch die politische Richtung gute Fortschritte gemacht habe. Die lokalen Organisationen sollten sich in Sektionen den Verbänden anschließen und nicht solche einseitige Stellung ein=nehmen. Man müsse den Vereinsgesetzen Rechnung tragen. Kloß meine nicht die auf dem Boden der modernen „Arbeiter"= sondern Gewerkschaftsbewegung stehenden Arbeiter.

Scherm bestreitet, daß die Branchenorganisationen besser agitiren können. Wenn man dem Kastengeist Rechnung tragen wolle, so wider=spreche das der Absicht, in kleinen Orten gemischte Organisationen zu schaffen. Die Zweckmäßigkeit müsse entscheiden. Dem Kastengeist würde ausreichend Rechnung getragen mittelst der Sektionen, die der Metallarbeiterverband zuläßt. Der Hirsch=Duncker'sche Gewerkverein beweise, daß mit der gemischten Organisation etwas zu erreichen sei. Man solle den Leuten nicht immer eine gewisse Meinung beibringen, dann sind sie nicht so einseitig. Es sei auch nicht richtig, daß die Schmiede verhältnißmäßig mehr erreicht haben als andere Branchen, da sie im Verhältniß zu ihrer Zahl sehr schwach organisirt sind. Die Resolution betreffs Anerkennung der bestehenden Organisationen bittet Redner abzulehnen, da nur beabsichtigt werde, Mißbrauch damit zu treiben. Die Schlosser hätten sich trotz der entgegengesetzten Weimar'schen Beschlüsse separat organisirt, ebenso die Former, trotz des Frankfurter Metallarbeiterkongresses. Deshalb habe Redner ein Recht, die Reso=lution zu verwerfen.

Grenz legt klar, daß die Majorität auf dem Metallarbeiterkongreß in Frankfurt a. M. sehr fragwürdig war. Außerdem standen sich dort 15 gegen 14 Stimmen gegenüber. Körsten habe dort sehr inkonsequent mitgestimmt. Auch im Weiteren sei dort Manches anders, als es scheine, gewesen. Scherm und Deisinger hätten eine Zwangsjacke geschaffen. Es wurde mit allen möglichen Mitteln versucht, die Former von einer eigenen Organisation abzuhalten, trotzdem besteht dieselbe. Wenn die Metallarbeiter sich auf nichts einlassen wollten, so hätten sie zu Hause bleiben sollen. Der Unterantrag Scherm's zur Resolution Theiß' will zurückgreifen und sei deshalb unannehmbar.

Ein Geschäftsordnungsantrag, die Redezeit auf fünf Minuten zu beschränken, wird angenommen.

v. Elm: Das Gehörte hat erwiesen, daß ein großer Fehler gemacht würde, wenn die Industriegruppe ohne Weiteres eingeführt werde. Deisinger fasse die Sache falsch auf. Nicht von Programmen sei die Rede, sondern von der Art, wie das Vorgeschlagene durchgeführt werden soll. Der Kastengeist ist nur durch die gewerkschaftliche Entwickelung zu beseitigen. Es ist verschieden, ob man für einen Zentralverband oder für Gruppenbildung agitirt. Momentan ist der großen unorganisirten Masse gegenüber das Nächstliegende zu erstreben.

Eitzinger: Es unterliegt keinem Zweifel, daß die Industriegruppe die beste Organisationsform ist. Der erste Entwurf der Generalkommission ist ein todtgeborenes Kind. Die Nürnberger Resolution sei dagegen das Annehmbarste, da die Entwickelung der Industrie eine solche Organisation nothwendig mache. Die Gruppenorganisation wird doch über die Köpfe Derjenigen hinweg eingeführt, die ein persönliches Interesse dagegen haben. In derselben sei die größte Bewegungsfreiheit vorgesehen, was in den Zentralvereinen nicht möglich.

Thomas-Berlin: Ich war beauftragt, gegen die erste Resolution der Generalkommission bezüglich der Unionsbildung zu stimmen, doch sei dies nicht nöthig, da die neue Resolution seine Zustimmung finde, weil sie besser als die erste ist.

Blaurock-Berlin empfiehlt die Feder'sche Resolution, da er das Vertrauensmännersystem für das richtige halte, weil dasselbe keine Zukunftsmusik, sondern moderne Arbeiterbewegung beabsichtige.

Dähne-Berlin kann die Resolution der Metallarbeiter nicht anerkennen, da die Lage im Baugewerbe eine solche Organisation noch nicht ermögliche. Dagegen erkenne er die Resolution der Generalkommission als die richtige an. Es sei verkehrt, anzunehmen, daß in Berlin nur lokale Organisationen bestehen; die Zentralisation sei dort eben so stark vertreten. Die Meinung Feder's, die Verschiedenheit der Erwerbsverhältnisse in den einzelnen Orten spreche gegen den Zentralverband mit seinem einheitlichen Beitrag, ist falsch. Im Maurerverband sei hier durch eine Extrabesteuerung, die sich nach dem Arbeitslohne richtet, ein Ausgleich gefunden.

Frau Steinbach hält die Ansicht Scherm's nicht für richtig, daß man die Hirsch-Duncker'schen Gewerkvereine als einen Beweis für die Zweckmäßigkeit dieser oder jener Organisationsform anführen könne. Es ist ein gewaltiger Unterschied zwischen einer Kampfesorganisation und einer solchen, die den Harmoniedusel predigt. York's Anschauungen wären in der Gegenwart nur insofern beachtenswerth, als er zur Einigkeit im Vorgehen ermahnt hat. Wenn die Lokalorganisationen glauben, Politik treiben zu müssen, so sei dies wahrscheinlich nur die Medizin,

die sie für ihren schwindsüchtigen Zustand in Bezug auf Widerstands=
fähigkeit brauchen. Man solle lieber die Organisation auf gesunder
Basis zu stärken suchen.

Dräger hält es für ein vergebliches Beginnen, mittelst Branchen=
organisation erfolgreiche Lohnbewegungen führen zu können. Die
Aktion ginge viel zu langsam vor sich. Redner hält die Nürnberger
Resolution für die beste. Die Werftarbeiter sind zur Transportindustrie
zu rechnen.

Heinzelmann: Die Textilarbeiter sind genöthigt, so viel als
möglich politisch thätig zu sein, weil Viele von ihnen keine Hülfe mehr
von der Gewerkschaft erhoffen. Ihre Lage ist äußerst gedrückt und
deswegen stehen sie auf dem Boden der Nürnberger Resolution, weil sie
es ermöglicht, die größte Masse der Arbeiter zusammen zu führen und
dadurch die Beiträge so niedrig wie möglich zu bemessen.

Heß vertritt die Holzarbeiter=Resolution. Die Berliner Verhält=
nisse seien sehr gut, man müsse nur versuchen, dort die Branchenzentralisation einzuführen.

Reichelt=Burgstädt vertheidigt die Nürnberger Resolution. Es
sei ihm unbegreiflich, wie man diese für noch nicht zeitgemäß halten
könne. Der Kongreß möge die bindende Erklärung abgeben, daß es
nothwendig sei, die Politik auch in der Gewerkschaft zu pflegen und
nur die gesetzlichen Bestimmungen uns zwingen, sie aus den Organi=
sationen fern zu halten. Die Beiträge lassen sich in der Industrie=
gruppe regeln.

Schaab: Man muß die speziellen Interessen den allgemeinen
unterordnen. Redner tritt für die Resolution der Generalkommission
ein, wünscht jedoch an Stelle der Bezeichnung „Unionen" Industrie=
gruppen gesetzt. Den Vertretern der Lokalorganisationen muß auf den
Gewerkschaftskongressen wenn auch nicht Stimme, so doch Sitz einge=
räumt werden.

Hoffmann=Hamburg ist im Prinzip für die Resolution der
Generalkommission mit dem von den Hafenarbeitern gewünschten Zusatz.
Redner bedauert daß die Schiffszimmerer und Matrosen nicht mit zu
der Schiffstransportindustrie wollen. Die Erfahrungen lehren, daß
beide Branchen den ersteren Konkurrenz machen. Die englischen Unionen
stehen auf ganz anderen Grundlagen, wofür Redner aus eigener Er=
fahrung Beweise anführt.

Dominé: Wenn Politik getrieben wird, so ist dies nur bei auf=
geklärten Arbeitern möglich, man muß aber mit den unaufgeklärten
Arbeitern rechnen. Redner ist für die Resolution der Generalkommission.

Beyer=Leipzig meint, daß die beiden Richtungen, welche haupt=
sächlich vertreten werden, eigentlich dasselbe wollen; die eine wolle nur
etwas früher als die andere zum Ziel. Die lokalen Organisationen
haben sich uns jedoch anzuschließen und mit ihrer Ansicht zu brechen.

Herbert=Stettin: Die Buchdruckerorganisation, die trotz des un=
glücklichen Streiks noch ebenso stark besteht wie zuvor, beweist am besten
den Werth der Berufsorganisation. Auch die Buchdrucker stehen auf
dem Boden der modernen Arbeiterbewegung, trotzdem sie keine Politik

treiben. Redner ist für Branchenzentralisation, weil sich diese in seiner Organisation bewährte. Auf gewerkschaftlichem Gebiete allein ist nichts zu erreichen, doch bietet sich für die Erörterung politischer Angelegenheiten anderswo Gelegenheit, als innerhalb der Gewerkschaftsorganisation. Man habe die Buchdrucker schlechter hingestellt, als sie wirklich sind; er sei überzeugt, daß man das Beste gewollt habe.

Ein Antrag auf Schluß der Debatte wird angenommen.

Eine Reihe Berichtigungen und persönlicher Bemerkungen findet statt.

Krüger bestreitet, daß die Berliner Korbmacher M. 24 verdienen.

Hoffmann widerlegt Störmer's Ausführungen.

v. Elm bestreitet, der geistige Urheber des Entwurfs der Generalkommission zu sein. Auch habe er nicht verlangt, sich nach den englischen Verhältnissen zu richten. Auch Inkonsequenz habe er betreffs der Tabakarbeiter nicht gezeigt.

Schmidt-Berlin: Die Behauptung der Frau Steinbach, daß die Berliner Gewerkschaftsverhältnisse schwindsüchtig seien, ist nicht zutreffend.

Scherm hat nicht, wie Frau Steinbach angab, für die Hirsch-Duncker'schen Gewerkvereine gesprochen.

Behrend berichtigt einige Ausführungen Herbert's. Der Buchdruckerverband stehe unter dem Protektorat der preußischen Regierung.

Reinecke bringt ebenfalls einige Berichtigungen gegen Herbert.

Diedrich vertheidigt sich gegen einige Ausführungen Scherm's.

Feder theilt mit, daß die Berliner Plätterinnen viel stärker als die Hamburger organisirt seien.

Pgötz: Die Vertreter der lokal organisirten Arbeiter waren genöthigt, den Spezialkongreß der Bauarbeiter zu verlassen, weil die Majorität des Kongresses mit ihnen in keinen Kartellvertrag einzutreten gesonnen war. Da das Abschließen der Kartellverträge aber die Hauptaufgabe der Spezialkongresse war, so hatten wir dort nichts mehr zu thun. Der Berichterstatter vom Kongreß der Bauarbeiter stellte die Sache so dar, als wäre Böswilligkeit die Ursache des Verlassens des Kongresses.

Döblin hat Herbert nicht zu seiner Vertheidigung aufgefordert. Die Buchdrucker haben durch ihr Auftreten auf dem Kongreß bewiesen, daß sie das Interesse der Arbeiter fördern wollen.

Störmer bestreitet, die Streitaxt ausgraben zu wollen, er habe in dem Wenigen, was er geredet, nur Sachliches bemerkt.

Kloß bedauert, daß Feder seinen verkehrten Ausdruck in stattgehabter Weise ausnutzt. Er lade Feder zu der am Montag in Berlin stattfindenden Versammlung, in der er spreche, ein.

Herbert will nicht für lokale Organisation gesprochen haben.

Scherm widerlegt Diedrich's Ausführungen. Derselbe dürfe nicht von ihm Das denken, was er selber vielleicht beabsichtige.

Es wird beschlossen, die Sitzung so lange dauern zu lassen, bis die Abstimmung über die Form der Organisation erfolgt ist. Dann wird namentliche Abstimmung beschlossen.

Hierauf tritt eine Pause von zehn Minuten ein.

Zur Abstimmung stehen folgende Resolutionen:

1. Resolution der Generalkommission.

Der Gewerkschaftskongreß erkennt die in dem Organisationsentwurf der Generalkommission ausgesprochenen Grundsätze: die Zentralvereine der verwandten Berufszweige unter einheitlicher Leitung zu Gruppenorganisationen zu verbinden, um dadurch eine größere Konzentration der Kräfte im wirthschaftlichen Kampf herbeizuführen, als richtig an und empfiehlt sämmtlichen Gewerken, in welchen dieses ohne Schwierigkeiten für die bestehenden Organisationen praktisch durchführbar ist, die Unionsbildung vorzunehmen, resp. dieselbe durch zu fassende Beschlüsse auf den einzelnen Gewerkschaftskongressen vorzubereiten.

In Erwägung, daß nach den statistischen Erhebungen der Generalkommission sich ergeben hat, daß die einzelnen Zentralisationen in ihrer Entwickelung, ihren Einrichtungen und ihrer Leistungsfähigkeit noch zu sehr differiren und demnach die Vorbedingungen für eine Unionsbildung noch nicht gegeben sind; ein einheitliches Wirken im Interesse kräftiger Entwickelung der Organisationen aber schon heute nothwendig erscheint, empfiehlt der Kongreß, um für die Zukunft die Unionen anzubahnen, daß sich die zunächst verwandten Gewerbe durch Kartellverträge verbinden.

Diese Verträge sind dahin abzuschließen, daß die verwandten Berufe
1. bei Streiks und Aussperrungen gemeinsame Beschlüsse fassen und sich gegenseitig finanziell unterstützen;
2. ihre auf der Reise befindlichen Mitglieder gegenseitig unterstützen;
3. die Agitation möglichst gleichmäßig und auf gemeinschaftliche Kosten betreiben;
4. statistische Erhebungen gemeinsam veranstalten;
5. Herbergen und Arbeitsnachweise zentralisiren, sowie
6. das Preßwesen regeln.

Da angesichts des gegenwärtigen Standes der wirthschaftlichen Entwickelung bei Errichtung von Industrieverbänden die Heranziehung der den Organisationen noch indifferent gegenüberstehenden Arbeitermassen voraussichtlich sehr erschwert wird, diese vielmehr bei Organisationen in Berufsverbänden in ungleich höherem Maße zu erwarten steht, kann die Bildung von Industrieverbänden gegenwärtig allgemein nicht empfohlen werden.

Als Grundlage der Organisation betrachtet der Kongreß vielmehr die in Verbänden zentralisirten Berufsorganisationen und empfiehlt sämmtlichen Arbeitern, sich den bestehenden Zentralisationen anzuschließen, resp. solche zu bilden in Gewerken, welche bis jetzt lokal organisirt oder durch ein Vertrauensmännersystem verbunden waren.

Jeder dieser Zentralvereine (Verbände) hat in allen Orten, wo eine genügende Anzahl Berufsgenossen vorhanden und keine gesetzlichen Hindernisse im Wege stehen, Zahlstellen zu errichten. Wo solche Hindernisse bestehen, ist den Arbeitern zu empfehlen, als Einzelmitglieder den Zentralvereinen beizutreten und sich durch gewählte Vertrauensmänner eine stete Vertretung und Verbindung mit der Gesammtorganisation zu schaffen. Dies Vertrauensmännersystem ist so zu gestalten, daß es gleichzeitig eine Vertretung der Gesammtheit der Berufsgenossen an den Orten bildet, wo für die Zentralvereine als solche Schwierigkeiten bestehen.

Außerdem können an solchen Orten lokale Vereine eventuell in Verbindung mit verwandten Berufszweigen geschaffen werden.

Die Verbindung der einzelnen Zentralisationen zum gemeinsamen Handeln in Fällen, bei welchen Alle gleichmäßig interessirt sind, wird durch eine auf jedem stattfindenden Gewerkschaftskongreß zu erwählende Generalkommission herbeigeführt.

Die Aufgaben der Generalkommission.

1. Die Betreibung der Agitation in denjenigen Gegenden, Industrien und Berufen, deren Arbeiter noch nicht organisirt sind;
2. die von den einzelnen Zentralvereinen aufgenommenen Statistiken zu einer einheitlichen für die gesammte Arbeiterschaft zu gestalten und event. zusammenzustellen;
3. statistische Aufzeichnungen über sämmtliche Streiks zu führen und periodisch zu veröffentlichen;
4. ein Blatt herauszugeben, welches die Verbindung sämmtlicher Gewerkschaften mit zu unterhalten, die nöthigen Bekanntmachungen zu veröffentlichen und, soweit geboten, deren rechtzeitige Bekanntmachung in der Tagespresse herbeizuführen hat, und
5. in geeigneten Fällen und unter Zustimmung der Mehrheit der Zentralvereinsvorstände aus dem vorhandenen Fonds Darlehen an einzelne Gewerkschaften zur Unterstützung von Streiks zu gewähren.

Die Pflichten der einzelnen Zentralvereine der Generalkommission gegenüber.

Jede zentralisirte Gewerkschaft hat pro Mitglied und Quartal 10 Pfennig an die Generalkommission zu leisten. Diese Beiträge können aus den Kassen der Gewerkschaften gezahlt oder durch von der Generalkommission auszugebende Marken von den Mitgliedern der Organisationen erhoben werden. Diese Marken können auch an nichtorganisirte Arbeiter abgegeben werden.

Aus dieser Einnahme der Generalkommission sind zunächst die Kosten für die Verwaltung und Agitation zu decken. Der Rest wird zur Ansammlung des unter Ziffer 5 genannten Fonds benutzt. Darlehen aus diesem Fonds dürfen erst dann gegeben werden, wenn derselbe die Höhe von 100 000 Mark erreicht hat.

Der Fonds ist auf dieser Höhe zu erhalten und sind zu seiner Ergänzung eventuell nach Verständigung mit den Zentralvorständen der Organisationen die Marken der Generalkommission in kurzen Zwischenräumen an die Mitglieder zu verabfolgen.

Diejenigen Gewerkschaften, welche ihren Verpflichtungen gegenüber der Generalkommission bez. Zahlung der Beiträge nicht nachkommen, haben keinerlei Anspruch auf moralische oder pekuniäre Unterstützung; desgleichen verlieren dieselben Sitz und Stimme auf den von der Generalkommission einberufenen allgemeinen Gewerkschaftskongressen.

Ueber Beginn, Weiterentwickelung, Beendigung und Erfolg von Streiks ist der Generalkommission regelmäßig Bericht zu erstatten — desgleichen müssen derselben die von den einzelnen Gewerkschaften aufgenommenen statistischen Erhebungen zur Verfügung gestellt werden.

Die Einberufung des nächsten Kongresses bleibt der Generalkommission unter Zustimmung der Mehrzahl der Zentralvorstände überlassen.

In Erwägung, daß thatkräftige Organisationen das beste Mittel zur erfolgreichen Durchführung von Streiks, wie zur Verhinderung aussichtsloser Streiks sind, die Leistungsfähigkeit aber in der Aufklärung der Mitglieder, der Disziplin und der Höhe der Fonds erblickt werden muß, welche Vorbedingungen jedoch durch die heute fast allgemein niedrigen Beiträge nicht erfüllt werden können, empfiehlt der Kongreß, zum Zweck wirksamer Agitation und Ansammlung von Fonds, die Beiträge entsprechend zu erhöhen.

2. Resolution des Holzarbeiterkongresses.

Der Kongreß erklärt sich für die Annäherung der Zentralisationen verwandter Berufe durch Kartellverträge, überläßt jedoch die Entscheidung über die Frage, ob die spätere Vereinigung der Branchenorganisationen zu Unionen oder Industrieverbänden stattzufinden hat, der weiteren Entwickelung der Organisationen in Folge der Kartellverträge.

Der Kongreß erklärt, daß in all denjenigen Berufsgruppen, wo die Verhältnisse den Industrieverband zulassen, dieser vorzuziehen ist, daß jedoch in all denjenigen Berufsgruppen, wo infolge der großen Verschiedenheit der Verhältnisse die Vereinigung in einen Industrieverband nicht durchführbar ist, durch Bildung von Unionen diese Möglichkeit herbeigeführt werden soll.

Der Kongreß empfiehlt die Kartellverträge dahin abzuschließen, daß die verwandten Berufe

1. bei Streiks und Aussperrungen sich gegenseitig finanziell unterstützen;
2. ihre auf der Reise befindlichen Mitglieder gegenseitig gleichmäßig unterstützen;
3. die Agitation möglichst gleichmäßig und auf gemeinschaftliche Kosten betreiben;
4. statistische Erhebungen gemeinsam veranstalten;
5. Herbergen und Arbeitsnachweise zentralisiren;
6. ein gemeinsames Organ schaffen;
7. den Uebertritt von einer Organisation in die andere bei Ortswechsel ohne Beitrittsgeld und weitere Formalitäten herbeiführen.

Der Kongreß erklärt, daß die Zentralorganisation, als Grundlage der Gewerkschaftsorganisation, am besten befähigt ist, die der letzteren zufallende Aufgabe zu lösen und empfiehlt allen Gewerken, welche bisher lokal organisirt oder durch ein Vertrauensmännersystem verbunden waren, sich den bestehenden Zentralverbänden anzuschließen resp. solche zu bilden.

Jeder dieser Zentralvereine (Verbände) hat in allen Orten, wo eine genügende Anzahl Berufsgenossen vorhanden und keine gesetzlichen Hindernisse im Wege stehen, Zahlstellen zu errichten. Wo solche Hindernisse bestehen, ist den Arbeitern zu empfehlen, als Einzelmitglieder den Zentralvereinen beizutreten und sich durch gewählte Vertrauens=männer eine stete Vertretung und Verbindung mit der Gesammt=organisation zu schaffen. Dieses Vertrauensmännersystem ist so zu ge=stalten, daß es gleichzeitig eine Vertretung der Gesammtheit der Berufs=genossen an den Orten bildet, wo für die Zentralvereine als solche Schwierigkeiten bestehen.

Außerdem können an solchen Orten lokale Vereine, eventuell in Verbindung mit verwandten Berufszweigen, geschaffen werden.

Die Verbindung der einzelnen Zentralisationen zum gemeinsamen Handeln in Fällen, bei welchen Alle gleichmäßig interessirt sind, wird durch eine auf jedem stattfindenden Gewerkschaftskongreß zu erwählende Generalkommission herbeigeführt.

Die Aufgaben der Generalkommission.

Die Generalkommission hat
1. die Agitation in denjenigen Gegenden, Industrien und Berufen, deren Arbeiter noch nicht organisirt sind, zu betreiben;
2. die von den einzelnen Zentralvereinen aufgenommenen Statistiken zu einer einheitlichen für die gesammte Arbeiterschaft zu gestalten und eventuell zusammenzustellen;
3. statistische Aufzeichnungen über sämmtliche Streiks zu führen und periodisch zu veröffentlichen;
4. ein Blatt herauszugeben, welches die Verbindung sämmtlicher Gewerkschaften mit zu unterhalten, die nöthigen Bekanntmachungen zu veröffentlichen und soweit geboten, deren rechtzeitige Bekannt=machung in der Tagespresse herbeizuführen hat;
5. internationale Beziehungen anzuknüpfen und zu unterhalten.

Die Pflichten der einzelnen Zentralvereine der General=kommission gegenüber.

Jede zentralisirte Gewerkschaft hat pro Mitglied und Quartal 5 ₰ an die Generalkommission zu leisten. Diese Beiträge können aus den Kassen der Gewerkschaften gezahlt oder durch von der General=kommission auszugebende Marken von den Mitgliedern der Organi=sationen erhoben werden. Diese Marken können auch an nichtorganisirte Arbeiter abgegeben werden.

Diejenigen Gewerkschaften, welche ihren Verpflichtungen gegenüber der Generalkommission bezw. Zahlung der Beiträge nicht nachkommen, haben weder Sitz noch Stimme auf den von der Generalkommission einberufenen allgemeinen Gewerkschaftskongressen.

Ueber Beginn, Weiterentwickelung, Beendigung und Erfolg von Streiks ist der Generalkommission regelmäßig Bericht zu erstatten; desgleichen müssen derselben die von den einzelnen Gewerkschaften aufgenommenen statistischen Erhebungen zur Verfügung gestellt werden.

Die Einberufung des nächsten Kongresses bleibt der General=kommission unter Zustimmung der Mehrzahl der Zentralvorstände überlassen. Die Einberufung muß erfolgen, wenn zwei Dritttheile der Zentralvereinsvorstände dieses beantragen.

In Erwägung, daß thatkräftige Organisation das beste Mittel zur erfolgreichen Durchführung von Streiks wie zur Verhinderung aussichtsloser Streiks ist, die Leistungsfähigkeit aber in der Aufklärung der Mitglieder, der Disziplin und der Höhe der Fonds erblickt werden muß, welche Vorbedingungen jedoch durch die heute fast allgemein niedrigen Beiträge nicht erfüllt werden können, empfiehlt der Kongreß zum Zwecke wirksamer Agitation und Ansammlung von Fonds die Beiträge diesem Zweck entsprechend festzusetzen.

3. Die Resolution der Metallarbeiter.

Durchdrungen von der Ueberzeugung, daß die Arbeiter nicht im Stande sind, durch die gewerkschaftliche Organisation ihre Lage durchgreifend und auf die Dauer zu verbessern, ist sich der Kongreß dennoch bewußt, daß die gewerkschaftliche Organisation den Arbeitern ein Mittel bietet, ihre materielle Lage zeitweise zu heben, ihre Aufklärung zu fördern und sie zum Bewußtsein ihrer Klassenlage zu bringen.

Als die zweckmäßigste Form der Organisation erachtet der Kongreß die Zentralisation und zwar in der Weise, daß die Arbeiter der fachverwandten Berufszweige in großen unter einheitlicher Leitung stehenden Verbänden (Industrieverbänden) sich vereinigen.

Um ein einheitliches, planmäßiges Vorgehen dieser Organisationen zu ermöglichen, sowie zur Besorgung derjenigen Angelegenheiten, an denen alle gleichmäßig interessirt sind, wird ein Gewerkschaftsrath eingesetzt.

Der Gewerkschaftsrath besteht aus je einem Mitglied der betheiligten Gewerkschaften. Derselbe ernennt den Generalkassirer, sowie einen aus fünf Personen bestehenden Exekutivausschuß. Ersterer hat die Kasse zu verwalten, Letzterer die Kassenführung zu überwachen und in Gemeinschaft mit dem Generalkassirer die laufenden Geschäfte zu erledigen.

Weder der Generalkassirer, noch die Mitglieder des Exekutivausschusses dürfen eine leitende Stelle in einer Gewerkschaft bekleiden, um zu verhindern, daß die eine oder andere Gewerkschaft bevorzugt wird.

Aufgaben des Gewerkschaftsrathes.

1. Die Betreibung der Agitation in denjenigen Gegenden, Industrien und Berufen, deren Arbeiter noch nicht organisirt sind;
2. ein Blatt herauszugeben, welches die Verbindung sämmtlicher Gewerkschaften mit zu unterhalten, die nöthigen Bekanntmachungen zu veröffentlichen und, so weit geboten, deren rechtzeitige Bekanntmachung in der Tagespresse herbeizuführen hat;
3. die von den einzelnen Unionen bezw. Zentralvereinen aufgenommenen Statistiken zu einer einheitlichen für die gesammte Arbeiterschaft zusammenzustellen;
4. statistische Aufzeichnungen über sämmtliche Streiks zu führen und periodisch zu veröffentlichen;
5. in bestimmten und dringenden Fällen und unter Zustimmung der Mehrzahl der Unionen an einzelne Gewerkschaften oder

Unionen bei Streiks Unterstützung aus einem zu schaffenden Generalfonds zu gewähren.

Den Berufsorganisationen solcher Industrien, für welche ein Industrieverband noch nicht errichtet ist, wird empfohlen, durch Abschluß von Kartellverträgen den Industrieverband herbeizuführen.

Diese Verträge sind dahin abzuschließen, daß die verwandten Berufe
1. bei Streiks und Aussperrungen gemeinsame Beschlüsse fassen und sich gegenseitig finanziell unterstützen;
2. ihre auf der Reise befindlichen Mitglieder gegenseitig unterstützen;
3. die Agitation möglichst gleichmäßig und auf gemeinschaftliche Kosten betreiben;
4. statistische Erhebungen gemeinsam veranstalten;
5. Herberge und Arbeitsnachweise zentralisiren, sowie
6. das Preßwesen regeln.

4. Die Resolution der Vertreter lokal organisirter Arbeiter.

In Erwägung, daß durch das kapitalistische Ausbeutungssystem der Druck auf die Arbeiter sich in der krassesten Weise fühlbar macht, und die Macht des Kapitals kein Mittel unversucht läßt, von dieser seiner Macht den ausgiebigsten Gebrauch zu machen, muß es jedem denkenden Arbeiter klar sein, daß es der größten Anstrengungen seinerseits bedarf, diesem Druck mit Erfolg entgegen zu arbeiten.

In dem Entwurf der Generalkommission erblicken wir keinen Fortschritt auf dem Gebiete der Gewerkschaftsbewegung und können deshalb demselben nicht zustimmen. Wir sind vielmehr der Meinung, daß zu einer guten Organisation die Bewegungsfreiheit der einzelnen Berufsorganisationen in keiner Weise gehindert wird; ganz einerlei, ob dieselben sich in Verbänden oder auf Grund des Vertrauensmännersystems organisiren wollen. Wir sind der Meinung, daß die vereinsgesetzlichen Bestimmungen der einzelnen Staaten ein großer Hemmschuh für die Zentralisationen der Berufe sind, und fühlen uns deshalb geradezu verpflichtet, eine Form der Organisation zu schaffen, die den bestehenden Vereinsgesetzen keine Handhabe bietet.

Diese Form ist unserer Meinung nach die Zentralisation mit Vertrauensmännern. Die Aufklärung des klassenbewußten Proletariats darf nicht einseitig, wie es heute in den Zentralverbänden geschieht, sondern muß sowohl nach politischer und wirthschaftlicher Richtung hin gefördert werden, wenn etwas Positives erreicht werden soll.

Wir erwarten von dem Kongreß, daß er jede Form der Arbeiterorganisation als zu Recht bestehend anerkennt und in keiner Weise eine Diktatur auszuüben sucht.

Da zunächst festgestellt werden soll, welche der eingebrachten Resolutionen als Grundlage für die weiteren speziellen Berathungen ausersehen werden soll, so erfolgt die Abstimmung hauptsächlich über den ersten Theil, in welchem die zunächst zu erstrebende Form der Organisation bezeichnet ist. Auf Wunsch der Vertreter der lokal organisirten Arbeiter wird über ihre Resolution zuerst abgestimmt, da diese Abstimmung für die weitere Stellungnahme dieser Vertreter maßgebend sei. Die Abstimmung erfolgt über den für diesen Punkt hauptsächlich in Frage kommenden letzten Absatz der Resolution per Akklamation. Dieser Absatz wird mit bedeutender Majorität abgelehnt.

Kurz vor der Abstimmung zieht Deisinger im Namen der Metall=arbeiter die Resolution derselben zu Gunsten derjenigen der Holzarbeiter zurück und erfolgt zuerst über diese, weil sie weitergehend als die der Generalkommission erscheint, namentliche Abstimmung. Diese ergiebt die Annahme der Resolution der Holzarbeiter mit 148 gegen 37 Stimmen, bei elf Stimmenthaltungen. Bei der Abstimmung fehlten zwölf Delegirte. Nicht anwesend waren die Delegirten: Bringmann=Hamburg, Knoesel=Arnstadt, Schneider=Brandenburg, Borgmann=Berlin, Metzschke=Altenburg, Bock=Gotha, Brandt=Einbeck, Freudenreich=Berlin, Metzger=Hamburg, Pfeiffer=Berlin, Tusche=Leipzig und Delor=Forst i. L. Diese Delegirten waren theils abgereist, theils durch Erledigung nothwendiger Angelegenheiten von der Sitzung ferngehalten.

Der Stimmenabgabe enthielten sich: Odenthal = Cöln a. Rhein, Hoffmann=Berlin, Pgötz = Dresden, Blaurock = Berlin, Behrend = Berlin, Feder=Berlin, Günther=Braunschweig, Körsten=Berlin, Freund=Solingen, Schallbruch=Solingen und Berger=Stettin.

Gegen die Resolution der Holzarbeiter stimmten: Dammann=Hamburg, Krekow=Berlin, Hennig=Breslau, Kaulich=Halle a. d. Saale, Meyer=Lübeck, Kaulich=Hamburg, Meyer (Maurer)=Hamburg, Riecke=Braunschweig, Denecke=Wolfenbüttel, Emmer=Halle, Buchhorn=Blankenburg, Bilowitzky=Hamburg, Frau Steinbach = Hamburg, Koch=Lübeck, Albrecht=Halle a. d. S , Göbel=Bergedorf, Legien=Hamburg, Schmidt=Berlin, Hagge = Hamburg, Faber = Berlin, Holler = Hamburg, Diedrich=Hamburg, Tempel = Berlin, Hilmer=Hamburg, Theiß=Hamburg, Roll=Leipzig, v. Elm=Hamburg, Niendorf=Posen, Lenz=Dresden, König=Altona, Heine=Ottensen, Frau Kähler=Wandsbeck, Reinecke=Hamburg, Brey=Hannover, Ising=Hamburg, Rothermund=Hamburg und Frau Ihrer=Velten.

Ueber die weiteren allgemeinen Bestimmungen in der Resolution der Holzarbeiter (mit Ausnahme des Absatz 3, von den Kartellverträgen handelnd) bis zu dem Absatz, der von der Einsetzung der Generalkommission handelt, erfolgt Abstimmung per Akklamation und werden diese Absätze mit großer Majorität angenommen.

Damit ist eine Reihe anderer Resolutionen gefallen.

Eine Resolution Diedrich = Hamburg, welche verlangt, der Kongreß möge beschließen, daß alle Zentralorganisationen als zu Recht bestehend anerkannt werden sollen, wird zurückgezogen.

Hierauf wird folgende Erklärung bei dem Bureau des Kongresses eingereicht und zur Verlesung gebracht.

„Da die Verhandlungen des Kongresses, im Plenum wie auch in den Spezialkongressen, erwiesen haben, daß die Mehrheit des Kongresses nicht gewillt ist, die bestehenden auf Vertrauensmännersystem beruhenden Zentralisationen als gleichberechtigt mit den Zentralverbänden anerkennen zu wollen,

da ferner unsere Bestrebungen auf gemeinsames Zusammen=wirken in Bezug auf die Ausübung der Solidarität und die Auf=klärung des Proletariats nicht die Anerkennung des Kongresses gefunden haben, trotzdem ein Zusammenarbeiten der Vertrauensmänner der einzelnen Organisationen mit der Generalkommission unbeschadet durch die Vereinsgesetze der verschiedenen Bundesstaaten wohl möglich ist, erklären die Unterzeichneten:

„Nach wie vor an ihrer sich gut bewährten, auf dem Boden der Vertrauensmännerzentralisation stehenden Organisation fest zu halten, erklären jedoch weiter, daß sie, wie jeder zielbewußte Arbeiter, es für ihre heiligste Pflicht erachten, überall da, wo das Proletariat irgend eines Berufes sich im Kampfe mit dem Kapital befindet, nach jeder Richtung hin, mit aller Kraft unterstützend einzutreten und überlassen es allen zielbewußten Arbeitern, über die Handlungsweise des zu Halberstadt tagenden ersten deutschen Gewerkschaftskongresses zu urtheilen."

    Ferdinand Kaulich, Töpfer, Halle a/S.
    Fr. Emmer, Maurer, Giebichenstein bei Halle a/S.
    C. Behrend, Maurer, Berlin.
    H. Hofmann, Töpfer, Berlin.
    Chr. Odenthal, Stukkateur, Köln.
    L. Buchhorn, Blankenburg.
    Th. Denecke, Wolfenbüttel.
    A. Berger, Stettin
    C. Blaurock, Maurer, Berlin.
    H. Rieke, Maurer, Braunschweig.
    Paul Hennig, Töpfer, Breslau.
    Feder, Tapezier, Berlin.
    A. Körsten, Berlin.

Pötzsch=Berlin wünscht, daß man sich den gefaßten Beschlüssen füge.

Feder beschwert sich, daß die Resolutionen nicht alle verlesen sind, während Körsten dem Vorsitzenden Legien die Schuld giebt, daß eine falsche Meinung über die Resolution der Vertreter der lokal organisirten Arbeiter vorhanden ist. Gleichzeitig erklärt er, den Kongreß verlassen zu wollen. Dieselbe Erklärung wird von den anderen Delegirten, welche die vorstehende Erklärung unterzeichnet haben, abgegeben.

Der Kongreß nimmt hiervon ohne weitere Debatte Notiz.

Einige andere Delegirte erklären, welche Gründe sie veranlaßt haben, gegen die Resolution der Holzarbeiter zu stimmen.

Hierauf wird zur Kenntniß gebracht, daß Urlaubsgesuche der Delegirten Metzger, Reith und Metzschke vorliegen, und nach Verlesung des Protokolls der sechsten Sitzung um 7¼ Uhr die Sitzung geschlossen.

Achte Sitzung.
Freitag, den 18. März, Vormittags.

Den Vorsitz führt Kloß. Nach Mittheilung, daß wieder einige Begrüßungstelegramme eingelaufen sind, geben die Delegirten Knösel und Schneider bekannt, daß sie wegen Theilnahme an einer auswärtigen Versammlung gestern verhindert waren, für die Resolution der Holz= arbeiter zu stimmen. Die gleiche Erklärung giebt Bringmann ab.

Das Protokoll der siebenten Sitzung wird verlesen.

Sodann wird in die Tagesordnung: Spezielle Berathung der einzelnen Bestimmungen der festzusetzenden Resolution, eingetreten.

Zunächst wird über einen Antrag der Frauen und Mädchen Offenbachs, die Frauen in besonderen Zentralvereinen zu organisiren, verhandelt. Der Antrag wird abgelehnt.

Es folgt die Berathung des Absatzes der Resolution, der von den Kartellverträgen handelt.

Der Absatz 1 ruft eine weitgehende Debatte hervor und wird schließlich der Antrag des Holzarbeiterkongresses angenommen. Absatz 2 wird in der Fassung der Resolution der Generalkommission angenommen, ebenso Absatz 3, nachdem Gerber gegen gemeinschaftliche Agitation, weil diese nicht zweckmäßig sei, gesprochen hat.

Gegen Absatz 4 spricht Vetters-Frankfurt. Er glaube, daß den statistischen Erhebungen der Arbeiter kein großer Werth beizulegen sei. Man solle dafür eintreten, daß die Statistik vom Staate gepflegt werde.

Dammann hält die statistischen Erhebungen der Arbeiter für nothwendig, da man nicht darauf warten könne, bis der Staat mit der Statistik komme. Immer aber würde eine von den Behörden aufgenommene Statistik durch diejenige der Arbeiter zu korrigiren sein.

Der Absatz wird in der Fassung der Vorlage angenommen.

Grenz spricht gegen die Schaffung eines gemeinsamen Fachorgans. Nach dem Standpunkt, welchen die Vertreter des Metallarbeiterverbandes auf dem Spezialkongreß eingenommen haben, sei es unmöglich, für die Metallindustrie ein gemeinsames Organ zu schaffen. Die auf dem föderalistischen Standpunkt stehenden Organisationen der Metallarbeiter würden dieser Frage unter sich näher treten.

Der Absatz wird in der Fassung der Resolution der Holzarbeiter angenommen. Desgleichen der Absatz 7, zu dem noch eine Reihe gleichlautender Anträge eingebracht war.

Es folgt nun die Berathung des Absatzes, der von der Einsetzung einer Generalkommission handelt.

Hierzu liegt folgender Antrag von Timm-Berlin vor:

"Zur Herbeiführung einer einheitlichen Regelung derjenigen Angelegenheiten, an denen alle Berufszweige gleichmäßig interessirt sind, keine aber für sich zu deren Regelung im Stande ist, wird eine zentrale Körperschaft, die Generalkommission, gebildet. Dieselbe steht vollständig außerhalb der Vereine und besteht aus sieben Vertretern, welche auf dem alle zwei Jahre stattfindenden allgemeinen Gewerkschaftskongreß zu wählen sind.

Arbeitersekretariat.

Ueberzeugt von der Nothwendigkeit einer Zentralstelle für alle die Arbeiterschaft international berührenden Fragen, wird die Gründung eines nationalen Arbeitersekretariats beschlossen. Die Funktionen desselben werden der Generalkommission überwiesen und hat dieselbe im Rahmen der Beschlüsse der internationalen Arbeiterkongresse zu handeln."

Die Agitationskommission der Schneider und Schneiderinnen Leipzigs beantragt:

„Zur Erledigung und Handhabung aller Geschäfte und derjenigen Angelegenheiten, bei welchen alle Unionen gleichmäßig interessirt sind, "wird auf dem alle zwei Jahre stattfindenden allgemeinen Gewerkschaftskongreß ein Geschäftsführer als ausführende Person gewählt, an dessen Seite je ein Unionsvertreter gestellt wird."

v. Elm begründet den Antrag der Generalkommission. Die Zweckmäßigkeit einer solchen Institution habe sich bereits gezeigt, auch sei die bisherige Form der Körperschaft den Verhältnissen und Anforderungen entsprechend.

Deisinger spricht für den Vorschlag der Metallarbeiter. Zweifellos wird durch die Einsetzung einer Körperschaft im Sinne dieses Antrages Gerechtigkeit nach allen Seiten geübt und jederzeit dafür gesorgt, daß keine Organisation benachtheiligt werden könnte.

Timm hält seinen Antrag für den empfehlenswerthesten. Der Generalkommission würde, wenn sie außerhalb der Organisationen stände, eine bedeutend größere Bewegungsfreiheit gegeben, was in Bezug auf die internationale Verständigung von bedeutendem Werth sei.

Krüger-Dresden glaubt, daß die Generalkommission nicht in der Lage sein würde, den Anforderungen, welche bei Streiks an sie gestellt würden, entsprechen zu können und wünscht an Stelle der Kommission ein Arbeitersekretariat.

Theiß spricht für die Einsetzung einer Generalkommission im Sinne der Vorlage derselben. Der Antrag der Metallarbeiter ist zu komplizirt. Es müsse schnell und energisch gehandelt werden. Dies könne nur geschehen, wenn die Kommission selbstständig ist.

Fehmerling bezeichnet die Generalkommission als ein nützliches Institut. Der Antrag der Metallarbeiter sei nicht empfehlenswerth.

Legien: Darüber, daß man eine Zentralstelle für die gewerkschaftlichen Angelegenheiten schaffen wolle, sei man sich allseitig einig und gilt es, das Zweckmäßigste zu wählen. Der Antrag Timm würde der Generalkommission nicht den Stützpunkt geben, wie sie ihn haben muß, um wirksam arbeiten zu können. Der Vorschlag der Metallarbeiter würde die Kommission zu schwerfällig machen. Diese muß völlig selbstständig dastehen und handeln können. Der Antrag der Schneider Leipzigs ist unzulänglich und würde seine Durchführung die zentrale Körperschaft nicht aktionsfähig gestalten. Der Vorschlag der Generalkommission ist als der zweckmäßigste zu betrachten.

Nachdem ein Antrag auf Schluß der Debatte angenommen, wird über die vorliegenden Anträge abgestimmt. Nach Ablehnung aller anderen Anträge wird der der Generalkommission angenommen. Gleichzeitig wird festgesetzt, daß die Generalkommission aus sieben Mitgliedern zusammengesetzt werden soll.

Bei der Behandlung des nächsten Absatzes, Aufgaben der Generalkommission, wird gleichzeitig über die Höhe der von den Zentralvereinen an die Generalkommission zu zahlenden Beiträge berathen. Hierzu liegt eine große Zahl Anträge vor, die sich theils dafür aussprechen, daß die Generalkommission Streikunterstützung zu gewähren hat, theils dagegen erklären. Ueber die Höhe der an die Generalkommission zu zahlenden Beiträge gehen die Anträge dementsprechend auseinander und variiren von 3 bis 20 ₰ pro Mitglied und Quartal. Bei der großen

Anzahl der Anträge ist es nicht möglich, geschäftsordnungsgemäß jedem Antragsteller zur Begründung seines Antrags das Wort zu ertheilen und wird daher die Redezeit auf fünf Minuten beschränkt und kommen die Redner in der in der Rednerliste eingetragenen Reihenfolge zum Wort.

Käppler führt die traurige Lage der Arbeiter der Nahrungsmittelindustrie vor. Es wird diesen nicht möglich sein, so hohe Beiträge zu zahlen, während sie andererseits bei Ausständen unbedingt die Hülfe der übrigen organisirten Arbeiter in Anspruch nehmen müßten.

Pötsch bittet, den Passus, daß die Generalkommission Streikunterstützung zu zahlen habe, fallen zu lassen. Dagegen wäre der Fortbestand des „Correspondenzblattes" sehr wünschenswerth. Wenn die Generalkommission keine Streikunterstützung zu zahlen habe, genügt ein Quartalsbeitrag von 5 ₰.

Gewehr hält es für zweckmäßig, wenn die Generalkommission Streikunterstützung gewährt, nur dürfe nicht bestimmt werden, daß der anzusammelnde Generalfonds erst eine festgesetzte Höhe erreicht haben müsse, ehe er zur Streikunterstützung verwandt werden dürfe. Sodann hält Redner es für richtig, wenn die Beiträge für die Generalkommission nach Prozenten geleistet würden und nicht, daß alle Organisationen einen festen, nach Pfennigen normirten Beitrag bezahlen.

Ein Geschäftsordnungsantrag von Krüger-Dresden, zunächst die prinzipielle Frage, ob die Generalkommission Streikunterstützung gewähren solle, zu entscheiden, wird angenommen.

v. Elm ist dafür, daß man sich prinzipiell dafür erkläre, daß die Generalkommission unter gewissen Voraussetzungen Streikunterstützung zu zahlen hat. Wenn die Erfahrungen, welche man bisher mit diesem System gemacht habe, dagegen sprächen, so läge dieses daran, daß man der Kommission keine festen Normen gab und ihr auch der genügende Hinterhalt an den Gewerkschaften fehlte. Die Kommission ist unter dem speziellen Gedanken in's Leben gerufen worden, daß sie die Streiks regeln und unterstützen solle, und sie würde, wenn man ihr diese ursprüngliche Aufgabe heute entzieht, wesentlich an Einfluß bei den Gewerkschaften verlieren.

Eitzinger ist gegentheiliger Ansicht. Bei den Streiks kommt zu sehr die individuelle Ansicht zum Ausdruck und würde man schwer eine Regelung der Sache durch eine Zentralstelle erreichen. Sobald die Kommission Streikunterstützung giebt, würde sie Zwistigkeiten unter den Gewerkschaften herbeiführen. Will man der Kommission die Streikunterstützung zuweisen, so müsse man ihr auch die Mittel dazu geben. Die Verhandlungen des Kongresses haben aber gezeigt, daß man nicht gewillt und in der Lage ist, dieses zu thun.

Bringmann ist ebenfalls dafür, daß die Generalkommission keine Streikunterstützung gewähren soll.

Große ist durch die Erfahrung belehrt worden, daß es unzweckmäßig ist, der Kommission die Streikunterstützung zuzuerkennen. Man solle der Kommission mehr den Charakter eines moralischen Zusammenhaltes der Gewerkschaften geben. Will man Streikunterstützung beschließen, so möge man Einrichtungen dahin treffen, daß die Unkosten der Streiks im Umlageverfahren aufgebracht werden.

Protokoll.

Nachdem Schluß der Debatte beantragt und angenommen ist, beschließt der Kongreß, daß die Generalkommission keine Streikunterstützung zu gewähren habe.

Die während der Entscheidung dieser Prinzipienfrage zurückgestellte Rednerliste wird wieder aufgenommen.

Frau Steinbach: Nachdem man der Kommission die Aufgabe, Streiks zu unterstützen, genommen habe, die Thätigkeit der Kommission somit nur einer platonischen Neigung für die Gewerkschaften gleiche, hätte sie keine Ursache mehr, für die Höhe der Beiträge zu sprechen.

Neumann ist dagegen, daß der Kommission ein solches Blatt wie bisher zur Verfügung gestellt werde. Bei der Agitation ist nicht mehr für Berufsorganisationen, sondern für Industrieverbände einzutreten.

Der Vorsitzende giebt bekannt, daß nunmehr alle Anträge, welche auf die Streikunterstützung Bezug haben, gefallen sind.

Klees: Die Streikunterstützung ist zunächst Sache der Gewerkschaften, und wenn deren Mittel nicht zulangen, sollte sie Aufgabe der Generalkommission sein. Er war für hohe Beiträge an die Kommission. Nachdem man dieser aber nur die Aufgabe zuertheilen will, Agitation zu treiben und die Statistik zu pflegen, sei sie überhaupt überflüssig. Dies wäre die Meinung der Tabakarbeiter.

Sechs Delegirte der Tabakarbeiter reichen eine Erklärung in diesem Sinne bei dem Bureau des Kongresses ein.

Der Unterstützungsverein der Kupferschmiede Deutschlands stellt folgenden Antrag:

„Wir beantragen die Wahl einer Revisionskommission, aus 5 Mitgliedern bestehend.

Diese soll lediglich

1. die Abrechnungen, Belege für Einnahme und Ausgabe der Generalkommission prüfen;
2. die Gehälter für die ständig in der Kommission thätigen Mitglieder festsetzen;
3. für etwaige Versäumnisse der Kommissionsmitglieder die Entschädigungssätze bestimmen."

Saupe begründet diesen Antrag. Durch diese Einrichtung wird die Sicherheit gegeben, daß in der Generalkommission Alles ordnungsgemäß zugeht. Ferner tritt Redner dafür ein, daß an die Generalkommission von den Organisationen pro Mitglied und Quartal 10 ₰ Beitrag bezahlt wird. An den Verwaltungskosten der einzelnen Organisationen müsse gespart werden.

Theis glaubt, die Delegirten hätten bei ihren Vorschlägen bezüglich der Beiträge an die Generalkommission die Kassenverhältnisse der Organisationen nicht genügend berücksichtigt. Er ist für Zahlung von 2 bis 3 ₰ pro Quartal. 5 Prozent der Einnahme der Organisationen wäre entschieden zu hoch.

Von den Tabakarbeitern ist ein Antrag eingebracht, pro Mitglied und Quartal 1 ₰ an die Generalkommission zu zahlen.

Albrecht ist für Herausgabe eines Zentralblattes durch die Generalkommission. Die Beiträge können jetzt niedrig bemessen werden, da die Kommission keine Streiks mehr zu unterstützen habe. Redner ist für den Antrag der Tabakarbeiter.

Eitzinger spricht für festbestimmte Beiträge und empfiehlt, 5 ₰ pro Mitglied und Quartal anzunehmen.

Hoffmann=Hamburg hält die prozentuale Beitragsleistung für die zweckmäßigste. Die Beiträge dürfen nicht zu niedrig bemessen werden.

Ein Antrag auf Schluß der Debatte wird angenommen.

Legien erhält das Schlußwort. Wenn wir eine prozentuale Beitragsleistung festsetzen wollen, so werden die Organisationen, die hohe Beiträge, und zwar für Unterstützungszwecke, bezahlen, ungeheuer belastet werden. Die Beiträge sollen nicht zu niedrig gestellt werden. Nicht alle Gewerkschaften würden die Beitragsleistung für die Kommission den Kassen entnehmen können. Setzen wir 10 ₰ pro Quartal fest, so können alle Organisationen diese von den Mitgliedern in Form einer Extrasteuer erheben, was durchaus zweckmäßig sei, da wir für höhere Beitragsleistung seitens der Mitglieder sind. Von der sich so für die Generalkommission ergebenden Einnahme kann auch das noch vorhandene Defizit gedeckt werden. Der Antrag der Tabakarbeiter ist jedenfalls nicht ernst zu nehmen.

Zur Geschäftsordnung beantragt Junge, zunächst entscheiden zu lassen, ob feste oder prozentual zu verrechnende Beiträge festgesetzt werden sollen.

Der Vorsitzende giebt bekannt, daß die Delegirten Diener, Zimmermann und Zwiener wegen bringender Geschäfte den Kongreß verlassen müssen.

Hierauf tritt die Mittagspause ein.

Neunte Sitzung.
18. März, Nachmittags.

Den Vorsitz führt Kloß. Dieser giebt bekannt, daß weitere Begrüßungstelegramme eingelaufen sind.

Es wird zur Abstimmung über den Theil der Resolution, welcher von den Aufgaben der Generalkommission handelt, geschritten. Die Absätze 1, 2 und 3 werden in der Fassung der Resolution der Generalkommission angenommen. Zu Absatz 4 liegen mehrere Anträge vor, die dahin gehen, daß das von der Generalkommission herauszugebende Blatt auch den Verwaltungsstellen der Zentralvereine zugestellt werden soll. Nach kurzer Debatte wird der von Fehmerling gestellte Antrag, „Das Blatt ist den Vorständen der Zentralvereine in so vielen Exemplaren zuzustellen, als diese Filialen haben", angenommen. Hierdurch sind die Anträge, welche besagten, das Blatt ist direkt von der Generalkommission an die Filialen der Zentralvereine zu senden, gefallen.

Der Vorsitzende beantragt, daß die von den Zentralorganisationen an die Generalkommission zu leistenden Beiträge nach Pfennigen normirt werden sollen.

Der Antrag wird mit großer Majorität angenommen.

Nach Ablehnung der Anträge, welche die Beiträge für die Kommission unter 5 ₰ pro Mitglied und Quartal festgesetzt wissen wollten, wird der Antrag der Holzarbeiter, 5 ₰ pro Quartal und Mitglied an die Generalkommission zu zahlen, angenommen. Dann wird bestimmt, daß diese Beiträge durch Ausgabe von Marken von den Mitgliedern erhoben werden können.

Beschlossen wird ferner, daß diese Beiträge vom 1. April 1892 ab zu bezahlen sind.

Der Absatz 5 wird in der Fassung der Resolution der Holzarbeiter angenommen.

Desgleichen der Antrag der Holzarbeiter, welcher die Kommission verpflichtet, den Kongreß einzuberufen, sobald ²/₃ der Zentralvereins=vorstände dieses fordern.

Der Antrag Saupe bezüglich Einsetzung einer Revisionskommission wird abgelehnt.

Dann wird der Schlußsatz der Resolution der Generalkommission zur Debatte gestellt.

v. Elm erwartet, daß die absolut zu niedrigen Beiträge erhöht werden. Ein Beitrag von 15 ₰ pro Woche halte er für einen minimalen. Die Tabakarbeiter gehören zu den schlechtgestelltesten Arbeitern und zahlen trotzdem einen Beitrag von 20 ₰ pro Woche, theilweise auch noch mehr. Die Beiträge müssen erhöht werden, wenn die Gewerkschaften leistungsfähig werden sollen.

Meyer=Tapezierer empfiehlt, die letzten Worte dieses Absatzes im Sinne des Antrages der Holzarbeiter zu ändern, so daß es dann zum Schluß heißt: „Die Beiträge diesem Zweck entsprechend festzusetzen".

Ein Antrag auf Schluß der Debatte ist eingelaufen und wird, nachdem Frau Steinbach dagegen und Theis für den Antrag gesprochen haben, angenommen.

Hierauf wird der Schlußabsatz mit der von den Holzarbeitern vorgeschlagenen Aenderung angenommen.

Dammann ersucht, Bestimmungen über die Delegation zu den Gewerkschaftskongressen zu treffen.

Meyer=Tapezierer beantragt, auf je 1500 Mitglieder der Zentral=organisationen einen Delegirten wählen zu lassen.

Krüger=Dresden bittet, bei der Festsetzung dieser Bestimmung auch die lokalorganisirten Arbeiter in den Bundesstaaten, in denen eine Zentralisation wegen der Vereinsgesetzgebung unmöglich ist, zu berücksichtigen.

Der Antrag Meyer wird angenommen und soll dem Wunsche Krüger bei genauer Festsetzung der diesbezüglichen Bestimmungen Rechnung getragen werden.

Die Resolution hat nunmehr folgenden Wortlaut:

„Der Kongreß erklärt sich für die Annäherung der Zentralisationen verwandter Berufe durch Kartellverträge, überläßt jedoch die Entscheidung über die Frage, ob die spätere Vereinigung der Branchenorganisationen zu Unionen oder Industrieverbänden stattzufinden hat, der weiteren Entwickelung der Organisationen infolge der Kartellverträge.

Der Kongreß erklärt, daß in all denjenigen Berufsgruppen, wo die Verhältnisse den Industrieverband zulassen, dieser vorzuziehen ist, daß jedoch in all denjenigen Berufsgruppen, wo infolge der großen

Verschiedenheit der Verhältnisse die Vereinigung in einen Industrie=
verband nicht durchführbar ist, durch Bildung von Unionen diese Mög=
lichkeit herbeigeführt werden soll.

Der Kongreß empfiehlt, die Kartellverträge dahin abzuschließen,
daß die verwandten Berufe
1. bei Streiks und Aussperrungen sich gegenseitig finanziell unter=
stützen,
2. ihre auf der Reise befindlichen Mitglieder gegenseitig unterstützen,
3. die Agitation möglichst gleichmäßig und auf gemeinschaftliche
Kosten betreiben,
4. statistische Erhebungen gemeinsam veranstalten,
5. Herbergen und Arbeitsnachweise zentralisiren,
6. ein gemeinsames Organ schaffen,
7. den Uebertritt von einer Organisation in die andere bei Orts=
wechsel ohne Beitrittsgeld und weitere Formalitäten herbei=
führen.

Der Kongreß erklärt, daß die Zentralisation, als Grundlage der
Gewerkschaftsorganisation, am besten befähigt ist, die der letzteren zu=
fallende Aufgabe zu lösen und empfiehlt allen Gewerken, welche bisher
lokal organisirt oder durch ein Vertrauensmännersystem verbunden
waren, sich den bestehenden Zentralverbänden anzuschließen resp. solche
zu bilden.

Jeder dieser Zentralvereine (Verbände) hat in allen Orten, wo
eine genügende Anzahl Berufsgenossen vorhanden und keine gesetzlichen
Hindernisse im Wege stehen, Zahlstellen zu errichten. Wo solche
Hindernisse bestehen, ist den Arbeitern zu empfehlen, als Einzelmitglieder
den Zentralvereinen beizutreten und sich durch gewählte Vertrauens=
männer eine stete Vertretung und Verbindung mit der Gesammt=
organisation zu schaffen. Dieses Vertrauensmänner=System ist so zu
gestalten, daß es gleichzeitig eine Vertretung der Gesammtheit der
Berufsgenossen an den Orten bildet, wo für die Zentralvereine als
solche Schwierigkeiten bestehen.

Außerdem können an solchen Orten lokale Vereine, eventuell in
Verbindung mit verwandten Berufszweigen geschaffen werden.

Die Verbindung der einzelnen Zentralisationen zum gemeinsamen
Handeln in Fällen, bei welchen Alle gleichmäßig interessirt sind, wird
durch eine auf jedem stattfindenden Gewerkschaftskongreß zu erwählende
Generalkommission herbeigeführt.

Die Aufgaben der Generalkommission.

Die Generalkommission hat
1. die Agitation in denjenigen Gegenden, Industrien und Berufen,
deren Arbeiter noch nicht organisirt sind, zu betreiben,
2. die von den einzelnen Zentralvereinen aufgenommenen Statistiken
zu einer einheitlichen für die gesammte Arbeiterschaft zu gestalten
und eventuell zusammenzustellen.
3. statistische Aufzeichnungen für sämmtliche Streiks zu führen und
periodisch zu veröffentlichen,
4. ein Blatt herauszugeben und den Vorständen der Zentralvereine
in genügender Zahl zur Versendung an deren Zahlstellen zuzu=

senden, welches die Verbindung sämmtlicher Gewerkschaften mit zu unterhalten, die nöthigen Bekanntmachungen zu veröffentlichen und, soweit geboten, deren rechtzeitige Bekanntmachung in der Tagespresse herbeizuführen hat;
5. internationale Beziehungen anzuknüpfen und zu unterhalten.

Die Pflichten der einzelnen Zentralvereine der General= kommission gegenüber.

Jede zentralisirte Gewerkschaft hat pro Mitglied und Quartal 5 ₰ an die Generalkommission zu leisten. Diese Beiträge können aus den Kassen der Gewerkschaften gezahlt oder durch von der General= kommission auszugebende Marken von den Mitgliedern der Organisationen erhoben werden. Diese Marken können auch an nichtorganisirte Arbeiter abgegeben werden.

Diejenigen Gewerkschaften, welche ihren Verpflichtungen gegenüber der Generalkommission bez. Zahlung der Beiträge nicht nachkommen, haben weder Sitz noch Stimme auf den von der Generalkommission einberufenen allgemeinen Gewerkschaftskongressen.

Ueber Beginn, Weiterentwickelung, Beendigung und Erfolg von Streiks ist der Generalkommission regelmäßig Bericht zu erstatten — desgleichen müssen derselben die von den einzelnen Gewerkschaften auf= genommenen statistischen Erhebungen zur Verfügung gestellt werden.

Die Einberufung des nächsten Kongresses bleibt der General= kommission unter Zustimmung der Mehrzahl der Zentralvorstände überlassen. Die Einberufung muß erfolgen, wenn zwei Dritttheile der Zentralvereinsvorstände dieses beantragen.

Zentralorganisationen bis zu 1500 Mitgliedern entsenden zum Kongreß einen Delegirten, größere Organisationen auf jede weiteren 1500 Mitglieder ebenfalls 1 Delegirten.

Lokalorganisirte Arbeiter in den Landestheilen, in welchen die gesetzlichen Bestimmungen die Errichtung von Zahlstellen der Zentral= verbände nicht zulassen, können sich auf dem Kongreß nach demselben Wahlmodus vertreten lassen, sofern für den betreffenden Beruf ein Zentralverband nicht besteht, ein Anschluß als Einzelmitglieder also unmöglich war. Orte, in denen nicht 1500 der in Frage kommenden Arbeiter organisirt sind, haben sich mit anderen Orten zu gemeinsamer Wahl in Verbindung zu setzen.

In Erwägung, daß thatkräftige Organisation das beste Mittel zur erfolgreichen Durchführung von Streiks wie zur Verhinderung aus= sichtsloser Streiks ist, die Leistungsfähigkeit aber in der Aufklärung der Mitglieder, der Disziplin und der Höhe des Fonds erblickt werden muß, welche Vorbedingungen jedoch durch die heute fast allgemein niedrigen Beiträge nicht erfüllt werden können, empfiehlt der Kongreß zum Zweck wirksamer Agitation und Ansammlung von Fonds die Beiträge diesem Zweck entsprechend festzusetzen."

Ueber den Ort des Sitzes der Kommission entspinnt sich eine rege Debatte.

Beyer=Leipzig will den Sitz in Hamburg belassen wissen, während Große=Hamburg und Knoop=Frankfurt für Stuttgart ein=

treten. Die Redner glauben dadurch, daß die Kommission von Hamburg verlegt wird, die unberechtigten Vorwürfe, daß die Hamburger Gewerkschaften die in anderen Städten terrorisiren wollen, zu beseitigen.

Kloß empfiehlt Hamburg als Sitz der Kommission beizubehalten. Er glaubt, daß sich in Stuttgart nicht die geeigneten Personen finden werden. Dadurch, daß beschlossen worden ist, die Kommission solle keine Streikunterstützung mehr gewähren, würden die Vorwürfe, die Kommission bevorzuge die Hamburger Gewerkschaften, fallen. Die Kommission muß am Orte einen festen Stützpunkt in den Gewerkschaften haben, wie dies in Hamburg der Fall sein wird.

Der Antrag, den Sitz der Kommission in Hamburg zu lassen, wird mit großer Majorität angenommen.

Hierauf werden Vorschläge gemacht zur Wahl der Mitglieder der Generalkommission. Vorgeschlagen sind 24 Personen, von denen 18 eine Wahl annehmen wollen.

Theiß wünscht Abstimmung durch Stimmzettel. Eckstein ist dagegen.

Knoop will, daß nicht zwei Personen von einer Branche gewählt werden.

Hilmer meint, daß verschiedene der Vorgeschlagenen nicht würdig für diesen Posten seien.

Timm tritt diesen Ausführungen entgegen.

Deisinger weist die gegen ihn gemachten Vorwürfe entschieden zurück.

Schiemann ist für die Wahl Deisinger's.

Nachdem Schluß der Debatte angenommen, wird bestimmt, daß die Wahl durch Stimmzettel vorgenommen werden soll.

Eine Wahlkommission, bestehend aus den Delegirten Brünjes, Brey, Döblin, Petersdorf und Frau Ihrer, wird eingesetzt.

Der Kongreß erklärt sich damit einverstanden, daß bei der Wahl relative Majorität entscheidet und daß die drei Kandidaten, welche nächst den Gewählten die meisten Stimmen erhalten, als Ersatzmänner für die Kommission zu gelten haben.

Während die Wahlkommission das Wahlresultat feststellt, wird in die Berathung der allgemeinen Anträge eingetreten. Es liegen folgende Anträge resp. Resolutionen vor:

Verband der Bäcker.

„In Erwägung, daß es zum vollen Durchbruch der Gewerkschaftsbewegung unumgänglich nöthig ist, daß alle Gewerke und Industriezweige in die Bewegung gezogen werden, erklärt es der Kongreß für Pflicht der Delegirten sowie aller zielbewußten Arbeiter, überall dahin zu wirken, daß die noch nicht genügend oder garnicht organisirten Branchen, wie Bäcker, Müller, Schlachter usw., zur Organisation herangezogen werden.

Insbesondere erklärt es der Kongreß für nothwendig, daß bei etwaigem gemeinsamen Vorgehen der Nahrungsmittelarbeiter zur Erringung einer geregelten Arbeitszeit usw. dieselben allerwärts und von vornherein mit aller Kraft in pekuniärer und moralischer Hinsicht unterstützt werden."

Der Vorstand und Ausschuß des Verbandes deutscher Müller und verwandten Berufsgenossen.

„In Erwägung, daß die Neuorganisation der Gewerkschaften nur dann vortheilhaft und siegreich wirken kann, wenn alle Gewerkschaften zu derselben herangezogen werden, ersuchen wir den Kongreß, einen Beschluß dahin zu fassen, daß durch die Neuorganisation dafür Sorge getragen wird, daß erstens alle Gewerkschaften, welche noch nicht organisirt sind, zu einer Organisation herangezogen werden; zweitens denjenigen Gewerkschaften (z. B. Müller, Bäcker, Fleischer, Bierbrauer), welche durch die Eigenartigkeit ihres Berufes noch an ungeregelter Arbeitszeit und sonstigen krassen Mißständen auf's Schlimmste zu leiden haben, bei etwa ausbrechenden Streiks die größte Sympathie zu gewähren, sich in jeder Weise solidarisch mit ihnen zu erklären und dieselben materiell und moralisch zu unterstützen. Sollte es dem gemeinsamen Wirken der Organisationen gelingen, die Arbeiter der Müllereibranche aufzuklären und ihre wirthschaftliche Lage zu bessern, so würde für die Landagitation viel gewonnen sein; es würde dies auch möglich machen, daß auch die landwirthschaftlichen Arbeiter mehr aufgeklärt und der Organisation zugänglich gemacht würden, indem die Müllereiarbeiter als gute Agitatoren auf dem Lande, wo die meisten ihre Arbeit haben, wirken würden."

Versammlung der Kellner Berlins vom 9. Februar 1892.

„In Erwägung, daß die gesammte moderne Arbeiterbewegung nur gewinnen kann, wenn das gesammte Proletariat daran betheiligt ist;

in Erwägung weiter, daß die Gastwirthsgehülfen aus eigener Kraft kaum im Stande sein werden, ihre soziale Lage zu verbessern,

beschließen die auf dem Kongreß versammelten Delegirten, ihre Gewerkschaften zu bestimmen, mit allen zu Gebote stehenden Mitteln dahin zu wirken, daß die Kellner aus ihrer schlechten Lage befreit werden. Sie versprechen ferner, dort, wo sie Einfluß haben, die Wirthe zu veranlassen, Konzessionen an ihre Kellner zu machen."

In der Versammlung wurde ferner folgender Resolution der Berliner Streikkontrollkommission zugestimmt.

„In Anbetracht dessen, daß in den größeren Industriestädten oder Zentren das gesammte Unternehmerthum aller Industrien und Gewerbe bei Lohnbewegungen 2c. der Arbeiter auch nur eines Gewerbes demselben geschlossen gegenübersteht, um die Arbeiter an der Ausnutzung des ihnen gewährleisteten Rechtes (§ 152 der Reichsgewerbeordnung) zu verhindern, beschließt der Gewerkschaftskongreß, den Arbeitern aller größeren Industrieorte die Bildung von Gewerkschaftskartellen nach Maßgabe des veröffentlichen Antrages zum Gewerkschaftskongreß (siehe Nr. 10 des „Vorwärts" vom 13. Januar 1892, Gewerkschaftskartelle betreffend) vorzuschlagen."

Verein der Kellner Hamburgs.

In Erwägung, daß die Gastwirthsgehülfen Deutschlands, außer in Berlin und Hamburg, noch vollständig unorganisirt sind, weiter, daß infolge der langen Arbeitszeit (16—20 Stunden) ohne Ruhepausen und ohne jegliche Bezahlung es bisher unmöglich war, Aufklärung unter dieselben zu verbreiten,

in fernerer Erwägung, daß die Gastwirthsgehülfen, wenn sie organisirt wären, bei ihrer Zahl von 200 000 einen nicht zu verachtenden Faktor in der Arbeiterbewegung bilden würden,

beschließt der Kongreß, daß die Vertrauensmänner der organisirten Gewerkschaften in kürzester Zeit dafür zu sorgen haben, daß die Kellner in allen Städten, wo es möglich ist, Kellnervereine gründen, und ist hierüber dem nächsten Kongreß Bericht zu erstatten."

„Der Gewerkschaftskongreß beauftragt die Generalkommission, in Anbetracht der traurigen Lage, in der sich die Arbeiter der Nahrungs= mittelindustrie befinden, da Löhne von wöchentlich M. 3 bei einer täg= lichen Arbeitszeit von 16—20 Stunden und schlechter Behandlung seitens der Arbeitgeber keine Seltenheit, sondern allgemein sind, nach Beendigung des Kongresses eine rege Agitation in diesen Gewerken zu veranlassen und die dazu erforderlichen Mittel aus dem allgemeinen Fonds zu geben. Gaßmann, Schlächter, Berlin."

Sämmtliche Resolutionen und Anträge werden angenommen, nach= dem Pötzsch, Pfeiffer, Käppler und Gaßmann dafür gesprochen und die Lage der Arbeiter der Nahrungsmittelindustrie geschildert haben. Die Redner wiesen besonders darauf hin, welchen Werth es für die allgemeine Arbeiterbewegung haben würde, wenn die hunderttausende der Arbeiter in diesen Berufen zur Organisation herangezogen würden.

Faber erklärt, daß es nunmehr, nachdem die Generalkommission keine Streikunterstützung mehr zu geben habe, nothwendig sei, daß in allen Orten sich die Organisationen zu Kartellen verbinden um diese Frage zu regeln.

Dann wird über folgende, von Frau Steinbach eingebrachte Re= solution verhandelt: „In Erwägung, daß bei der großen, täglich wachsenden Bedeutung der Frauenarbeit auf allen Arbeitsgebieten sich die energische Inangriffnahme der Organisirung derselben als ein Gebot der Selbsterhaltung erweist, beschließt der heutige Kongreß, die Vor= stände der bestehenden Organisationen aufzufordern, dahin zu wirken, daß die Statuten derselben derart umgestaltet werden, daß auch den im Berufe beschäftigten Frauen der Beitritt zu denselben möglich ist. Die Agitation für Ausbreitung der Organisation hat sich bei allen Berufen, in welchen Frauen thätig sind, auch auf deren Heranziehung zu er= strecken, da nach § 152 der Gewerbeordnung hierin keinerlei Hindernisse bestehen."

Frau Steinbach empfiehlt die Annahme der Resolution und führt aus, daß die gröbste, aber nicht die schwerste Arbeit für die Frauenorganisation gethan sei. Die Frauen müßten in die Organi= sationen der Männer gezogen werden, da es äußerst schwierig sei, die Frauen allein zu organisiren. Es fehlen dort die geeigneten Kräfte. Vorläufig müßten also die Frauen mit den Männern gemeinschaftlich organisiren, jedoch würden die Frauen sich nicht majorisiren lassen.

Die Resolution wird gegen eine Stimme angenommen.

Desgleichen folgende Resolution, nachdem Barth und Schlumberger für dieselbe gesprochen haben: „In Erwägung, daß bei der gegen=

wärtigen zügellosen Produktion die industrielle Reservearmee beständig wächst und daher der Streik als Mittel zur Erreichung besserer Arbeitsbedingungen immer mehr an Werth verliert, haben es einzelne Branchen unternommen, an Stelle des Streiks zur Einführung einer Kontrol=Schutzmarke zu greifen. Der Gewerkschaftskongreß beschließt daher: die Schutzmarke, überall da, wo sie sich mit Erfolg einführen läßt, als berechtigtes Kampfesmittel auf wirthschaftlichem Gebiet anzuerkennen, und verpflichtet sich die organisirte Arbeiterschaft Deutschlands, diesem System die vollste Unterstützung angedeihen zu lassen.

Die Delegirten der Tabakbranche."

Ohne Debatte gelangt sodann folgende Resolution zur Annahme: „In Erwägung, daß durch die letzten großen Streiks und Ausstände nicht allein die Unzulänglichkeit der bisherigen Organisationsform, sondern auch bewiesen ist, daß die **Kampfesformen** ungenügend sind und andere werden müssen, erklärt der Kongreß: Den einzelnen Organisationen ist es zur Pflicht zu machen, in ihren Statuten die Forderung der möglichsten Beseitigung der Akkordarbeit aufzunehmen.

Der Kongreß geht von der Voraussetzung aus, daß mit der Beseitigung der Akkordarbeit

1. ein gleicher nach Ortsbedürfnissen festgelegter Lohn für verschiedene Arbeiter bei gleicher Arbeitszeit möglich wäre;
2. die Hausarbeit fallen muß, dann
3. die Einführung eines engbegrenzten Arbeitstages und damit verbunden
4. eines Minimallohnes möglich wäre.

Der Kongreß einigt sich zu der Ansicht, daß wenn auch die gänzliche Beseitigung der Akkordarbeit im Augenblick nicht durchzuführen ist, es trotzdem unser Bestreben sein muß, die Anschauungen nach dieser Richtung hin zu klären. W. Heine, Tabakarbeiter."

Ueber eine von Weber eingebrachte Resolution, welche vom Kongreß Stellungnahme gegen die Produktivgenossenschaften verlangt, wird auf Antrag Theiß zur Tagesordnung übergegangen.

Siebert bringt die Genossenschaftsschuhfabrik in Erfurt in empfehlende Erinnerung. Er erwartet von der Solidarität der Delegirten, daß sie überall dahin wirken, daß bei Bedarf diese Fabrikate berücksichtigt werden.

Kloß beantragt, daß das Protokoll des Kongresses in Broschürenform herausgegeben werden soll. Die einzelnen Organisationen sollen sich verpflichten, eine entsprechende Anzahl bei der Generalkommission zu bestellen, die bestellte Zahl aber auch zu bezahlen. Der Antrag findet die Zustimmung des Kongresses.

Legien verliest eine Zuschrift aus Spanien, in welcher der spanische Arbeitersekretär um Verbindungsadressen für verschiedene Branchen ersucht. Die Delegirten der genannten Branchen werden ersucht, sich behufs Anknüpfung der Verbindung die Adresse für Spanien zu notiren.

Hierauf wird die Sitzung vertagt, bis die Wahlkommission ihre Arbeit beendet hat.

Nach Wiedereröffnung der Sitzung wird das Wahlresultat bekannt gegeben. Es sind gewählt:

Legien, Drechsler	mit 171	Stimmen
Dammann, Maurer	„ 146	„
Demuth, Buchdrucker ...	„ 134	„
v. Elm, Tabakarbeiter ...	„ 95	„
Deisinger, Metallarbeiter ..	„ 84	„
Frau Kähler	„ 82	„
Fehmerling, Werftarbeiter...	„ 80	„

Als Ersatzmänner sind gewählt:

Sabath, Schneider	mit 72	Stimmen
Schrader, Zimmerer	„ 63	„
Kretschmar, Bäcker	„ 54	„

Abgegeben wurden 172 Stimmzettel, darunter ein weißer.

Hierauf erhält Herr Dr. Braun, Redakteur des „Sozialpolitischen Zentralblattes", das Wort. Derselbe erbittet die Unterstützung der Gewerkschaften für eine Arbeit, welche für die gewerkschaftliche Bewegung von Bedeutung ist. Es handelt sich um eine wissenschaftliche Arbeit über die gewerkschaftliche Organisation in Deutschland, mit besonderer Berücksichtigung der seitens der Behörden den Organisationen gegenüber befolgten Taktik. Redner bittet die Organisationen um Ueberlassung hierauf bezüglichen Materials, als: Statuten, Kongreßprotokolle, Jahresberichte, Abrechnungen (insbesondere solche über Streiks), Zirkulare, Flugblätter, Gerichtsurtheile, behördliche Beschlüsse und Statistiken, wenn angängig in mehreren Exemplaren.

Adresse für die Zusendung des Materials ist:

Dr. A. Brann, Berlin SW., Wilhelmstraße 119/120.

Kloß verliest eine Zeitungsnotiz aus Halle a. d. S., nach welcher die Kupferschmiede ihren Kongreß in einem boykottirten Lokale in Halle abhalten wollten, und fragt an, ob der Kongreß in dieser Sache Stellung nehmen wolle.

Hierzu erklärt Saupe, daß der Vorstand der Vereinigung der Kupferschmiede Deutschlands nicht für die Handlungen der Filiale in Halle verantwortlich gemacht werden könne. Redner spricht seine Verwunderung darüber aus, daß das Lokalkomité in Halle erst jetzt mit dieser Mittheilung in die Presse komme, trotzdem schon Mitte Februar bekannt gegeben sei, in welchem Lokale der Kongreß stattfinde. Er würde jedoch dafür sorgen, daß, wenn möglich, ein anderes Lokal bestimmt wird.

Legien macht hierauf aufmerksam, daß die American Federation of Labor die deutschen Gewerkschaften zur Beschickung des internationalen Kongresses in Chicago aufgefordert habe, und daß die Generalkommission versprochen habe, die Angelegenheit dem Kongreß zur Entscheidung zu unterbreiten. Die Theilnahme an dem Kongreß würde jedenfalls die freundschaftliche Beziehung zwischen den Gewerkschaftsorganisationen Amerikas und Deutschlands stärken. Zu bedenken wäre hierbei die ungünstige wirthschaftliche Lage und die dadurch nothwendigen Einschränkungen in den Ausgaben.

Theiß ist dafür, daß ein Delegirter zum Kongreß gesandt wird, während Kretschmar sich dagegen ausspricht.

Tobler ist für die Beschickung.

Legien macht darauf aufmerksam, daß, wenn eine Delegation nach Chicago erfolgen soll, mindestens zwei Personen dorthin zu senden sind.

Hierauf stellt Theiß den Antrag, Kloß und Legien mit der Delegation zu betrauen.

Der Antrag wird abgelehnt und folgende von Legien gestellte Resolution angenommen:

"Der Kongreß erklärt, daß er im Interesse der Stärkung der internationalen Beziehungen eine Beschickung des Kongresses in Chicago für empfehlenswerth hält. Er erklärt, daß die deutschen gewerkschaftlich organisirten Arbeiter sich vollständig bewußt sind, daß auch auf gewerkschaftlichem Gebiete der internationale Charakter der Arbeiterbewegung gewahrt werden muß, sieht jedoch von einer Beschickung des Kongresses ab, weil die gegenwärtige ungünstige wirthschaftliche Lage es gerathen erscheinen läßt, größere, nicht absolut nothwendige Ausgaben zu vermeiden."

Sodann wird darüber diskutirt, ob eine Sammlung zum Maifonds, wie im vorigen Jahre, stattfinden solle.

Faber führte hierzu aus, daß die Vertreter der politischen und gewerkschaftlichen Organisationen in Berlin beschlossen haben, in diesem Jahre keine Maisammlung vorzunehmen. Die Feier des 1. Mai soll als eine politische betrachtet werden. Redner verweist auf die diesbezüglichen Bekanntmachungen im „Vorwärts".

Legien macht darauf aufmerksam, daß es sich nicht um eine Maisammlung in diesem, sondern im nächsten Jahre handeln kann. Es müßte also hier diesbezüglich beschlossen werden, weil bis dahin kein Kongreß stattfindet.

Gerber spricht gegen die Veranstaltung einer Maisammlung.

Kloß will es der Generalkommission überlassen, darüber zu entscheiden.

v. Elm hält die Maisammlung zur Schaffung eines Fonds zur Unterstützung der gewerkschaftlichen Kämpfe für nothwendig. Die Feier eigne sich am besten dazu, um für diese Zwecke Gelder zu erhalten.

Fehmerling hält es nicht für zweckmäßig, eine solche Sammlung vorzunehmen.

Brey ersucht den Kongreß, eine bestimmte Erklärung abzugeben, daß er keine Maisammlung wolle. Die Maifeier sei eine politische, und sind deshalb auch alle Veranstaltungen zu der Feier von der Partei zu treffen.

Der Kongreß erklärt, von einer Maisammlung für gewerkschaftliche Zwecke Abstand zu nehmen, doch soll es den einzelnen Orten und Gewerben überlassen bleiben, in ihren Kreisen am 1. Mai Sammlungen zu veranstalten.

Dammann frägt an, in welcher Weise das Defizit der General=
kommission gedeckt werden solle. Nach seiner Meinung müßte es für
die 300 000 Mitglieder der deutschen Gewerkschaften eine Kleinigkeit
sein, die noch fehlende Summe aufzubringen.

Bezüglich dieser Frage wird folgender von Weber=Berlin gestellter
Antrag angenommen:

"Der Kongreß beschließt, daß zur Deckung des Defizits der
Generalkommission eine freiwillige Sammlung durch Ausgabe
von 10 ₰=Marken veranstaltet wird. Die Marken sind von
der Generalkommission den Gewerkschaftsvorständen zuzuschicken,
und haben diese für die Vertreibung zu sorgen."

Th. Meyer=Hamburg ersucht den Kongreß, beschließen zu wollen,
daß auch die Schuld von M. 37 000, welche die Hamburger Gewerk=
schaften noch von der Unterstützung des Tabakarbeiterausschlusses haben,
durch diese Sammlung mit gedeckt werden solle. Der Ausstand wurde
im Interesse der gesammten deutschen Gewerkschaften gehalten, und wäre
es nicht mehr als Recht, wenn auch die Mittel hierzu von diesen auf=
gebracht würden, so weit dies bis jetzt in Hamburg nicht hat geschehen
können.

H. Meyer unterstützt diesen Antrag.

Große ist der Meinung, daß man aus den Ueberschüssen der
Tabakarbeitergenossenschaft diesen Fehlbetrag decken solle.

v. Elm erklärt, daß die Ueberschüsse der Genossenschaft stets im
Interesse der Allgemeinheit Verwendung finden würden.

Der Antrag Meyer wird abgelehnt.

Damit ist die Tagesordnung des Kongresses erledigt.

Kloß hält zum Schluß eine Ansprache an die Delegirten, in der
er folgender Meinung Ausdruck giebt. Vielfach sei ausgesprochen
worden, der Kongreß werde keinen Fortschritt bringen, er sei zu früh
einberufen u. s. w. Die Verhandlungen haben das Gegentheil gezeigt.
Er hofft, daß Alle dazu beitragen werden, das Loos der Arbeiterschaft
zu verbessern. Wo jetzt noch Streit besteht, solle man sich einigen,
damit der nächste Kongreß ein Bild der Einigkeit gebe. Wir dürfen
die Arbeiter nicht allein auf das "gelobte Land" verweisen, sondern
müssen thätig sein, schon heute Erleichterungen für die Arbeiterklasse zu
schaffen. Möge man auch vorläufig noch an dem Gedanken festhalten,
daß die Gewerkschaften getrennt marschiren sollen, so würden wir doch
geeint sein, wenn es gilt, zu schlagen. Der Kongreß hat seine Ver=
handlungen an einem denkwürdigen Tage eröffnet und schließe sie an
einem denkwürdigen Tage. Am 14. März 1883 schloß der edle Karl Marx,
dessen mächtigem Wort: "Proletarier aller Länder, vereinigt Euch!" wir
nachzustreben bemüht sind, seine Augen; heute, am 18. März, vor
44 Jahren fielen in Berlin jene 265 Kämpfer, denen es ernst war mit
ihrem Streben nach Freiheit. Die Todten im Friedrichshain in Berlin
mahnen uns, eingedenk zu sein, daß wir zu kämpfen und zu ringen
haben, um dem Bestreben des Volkes nach Freiheit Bahn zu brechen.
Die Nation, die ihre Todten ehrt, ehrt sich selbst. Mit Rücksicht auf

diese Trauertage nehme er davon Abstand, den Kongreß mit dem üblichen Hoch auf die Bewegung der Arbeiter zu schließen. Er fordere vielmehr die Delegirten auf, sich zu Ehren von Karl Marx und der Berliner Märzgefallenen von den Sitzen zu erheben. (Dieses geschieht.) Mögen die Delegirten in Erinnerung an diesen Augenblick stets eingedenk sein der. gefaßten Beschlüsse des Kongresses und der Solidarität der gesammten Arbeiterschaft.

Die Delegirten singen stehend die Arbeitermarseillaise.

Kloß dankt dem Lokalkomité für die Mühe und Arbeit, der es sich in so aufopfernder Weise unterzogen.

Dahlen=Halberstadt lehnt diesen Dank ab. Das Komité habe nur seine Schuldigkeit gethan. Er hoffe auf ein Wiedersehen.

Hierauf erfolgte der Schluß des Kongresses.

Anhang.

Bei dem Kongreß eingegangene Begrüßungsschreiben und Telegramme.

a) Deutschland.

Apolda, vereinigte Gewerkschaften.
Arnstadt, Genossen.
Augsburg, organisirte Textilarbeiter.
Augsburg, Textilarbeiterverband, Filiale Oberhausen.
Barmen, Fachverein der Stukkateure.
Berlin, Buchbinder und Hülfsarbeiter.
Berlin, Verein der Gastwirthsgehülfen.
Berlin, Verband der Gold= und Silberarbeiter (Zahlstelle).
Berlin, Freie Vereinigung der Kutscher.
Berlin, Oeffentliche Versammlung der Maurer und Putzer.
Berlin, Vereinigung der Schmiede (Zahlstelle).
Berlin, Fachverein der Stellmacher.
Bockenheim, Metallarbeiter der Krüger'schen Fabrik.
Brandenburg a. d. Havel, Verband deutscher Schneider und Schneiderinnen (Zahlstelle).
Bremen, W. Engels (Prolog).
Bremen, Verband der in Holzbearbeitungsfabriken und auf Holzplätzen beschäftigten Arbeiter.
Coblenz, Verband deutscher Schneider (Zahlstelle).
Cöln a. Rh., Verband der Formenstecher (Zahlstelle).
Dortmund, Personal der "Westfälischen freien Presse".
Dortmund, Zimmerleute, Lokalverband.
Essen a. d. Ruhr, Metallarbeiterverband (Zahlstelle).
Frankfurt a. M., Bäckerversammlung.
Frankfurt a. M., Deutscher Brauerbund (Gauverein).
Frankfurt a. M., Verband deutscher Mühlenarbeiter (Zahlstelle).
Frankfurt a. d. O., Zielbewußte Kellner.
Friedrichsthal a. d. Saar, Bergleute des Saarvereins.
Friedrichsthal a. d. Saar, Bergarbeiterversammlungen. (Das Telegramm nimmt Bezug auf das Grubenunglück in Anderluis. Der Organisation der Arbeit muß es gelingen, die Gefahr solcher Katastrophen zu beseitigen.)
Gera, die Frauen Geras.
Germersleben, Verein deutscher Schuhmacher (Zahlstelle).
Hamburg, Bienenkorbwirth A. Bernau.
Hamburg, Verband der Fabrikarbeiter (Beitragsannahmestelle 15).
Hamburg, Zentralverein deutscher Gärtner, Zahlstelle Lockstedt.
Hamburg, Verband der Hafenarbeiter (Zentralvorstand).

Hamburg, Kaiarbeiter.
Hamburg, Versammlung des Vereins der Kellner.
Hamburg, Verein der Lithographen und Steindrucker (Zahlstelle).
Hamburg, Maurerverband (Zentralvorstand) und Redaktion des „Grund=
 stein".
Hamburg, Generalversammlung des Vereins der Zivilberufsmusiker.
Hamburg, Verband deutscher Schneider und Schneiderinnen (Zahlstelle).
Hamburg, Steinbrügger und Berufsgenossen.
Hamburg, Warlich, Hafenarbeiter.
Hamburg, Verband der Werftarbeiter (Zentralvorstand).
Hannover, Brauer.
Harburg a. d. Elbe, Verband der Formenstecher (Zahlstelle).
Kiel, Buchdruckerverband (Zahlstelle), Buchbinderfachverein.
Kiel, Verband der Hafenarbeiter (Zahlstelle).
Kopelsachsen, Kontrolkommission deutscher Textilarbeiter.
Krimmitschau, Vereinigte Tischler und Berufsgenossen.
Leipzig, in Buchbindereien rc. beschäftigten Arbeiter und Arbeiterinnen.
Leipzig, R. Ruprecht, Brotfahrer der Genossenschaftsbäckerei.
Lübeck, Schneider.
München, organisirte Metallarbeiter.
Nürnberg, Lithographen und Steindrucker.
Nürnberg, Schmiede.
Offenbach a. M., Allgemeiner Verein der Frauen und Mädchen.
Pirna, Steinmetzen.
Posen, Gewerkschaften.
Poeßnick, D. M. A. V.
Reichenbach i. Vgtl.
Tiefenfurt, die Steinmann'schen Maler.
Wiesbaden, Bäckerversammlung.

b) Ausland.

Amsterdam, Fachverein der Lithographen und Steindrucker.
Kopenhagen, für die zentralisirten Gewerkschaften Dänemarks, J. Jensen,
 internationaler Arbeitersekretär.
New=York, für die American Federation of Labor, S. Gompers, Präsident.
Reichenberg i. Böhmen, für die Textilarbeiter, F. Roscher.
Zürich, für den Schweizerischen Gewerkschaftsbund, E. Beck, Sekretär.

Uebersicht
über die
Betheiligung der einzelnen Städte an der Maifondssammlung.

Aachen, H. Sch.			ℳ.	4,20
Achim, Zigarrenmacher			„	92,35
Altenburg, S.-A., Arbeiterschaft, durch Käppler	ℳ.	320,40		
do. Kupferschmiede	„	6,50	„	326,90
Alt- und Neugersdorf, zielbewußte Arbeiter			„	45,—
Altona, Gewerkschaften	ℳ.	3000,—		
do. Bezirk 34	„	8,—	„	3008,—
Angermünde, P. H.			„	3,—
Apenrade, Maurerfachverein			„	8,—
Apolda, Fachvereine			„	59,—
Arnstadt, Tischler, durch Rumburg			„	28,05
Aschersleben, Arbeiterschaft			„	30,25
Augsburg, Metallarbeiter			„	56,50
Barmbeck, Metallarbeiter „Hammonia"	ℳ.	39,50		
do. Schmiede	„	59,—		
do. Drechsler	„	31,—	„	129,50
Barmen, Gewerkschaften			„	100,—
Benrath			„	9,75
Bergedorf, Gewerkschaften			„	383,50
Berlin, Bildhauer	ℳ.	200,—		
do. Böttcher	„	175,—		
do. Buchbinder	„	209,—		
do. Buchdrucker	„	1375,—		
do. Dachdecker	„	74,50		
do. Drechsler	„	382,—		
do. E. H.	„	1,—		
do. Filzschuhmacher	„	17,55		
do. Glacéhandschuhmacher	„	59,55		
do. Glaser	„	150,—		
do. Glasschleifer	„	59,20		
do. Goldschmiede	„	130,—		
do. Glacé-, Carton- und Papierarbeiter	„	74,10		
do. Graveure und Ciseleure	„	50,—		
do. Hutmacher	„	508,—		
do. Kaufleute	„	50,—		
do. Cartonarbeiter	„	38,50		
do. Kellner	„	112,—		
do. Kistenmacher	„	35,85		

Protokoll.

Berlin, Kistenmacher von Gauert, Blumenstr. ℳ. 12,—
do. 80 Kupferschmiede .... „ 90,—
do. Kürschner, Filiale I ...... „ 117,—
do. Lederarbeiter (Agitationskommission) „ 25,—
do. Lederfabrik M. J. S. & Co. ... „ 12,50
do. Lithographen und Steindrucker „ 403,75
do. Löwe'scheGewehrfabrik,Schäftebranche „ 80,—
do. gesammelt bei L. Lorenz & Co. . . „ 75,—
do. Musikinstrumentenmacher (Agit.-Kom.) „ 582,65
do. P. Brückner .... „ 24,50
do. Porzellanmaler .... „ 36,50
do. Posamentiere .... „ 30,—
do. polnische Sozialisten ..... „ 33,75
do. Putzer .... „ 813,90
do. Schmiede .... „ 75,—
do. Steinsetzer .... „ 254,25
do. Stellmacher .... „ 134,—
do. Tabakarbeiter .... „ 232,45
do. acht Aktientischler, Französischestraße „ 10,—
do. „Vorwärts" (Expedition) .... „ 3170,95
do. Weber .... „ 78,—
do. Weißgerber .... „ 230,— ℳ. 10 222,70
Bernburg, Arbeiterschaft .... „ 88,75
do. Steinsetzer ... „ 6,— „ 94,75
Bettenhausen, Stockfabrik .... „ 12,45
Bielefeld, „Volkswacht" .... „ 674,45
Billwärder, Arbeiterschaft .... „ 33,75
Bochow bei Gr.-Kreutz, durch Henicke .... „ 5,—
Bockenheim, Arbeiterschaft .... „ 248,50
Boizenburg, Schuhmacher Garber ..... „ 7,90
Brandenburg, Gewerkschaftskommission . . ℳ. 415,80
do. Vergolder u. Goldleistenarbeiter „ 41,20
do. Kupferschmiede ..... „ 8,— „ 465,—
Braunschweig, Generalkommission ..... „ 980,—
Bremen, Kontrolkommission .... „ 1706,—
Bremerhaven, Gewerkschaften, exkl. Zimmerer
 und Maschinenarbeiter . . . ℳ. 259,75
do. Filiale Schlosserverband . . . „ 14,50 „ 274,25
Breslau, Bildhauer .... „ 27,25
do. Hutarbeiterschaft .... „ 114,50
do. Kupferschmiede ..... „ 50,—
do. Metallarbeiter ..... „ 455,20
do. Tischler .... „ 78,50
do. Töpfer .... „ 62,50 „ 787,95
Bromberg, zielbewußte Arbeiter ..... „ 25,50
Brieg i. Schl., Arbeiterschaft .... „ 18,80
Brunshausen, Glasfabrik .... „ 47,—
Burg bei Magdeburg, Arbeiterschaft .... „ 81,60
Burgsteinfurt, Fabrikarbeiter, Maler, Schlosser, Zigarrenarbeiter .... „ 16,15

Bützow, Gewerkschaften	ℳ.	27,80
Callenberg bei Lichtenstein, L. Neefe . . .	„	5,35
Cannstatt, vereinigte Fachvereine	„	308,05
Charlottenburg, Tischler . . . . ℳ. 38,05		
do. Töpfer . . . . . . „ 17,75	„	55,80
Chemnitz, Arbeiterschaft	„	2043,45
Cöln a. Rh., Posamentiere	„	9,25
Constanz, Arbeiterschaft	„	55,—
Cottbus, Arbeiterschaft	„	162,—
Cöpenick, Tabakarbeiter	„	5,85
Crivitz, Maurer	„	30,—
Cuxhaven, Gewerkschaften	„	12,—
Danzig, Arbeiterschaft	„	55,90
Darmstadt, Arbeiterschaft	„	242,15
Delmenhorst, Gewerkschaften	„	136,50
Dessau, d. Vertrauensmann	„	10,—
Döbeln, Weißgerber . . . . ℳ. 10,—		
do. Arbeiterschaft . . . . . . „ 82,—		
do. Holzarbeiter . . . . . . „ 15,20	„	107,20
Dobrilugk	„	7,—
Dorna-Grimma, Metallarbeiter	„	61,50
Dortmund, Metallarbeiter	„	42,50
Dresden, Bildhauer . . . . ℳ. 80,—		
do. Buchdrucker . . . . . . „ 142,64		
do. Gewerkschaften, inkl. ℳ. 1 von A. D. „ 2001,—		2223,64
Dresden-Trachau, Schiffszimmerer	„	37,50
Drossen, C. Fröbe	„	1,—
Duderstadt, Handschuhmacher und Tabakarbeiter . .	„	16,25
Durlach, Arbeiterschaft	„	128,75
Düsseldorf, Drechsler . . . . ℳ. 3,08		
do. Gewerkschaften . . . . . . „ 187,55		
do. Metallarbeiter . . . . . . „ 151,75	„	342,38
Ebingen, Gerberverein . . . . „ 10,—		
do. Hutmacher . . . . „ 59,75	„	69,75
Egeln, H. Kaste	„	46,40
Eilenburg, Arbeiterschaft	„	109,25
Eisenach, Gewerkschaften	„	59,—
Elberfeld, Gewerkschaftskommission . . . . ℳ. 478,50		
do. Tapeziererverein, Filiale . . „ 10,—		
do. Tischler, Lohnkommission . . „ 108,25	„	596,75
Elbing, Kupferschmiede	„	12,30
Elmshorn, Arbeiterschaft . . . . . . ℳ. 223,25		
do. Zimmerer . . . . „ 39,75	„	263,—
Erfurt, Gewerkschaften . . . . „ 348,35		
do. „Tribüne", gesammelt in Salzungen „ 1,70		
do. do. Gewerkschaften Goldlauterns „ 25,—		375,05
Essen a. d. Ruhr	„	63,—

Eupen, zehn Hutmacher	ℳ.	9,50
Eutingen bei Pforzheim, Arbeiterschaft	„	8,50
Finsterwalde, Arbeiterschaft	„	87,10
Forst L., Arbeiterschaft ℳ. 100,—		
do. Tischler „ 51,40	„	151,40
Flensburg, Gewerkschaften	„	247,75
Frankfurt a. M., Arbeiterschaft	„	1387,55
Frankfurt a. d. O., Gerber und Gerbereiarbeiter ℳ. 5,75		
do. Arbeiterschaft „ 73,—	„	78,75
Frankenhausen a K., Genossen	„	50,—
Freiburg i. Br., sozialdemokratische Arbeiterschaft	„	122,50
Freiberg i. S., Arbeiterschaft	„	19,75
Friedberg, Hessen, durch Rebentisch	„	21,50
Friedrichsberg, Vertrauensmann Nieder-Barnim	„	244,20
Friedrichshagen, Handschuhmacher und Dresseure	„	124,75
Friedrichsdorf i. Taunus, Hutmacher	„	38,50
Frohburg	„	11,03
Fürth i. Bayern, Buchbinderfachverein	„	12,—
Furtwangen, Arbeiterschaft	„	82,50
Gaarden, Arbeiterschaft ℳ. 87,—		
do. Maurer „ 34,—		
do. Zimmerer „ 17,—	„	138,—
Gelsenkirchen, C. Huhn	„	—,50
Geesthacht, Arbeiterschaft	„	95,50
Gera R. j. L., Arbeiterschaft ℳ. 205,25		
do. Drechsler „ 7,—		
do. Zigarrenarbeiter „ 10,—	„	222,25
Giebichenstein, Kesselschmiede	„	14,80
Gießen, Maifeier	„	41,—
Görlitz, Metallarbeiter	„	19,65
Gotha, Arbeiterschaft	„	18,20
Göttingen, Gewerkschaften	„	50,—
Goldberg i. Schl., Arbeiterschaft	„	29,10
Grabow a. d. Oder	„	5,—
Greiz, Arbeiterschaft	„	97,50
Grevesmühlen, Maurerfachverein	„	30,—
Grimma i. S., durch Fleischer	„	38,25
Groitzsch, Schuhmacher	„	13,50
Groß-Auheim, Verein Arbeiterschutz	„	35,—
Größborstel, Lederfabrik ℳ. 47,50		
do. vier Schneider „ 4,—	„	51,50
Gumbinnen		3,50
Güstrow, Schneiderverbandsfiliale ℳ. 17,55		
do. Tischler „ 19,—	„	36,55
Halle a. d. S., Arbeiterschaft „ 279,—		
do. Glaser „ 20,50		
do. Metallarbeiter „ 75,—		
do. Schuhmacher „ 26,70	„	401,20

Halberstadt, Gewerkschaften		ℳ.	282,50
Haltern-Weste		„	2,—
Hamburg, 1. Wahlkreis	ℳ. 585,50		
do. 2. do.	„ 1390,—		
do. 3. do.	„ 109,—		
do. 3. do. Eimsbüttel	„ 113,50		
do. 3. do. Harvestehude	„ 24,—		
do. 3. do. durch Hoffmann	„ 76,—		
do. 3. do. Hohenfelde	„ 105,—		
do. Buchdrucker für nicht getrunkenes Bier bei der Maifeier	„ 3,—		
Hamburg-Altona, Feilenhauerverein	„ 16,—		
Hamburg, Goldarbeiter	„ 15,50		
do. M.	„ —,50		
do. W. Meyer	„ 1,50		
Hamburg-Langenfelde, drei Unternehmer durch Weil	„ 10,—		
do. do. Ziegler	„ 34,50		
Hamburg-St. Pauli	„ 1,—		
Hamburg, ges. d. Frau Steinbach, Ueberschuß für ein verlorenes Portemonnaie	„ 27,20		
Hamburg, Frau Steinbach, Ueberschuß zweier Referate (Wilster und Itzehoe)	„ 7,—		
Hamburg, Vereinsbäckerei, Vorstand u. Ausschuß	„ 8,—	„	2527,20
Hanau, Gewerkschaften	„ 761,50		
Hanau-Klein-Steinheim, gesammelt d. Schmidt	„ 15,—		776,50
Hannover, Mechaniker	„ 21,50		
do. Tischlerverbandsfiliale	„ 230,—	„	251,50
Harburg, Töpfer	„ 13,50		
do. Ueberich. v. e. versteig. Spazierstock des Herrn D.	„ 1,40		
do. Gewerkschaften	„ 1121,60	„	1136,50
Hartha, Arbeiterschaft		„	10,—
Hastädt-Hemelingen, Arbeiterschaft		„	257,—
Haynau i. Schl., Handschuhm., Weißgerber u. a. Gewerkschaft		„	142,—
Heide, Arbeiterschaft		„	37,15
Heidelberg		„	32,50
Helmstedt, Arbeiterschaft		„	13,65
Herne, Westfalen, Schneiderverbandsfiliale		„	25,—
Hilden, durch H. Wilhelms		„	17,25
Hildesheim, von einem Metallarbeiter gesammelt	ℳ. 20,85		
do. Tabakarbeiter	ℳ. 48,90	„	69,75
Hirschfelde i. S.		„	24,60
Homburg v. d. H., Arbeiterschaft		„	32,75
Hörstel		„	19,—
Husum, Maurer und Zimmerer		„	20,80
Jena, Ueberschuß von der Maifeier der Gewerkschaften		„	60,—
Itzehoe, Maurer	ℳ. 25,—		
do. Tischler	ℳ. 15,—	„	40,—

Jüterbog, Gewerkschaften		ℳ.	66,50
Karlsruhe, Vereinigte Gewerkschaften	ℳ. 384,25		
Karlsruhe-Mühlberg, Weißgerber	„ 47,50	„	431,75
Kellinghusen, Arbeiterschaft	„ 42,—		
do. Töpfer	„ 8,50	„	50,50
Kiel, Gewerkschaften		„	1536,—
Kirchhain N.-L., Weißgerber		„	23,60
Kleinborstel, Arbeiterschaft		„	51,50
Kleinmöhlau-Ragun, Töpfer		„	15,22
Klein-Zchawitz, Schießklub „Zentrum"		„	15,35
Krempe, von den Arbeitern		„	29,50
Langensalza, Arbeiterschaft		„	5,30
Lägerdorf, Arbeiterschaft		„	181,25
Lauenburg a. E., Böttcher	ℳ. 11,—		
do. Maurer und Zimmerer	„ 25,50		
do. Wahlkr. „Die roth. Brüder"	„ 9,—		
do. Werftarbeiter	„ 14,25	„	59,75
Lehe		„	14,—
Lehmke-Post Bodenteich, Arbeiterschaft		„	30,—
Leipzig, Gewerkschaften	ℳ. 7091,75		
do. Expedition des „Wähler"	„ 49,14		
Leipzig-Schkeuditz, von den Genossen	„ 100,—	„	7240,89
Liegnitz, Gewerkschaften	„ 238,25		
do. Glacéhandschuhmacher	„ 10,—	„	248,25
Löbau i. S., Gewerkschaften		,	28,20
Lockstedt, Verband deutscher Zimmerleute		„	30,—
Lößnitz i. Erzgeb., Arbeiterschaft		„	25,—
Lübeck, Arbeiterschaft		„	1381,75
Luckenwalde, b. Zoberbier		„	—,50
Lüdenscheid, bei der Maifeier gesammelt		„	32,75
Ludwigshafen		„	192,—
Lugau i. S., Arbeiterschaft		„	223,—
Lüneburg, Arbeiterschaft		„	225,—
Lütgendortmund, Maurer		„	6,—
Magdeburg, Korbmacher	ℳ. 25,—		
do. Drechsler	„ 9,95		
do. Gewerkschaften (inkl. ℳ. 3,50 von Hutmachern)	„ 931,75		
do. Genossen, d. den Vertrauensmann	„ 58,90		
do. von den Formern	„ 190,35		
do. Bildhauer	„ 20,—		
do. Kupferschmiede	„ 86,—		
do. Stukkateure	„ 14,05		
do. Weißgerberverein	„ 15,—	,	1351,—
Marne, Filiale des Schneiderverbandes		„	7,—
Meidrich, Former, Metallarbeiter u. die kleine Plätterin		„	24,75
Meißen, Gewerkschaften		„	97,25

Mentmingen		ℳ.	21,10
Merseburg, Arbeiterschaft	ℳ. 44,10		
do. Gewerkschaften	„ 6,—	„	50,10
Metz, Genossen d. Kreft		„	54,75
Minden, Westfalen, Gewerkschaften		„	131,05
Mirow i. M., Arbeiterschaft		„	20,—
Mittweida i. S.		„	20,—
Moritzdorf=Dresden, Glasarbeiter		„	6,75
Mühlheim, von einigen Böttchern		„	9,—
München, von Arbeitern	ℳ. 150,—		
do. Arbeiterschaft	„ 40,80		
do. verschiedene Gewerkschaften	„ 195,50		
do. Genossen	„ 500,—		
do. Hutmacher	„ 62,75		
do. Schneider	„ 200,—		
do. von den Arbeitern	„ 200,—		
do. Weißgerber b. J. R.	„ 25,—	„	1374,05
Münster i. Westfalen, Bekannte		„	6,—
Neu=Isenburg, von den Arbeitern		„	171,—
Neumünster, Zimmerer	ℳ. 48,50		
do. Maurerfachverein	„ 150,—		
do. Filiale des Schneiderverbandes	„ 30,50	„	229,—
Neuruppin, Arbeiterschaft		„	7,75
Neustadt a. Orla, Tischler und andere Arbeiter			41,10
Nienstedten, Maurer			73,—
Nordhausen, opferwillige Sozialdemokraten			50,—
Nördlingen, Weißgerber			9,70
Nowawes, Ueberschuß der Maifaier b. Frenzel			10,—
Nürnberg, Gewerkschaften			100,—
Oberstürzel i. Lothr., L. Schoeffer		„	2,—
Oberursel a. T., Metallarbeiter		„	13,75
Offenbach a. M., Gewerkschaften	ℳ. 342,50		
do. Schriftgießerverein	„ 25,—		
Offenbach=Lämmerspiel, b. Heilmann	„ 9,—		
Offenbach=Dieburg=Bieber, Wahlverein	„ 19,05	„	395,55
Offenburg i. B., Arbeiterschaft	„ 74,—		
do. Hutmacher	„ 76,13	„	150,13
Ohligs, Tischler		„	7,50
Oldesloe, Lohgerber		„	7,80
Olvenstedt, Arbeiterschaft			46,50
Oranienburg, Gewerkschaften			32,50
Osnabrück, Arbeiterschaft			21,25
Ottensen, Verein der Maurerarbeitsleute			29,—
Peine, Arbeiterschaft			59,10
Penzig, Arbeiterschaft			49,50
Pforzheim, Arbeiterschaft	ℳ. 80,—		
do. zielbewußte Kaufleute	„ 5,—		
do. Arbeiter bei Dill & Weißenstein	„ 5,—	„	90,—

Pinneberg, Zimmerer und andere Gewerkschaften		ℳ.	58,50
Pirna, Arbeiterschaft		„	97 60
Plauen i. Vgtl., Drechsler		„	3,40
Posen, Genossen		„	30,—
Potschappel, Arbeiter des Plauen'schen Grundes		„	502,—
Potsdam, Arbeiter und Arbeiterinnen	ℳ. 168 25		
do. Arbeiterschaft	„ 9,50	„	177,75
Preetz, Tischler		„	18,—
Priebus, Zigarrenarbeiter		„	5,—
Quakenbrück, Gewerkschaften		„	38,—
Quedlinburg, Arbeiterschaft		„	50,—
Rabenau i. S., Drechsler		„	18,75
Rathenow, Maifeier	ℳ. 2,—		
do. Wahlverein	„ 50,—	„	52,—
Reichelsheim-Wetterau, Tabakarbeiter		„	7,75
Rendsburg, Gewerkschaften		„	57,80
Reutlingen, Gewerkschaften		„	59,50
Rixdorf, Bauarbeiter	ℳ. 58,50		
do. Maurer	„ 100,—		
do. Töpfer	„ 28,75		
do. 200 Weber und Spuler	„ 121,75	„	309,—
Röbelheim, Arbeiterschaft		„	86,—
Ronsdorf, Ueberschuß der Maifeier		„	66,67
Rostock, Gewerkschaften		„	152,—
Sangerhausen, b. O. Reiche		„	30,—
Schiffbeck, Arbeiterschaft		„	92,—
Schleswig, „Die Rothen am 3. Mai"		„	22,—
Schmölln S.-A., Genossen		„	19,—
Schwedt a. Oder, inkl. ℳ. 4,— Maifeier		„	47,—
Schwelm, Arbeiterschaft			43,75
Schwerin, Arbeiterschaft			162,50
Seesen, b. H. Müller		„	5,45
Segeberg, Bauarbeiter		„	50,—
Soest, Hutmacher		„	26,50
Solingen, Gewerkschaften und Private	ℳ. 396,45		
do. Schlosser- u. Maschinenbauerverband	„ 13,25	„	409,70
Soltau, Schneiderverbandsfiliale	„ 11,50		
do.	„ 4,50	„	16, —
Sonneberg, Wenige unter Vielen aus dem Kreise		„	30,25
Sorau N.-L., Arbeiterschaft		„	76,75
Stadtilm, Arbeiterschaft		„	16,50
Stettin, Genossen	ℳ. 1200,—		
do. b. G. Krüger	„ 5,15		
do. Glasergesellenverein	„ 7,—	„	1212,15
Stralsund, Arbeiterschaft		„	40,—
Straßburg i. E., Arbeiterschaft		„	175,50
Strelitz i. M., Vergolder		„	12,—

Stuttgart, Gewerkschaften . . . . ℳ. 3200,—
Suhler=Ramdorf, zwei Proletarier . . . . „ 3,—

Thale a. H., Arbeiterschaft . . . . „ 13,—
Thalheim, Erzgebirge, Wirker . . . . „ 100,—
Tondern, Tischlerfachverein . . . . „ 4,50
Torgau, Tabakarbeiter . . . . „ 31,05

Uelzen, Gewerkschaften . . . . „ 17,50
Uetersen, Arbeiterschaft . . . . „ 135,80
Unna i. W., Tischler . . . . „ 9,55

Vegesack, Tischlerverband . . . . „ 11,50
Velbert, Arbeiterschaft . . . . „ 45,—
Velten i. b. Mark, Arbeiterschaft . . . . „ 204,25
Verden, Schneider, Schriftsetzer, Schuhmacher, Tischler,
    Zigarrenarbeiter und Zimmerer . . . . . . „ 108 25
Vloto, Arbeiterschaft . . . . , 21,50

Wald i. Rheinland, Maifeier . . . . „ 15,—
Wandsbeck, Gewerkschaften . . . . „ 1479,50
Warnemünde, Maurer, Schuhmacher und Zimmerer . . „ 38,50
Wedel, Ueberschuß der Maifeier . . . . „ 22,35
Weimar, Arbeiterschaft durch Krumbholz . . . . . „ 40,70
Werden a. b. Ruhr, Drechsler . . . . „ 14,50
Werder a. b. Havel, Arbeiterschaft . . . . „ 25,—
Wernigerode a. H., Bauhandwerker . . . ℳ. 30,—
    do.   Metallarbeiter . . . . „ 30,— „ 60,—
Wettern a. d. Ruhr, Schneiderverbandsfiliale . . . „ 5,75
Wilhelmshaven, bewußte Kupferschmiede . . ℳ. 6,80
    do.   Maurer . . . . . . „ 50,—
    do.   Metallarbeiterfachverein . . „ 60,60
    do.   Zimmererverband . . . . „ 25,— „ 142,40
Wilhelmsburg, Zimmerer . . . . „ 36,45
Wismar, Arbeiterschaft . . . . „ 22,—
Witten, Schneiderverbandsfiliale . . . . „ 5,—
Wolfenbüttel, Schneiderverbandsfiliale . . . . . . „ 3,80
Wolmirstedt und Barleben, Genossen . . . . . . „ 26,50
Woltersdorf, Arbeiterschaft durch Löffler . . . . . „ 79,25
Würzburg, Arbeiterschaft . . . . „ 29,70
Wurzen, Arbeiterschaft . . . . ℳ. 82,25
    do. durch Musiko Gerber . . . . „ 1,05 „ 83,30

Zittau, Buchdrucker . . . . „ 8,80
Zweibrücken, durch G. Steinhard . . . . „ 8,50
Zwickau=Einsiedel, Arbeiterschaft . . . . „ 10,—

                                Summa . . ℳ. 64 776,16

Die für den Maifonds gesammelten und eingesandten Gelder wurden nur bis zum 1. Oktober für den Maifonds berechnet. Nach dieser Zeit sind für den Maifonds noch eingesandt, aber für den allgemeinen Fonds verrechnet worden:

Stettin, Genossen	ℳ. 146,—
Hamburg-Hohenfelder Bauern	„ 4,50
Berlin, Musikinstrumentenarbeiter	„ 7,30
Neuhaldensleben	„ 26,75
Altenwärder, durch Blümel	„ 11,—
Altwasser i. Schl., durch Eblinger	„ 9,25
Breslau	„ 12,55
Soltau	„ 4,—
Barmen, Arbeiterschaft	„ 74,25
Hagen i. W., Arbeiterschaft	„ 179,50
Waldheim	„ 25,—
Nordhausen, 2. Rate	„ 54,85
Berlin, Opitz, Filzschuhmacher	„ 9,80
Hamburg-Barmbeck, Drechsler	„ 1,—
Hanau, Gewerkschaften	„ 9,50
Neudamm, do.	„ 58,20
Einbeck, do.	„ 18,75
Kahla, do.	„ 6,80
Werder a. d. H.	„ —,25
Wandsbeck, Gewerkschaften	„ 13,55
Wiesbaden, do.	„ 60,60
Mainz, do.	„ 100,—
Lambrecht, do.	„ 83,—
Delmenhorst, do.	„ 68,50
Weißenfels, do.	„ 4,55
Glückstadt, do.	„ 10,—
Plauen, do.	„ 8,30
Summa	ℳ. 1007,25

Ferner wurden für den Verkauf von Maimarken vereinnahmt, aber zur Unterstützung von Streiks am Orte verwandt in

Hamburg	ℳ. 20526,75
Mannheim	„ 1169,75
Summa	ℳ. 21696,50

so daß eine Gesammteinnahme für den Maifonds zu verzeichnen ist von ℳ. 87479,91.

Adressen der Zentralvereinsvorstände und Vertrauensleute.

Zentral=Vereine.

Verband der Bäcker, Berlin N., E. Pfeiffer, Coloniestr. 20.
Vereinigung der Barbiere und Perrückenmacher, Hamburg, H. Mertzig, Kl. Burstah 11.
Verband selbstständiger Barbiere, Frankfurt a. M., A. Bauer, Großer Kornmarkt 8.
Verband der Bauarbeiter, Hamburg, H. Pein, Meßberg 14, HS. 2.
Bergarbeiter=Verband für Rheinland=Westfalen, Gelsenkirchen, J Meyer, Friedrichstr. 47.
Bergarbeiter=Verband für Königreich und Provinz Sachsen, Zwickau, E. Ebert, Katharinen=Kirchhof.
Bergarbeiter=Verband für das Saar=Revier, Altenwald=Saarbrücken, J. Thomé.
Unterstützungsverein der Bildhauer, Berlin SW., P. Dupont, Solms= straße 33, 2. St.
Zentralverein deutscher Böttcher, Bremen, F. Sander, Buntenthorstein= weg 526.
Zentralverband der Brauer, Hannover=Linden, R. Wiehle, Nischlag= straße 13.
Unterstützungsverein der Buchbinder, Stuttgart, A. Dietrich, Heusteigstr. 30.
Unterstützungsverein deutscher Buchdrucker, Berlin SW., E. Döblin, Solmsstr. 31.
Zentralverband der Arbeiter und Arbeiterinnen der Bürsten= und Pinselindustrie, Freiburg i. B., C. Raufer, Zähringerstr. 45.
Unterstützungsverein der Zigarrensortirer, Hamburg=St. Pauli, A. v. Elm, Marktstr. 27.
Vereinigung der Dachdecker Deutschlands, Berlin N., H. Pollwitz, Schwedterstr. 52.
Vereinigung der Drechsler Deutschlands, Hamburg=St. Georg, Th. Leipart, An der Koppel 79, 1. St.
Zentralverein der deutschen Former, Lübeck, Th. Schwarz, Alsheide 16.
Vereinigung der Formenstecher und Tapetendrucker, Einbeck, H. Brand, Oelburg 2.
Zentralverein deutscher Gärtner, Hamburg, P. Ising, Lilienstr. 16, 1. Et.
Zentralverband deutscher Gasarbeiter, Hamburg=Barmbeck, W. Rother= mund, Heitmannstr. 26, p.
Verband der Lohgerber, Altona, W. Schmidt, Gr. Gärtnerstr. 53, 1. Et.
Allgemeiner Weißgerber=Verband, Altenburg S.=A., M. Fuchs, Schützenstr. 16.
Verband der Glasergesellen, Wiesbaden, O. Nitzsche, Helenenstr. 26.

Verband der Glasarbeiter, Bergedorf b. Hamburg, A. Göbel, Hinterm Graben 18.
Vereinigung der Land- und gewerblichen Hülfsarbeiter, Hannover, A. Brey, Klostergang 4a.
Zentralverein der Fabrik- und Handarbeiterinnen, Wandsbeck, W. Kähler, Gartenterrasse 2, 1. Et.
Verband der Glacéhandschuhmacher, Arnstadt i. Th., E. Knoesel.
Vereinigung der Gold- und Silberarbeiter, Hamburg=St. Pauli, W. Balk, Sternstr. 61, 2. Et.
Vereinigung der Hafenarbeiter, Hamburg, G. Kellermann, Schaarthor 7.
Zentralverein der in Holzbearbeitungsfabriken beschäftigten Arbeiter, Bremen, H. Voß, Waizenkampstr. 22.
Unterstützungsverein der Hutmacher, Altenburg, S.=A., A. Metzschke, Moritzstr. 22.
Verband der Konditoren und verwandte Berufsgenossen, Hamburg, C. Völk, Ottensen, Karl=Theodorstr. 33, 3. Et.
Verband deutscher Korbmacher, Hamburg=Barmbeck, C. Krüger, Bürgerstraße 5.
Verband deutscher Kürschner, Hamburg, P. Kobis, Neuer Wall 93, Keller.
Unterstützungsverein der Kupferschmiede, Hamburg, C. Wittenberg, Davidstr. 9.
Verein der Lithographen und Steindrucker, Berlin S., O. Sillier, Gräfestr. 77, 3. Et.
Vereinigung der Maler und Lackirer, Berlin=Rixdorf, W. Schweitzer, Prinz=Handjerystr. 37, p.
Zentralverband der Maurer, Hamburg, A. Dammann, Zollvereins=Niederlage, Wilhelmstr. 13, 1. Et.
Allgemeiner Metallarbeiter = Verband, Stuttgart, A. Junge, Kurze Straße 3, p.
Verband deutscher Müllergesellen, Halle a. S., H. Kähl, Charlottenstraße 12a, Hths., p.
Zentralverein der Näherinnen, Hamburg, Frau Wolter, 2. Vorsetzen, Hof 24.
Zentralverein der Plätterinnen, Hamburg=St. Pauli, Frau Steinbach, Schäferstr. 19, 3. Et.
Verband der Porzellan= und Glasmaler, Altwasser i. Schls., G. Wollmann, Konsumverein „Vorwärts".
Verband der Posamentierarbeiter, Offenbach a. M., W. Bosse, Mittelseestraße 49.
Verband der Sattler, Berlin N., J. Sassenbach, Borsigstr. 24.
Vereinigung der Schiffszimmerer, Hamburg, W. Müller, 2. Neumannstraße 17, 1. Et.
Verband der Schlosser und Maschinenbauer, Hamburg, F. Diedrich, Hammerbrookstr. 86, Hs. 5.
Vereinigung der Schmiede Deutschlands, Hamburg, F. Lange, Kornträgergang 50, Hof.
Deutscher Schneider= und Schneiderinnen=Verband, Hannover, F. Holzhäußer, Hagenstr. 71, 2. Et.
Verein deutscher Schuhmacher, Nürnberg, J. Siebert, Aeußere Lauferstraße 21.

Vereinigung der Seiler und Reepschläger, Hamburg-St. Pauli, G. Schaab, Kampstr. 24, 2. Et.
Verband der Steinmetzen, Berlin-Rixdorf, P. Thomas, Ziethenstr. 4, 3. Etage.
Verband der Steinsetzergesellen, Berlin N., H. Walter, Kastanienallee 33, 1. Et.
Vereinigung deutscher Stellmacher, Hamburg-Borgfelde, F. Vogel, An der Bürgerweide 62, Hs. 2, p.
Unterstützungsverein deutscher Tabakarbeiter, Bremen, E. Lorke, Süsterstraße 1.
Vereinigung der Tapezierer, Hamburg-St. Georg, Th. Meyer.
Verband der Textilarbeiter, Berlin-Weißensee, P. Petersdorf, Sedanstraße 22, 2. Et.
Deutscher Tischler-Verband, Stuttgart-Heslach, C. Kloß, Böblingerstraße 127.
Verband der Vergolder, Berlin N., P. Höpfner, Stralsunderstr. 69, Haus 4.
Zentralverband deutscher Werftarbeiter, Hamburg, C. Fehmerling, Schaarthor 7, 1. Et.
Vereinigung der Ziegler, Hamburg-Langenfelde, Simon Deppe.
Verband deutscher Zimmerleute, Hamburg, F. Schrader, Kapellenstraße 10, p.

Vertrauensleute:

Vertrauensmann der Graveure: B. Zack, Berlin O., Andreasstr. 63.
Vertrauensmann der Musikinstrumentenmacher: E. Sparfeld, Berlin SO., Lübbenerstr. 21.
Vertrauensmann der Stukkateure: J. Sittenfeld, Hamburg, Wandsbecker Chaussee 134, Hs 2, 2. Et.
Vertrauensmann der sächsischen Tischler: H. Krüger, Dresden, Kl. Plauensche Gasse 6, part.
Vertrauensmann der Töpfer: F. Kaulich, Halle a/S., Harz 48b, 1. Et.

Generalkommission der Gewerkschaften Deutschlands.

Vorsitzender: C. Legien }
Kassirer: A. Dammann } Hamburg, 3.=B.=N., Wilhelmstr. 13, 1. Et.
C. Deisinger.
Frau W. Kähler.
A. v. Elm.
A. Demuth.
C. Fehmerling.

Deutsche Gewerkschaftspresse.

Bäcker: „Deutsche Bäcker-Zeitung", Berlin N., Coloniestr. 20.
Barbiere (selbstständige): „Der Barbier und Friseur", Dresden, Seestr. 10.

Anhang

Dokument 1
Aufruf zu einer Vorständekonferenz sämtlicher
Gewerkschaften vom 17. August 1890

Dokument 2
Bericht über die Berliner Gewerkschaftskonferenz
vom 16. und 17. November 1890

Dokument 3
Seite 1 der ersten Ausgabe des Correspondenzblattes
der Generalkommission der Gewerkschaften Deutschlands
vom 20. Januar 1891

Dokument 4
Übersicht über die Zahl und Stärke der deutschen
Gewerkschaftsorganisationen vom September 1891

Dokument 5
Bericht über die am 7. und 8. September 1891
zu Halberstadt abgehaltene Konferenz der Zentralvorstände
der deutschen Gewerkschafts-Verbände

DOKUMENT 1

Aufruf zu einer Vorständekonferenz sämtlicher Gewerkschaften vom 17. August 1890

An die Vorstände, resp. Zentralkommissionen, Vertrauensmänner und sonstigen Leiter sämmtlicher Gewerkschaften Deutschlands. Werthe Genossen! Angesichts des in jüngster Zeit erfolgten engen Zusammenschlusses des Unternehmerthums in lokalen und zentralisirten Verbänden zwecks Bekämpfung bezw. gänzlicher Vernichtung des ohnehin schon so beschränkten Koalitionsrechts der Arbeiter, sahen sich die unterzeichneten Vertrauensmänner der Metallarbeiter-Branchen veranlaßt, in einer gemeinschaftlichen Zusammenkunft die Frage zu erörtern:

»Wie können die Arbeiter diesen Unternehmerkoalitionen am wirksamsten entgegentreten?«

Das Resultat dieser Erörterung war vorläufig folgendes:

Den resp. Gewerkschaftsvorständen etc. die Fragen zu unterbreiten:

1) ob es nicht dringend nothwendig sei, demnächst eine Konferenz sämmtlicher Gewerkschaftsorganisatoren einzuberufen?

2) diese Konferenz mit dem in der Woche vom 12. Oktober d.Js. in Halle a.S. stattfindenden Parteitag der sozialdemokratischen Partei zu verbinden?

Letzeres erschien uns aus dem Grunde empfehlenswerth, weil zweifellos eine ganze Anzahl von Gewerkschaftsleitern auf diesem Parteitag als Delegirte anwesend sein werden, und somit viel Zeit und Geld gespart werden würde.

Daß wir zu diesem vorläufigen Ergebniß gelangt sind, ist dadurch erklärlich, daß wir uns sagten, eine wirksame Vertheidigung gegen die Angriffe des protzigen Unternehmerthums wird nur durch ein einmüthiges Handeln sämmtlicher in Gewerkschaften organisirten deutschen Arbeiter möglich sein. Die Metallarbeiter vermögen dies ebensowenig allein, wie eine andere alleinstehende Gewerkschaft, und wäre dieselbe noch so vortrefflich organisirt. Dafür galten uns zunächst die zur Zeit noch nicht beendigten Kämpfe der gesammten Unternehmerschaft gegen die Arbeiter in Hamburg als zutreffendes Beispiel

Da nun eine Anfrage über unseren Vorschlag bei einigen bekannten Gewerkschaftsleitern lebhafte Zustimmung fand, sehen wir uns veranlaßt, ohne noch weiter viel Zeit zu vergeuden, sofort die obigen Fragen der Oeffentlichkeit zu übergeben.

Es ist nothwendig, daß die resp. Gewerkschaftsvorstände sich baldmöglichst darüber klar werden, ob sie geneigt sind, dem obigen Vorschlage beizutreten und spätestens bis zum 1. September d.J. ihre Antwort an den mitunterzeichneten Vertrauensmann der Klempner

W. Metzger, Hamburg, Meißnerstr. 3,

gelangen lassen, behufs Einleitung der weiteren zu einer derartigen Konferenz nöthigen Vorarbeiten.

Einer allseitig zustimmenden Beantwortung unserer obigen Fragen entgegensehend, zeichnen mit Gruß und Handschlag

Die Vertrauensmänner der Metallarbeiter Deutschlands:

M. Segitz, Fürth in Bayern. *C. Breder*, Nürnberg. *E. Goldbach*, Leipzig. *Th. Schwartz*, Lübeck. *W. Metzger*, Hamburg.

Alle arbeiterfreundlichen Blätter werden um Abdruck gebeten.

Quelle: Berliner Volksblatt, Nr. 190 vom 17. August 1890.

DOKUMENT 2

Bericht über die Berliner Gewerkschaftskonferenz vom 16. und 17. November 1890

Die von den Vertrauensmännern der Metallarbeiter angeregte Gewerkschafts-Konferenz trat heute in den »Armin'schen Bierhallen« zusammen.

Dieselbe wurde Vormittags 11 Uhr durch den Vorsitzenden des Lokal-Komitees, Herrn *Täterow*, eröffnet, der in längerer Ausführung die Bedeutung dieser Zusammenkunft klarlegte.

Alterspräsident *Schwartz* – Lübeck fungirte als provisorischer Vorsitzender und leitete die Verhandlung durch eine sehr beifällig aufgenommene Ansprache ein.

Auf Vorschlag von *Kloß* – Stuttgart wurden folgende Delegirte in das Bureau ernannt: *Segitz* – Fürth und *Pfannkuch* – Cassel zu Vorsitzenden, *Breder* – Nürnberg und *Schwartz* – Lübeck als Schriftführer, *Dammann* – Hamburg und *Niemann* – Chemnitz als Führer der Rednerliste.

Die Feststellung der Präsenzliste ergab die Anwesenheit von 79 Delegirten, darunter 9 Frauen.

Die Tagesordnung lautet:

1) Stellungnahme der Gewerkschaften zu den Streiks und die eventuelle gegenseitige Unterstützung derselben;
2) Stellungnahme der Gewerkschaften zu den Unternehmer-Koalitionen und deren Vorgehen gegen die Arbeiterorganisationen;
3) die Organisationsfrage im Allgemeinen;
4) Ernennung einer Kommission zur Einberufung eines allgemeinen Gewerkschafts-Kongresses und Ausarbeitung einer Vorlage für denselben.

Die Diskussion wird durch *Segitz* – Fürth eröffnet, der in längerer Ausführung sich über die Gedanken, von welchen die Einberufer der Konferenz geleitet wurden, ausspricht und der Hoffnung Ausdruck gibt, daß die Verhandlungen zu dem gewünschten Ziele führen mögen.

An der sehr lebhaften Debatte betheiligen sich die Delegirten Kloß (Tischler), Fräulein Wabnitz (Konfektionsarbeiterin), Schweitzer (Maler), Metzger (Klempner), v. Elm (Tabakarbeiter), Reißhaus (Schneider), Bock (Schuhmacher), Schlicke (Mechaniker), Meier (Maurer), Täterow (Schneider), Riecke (Maurer), Breder (Schlosser), Bomby (Sattler), Hillmer (Schmied), Meister (Zigarrenarbeiter), Dammann (Maurer), Döblin (Buchdrucker).

Abends kurz nach 6 Uhr wird die Sitzung geschlossen und eine Kommission, bestehend aus den Delegirten Kloß, Segitz, Täterow, Bock und Fräulein Wabnitz eingesetzt, welche entsprechende Resolutionen auszuarbeiten und der nächsten Sitzung in Vorlage zu bringen hat.

Segitz – Fürth (Metallarbeiter) führt aus, daß bei der jetzigen Zerfahrenheit in den Kämpfen der Gewerkschaften an einen wirksamen Widerstand gegen die Koalitionen der Unternehmer nicht zu denken sei; in derselben Gewerkschaft wird an dem einen Ort für die neunstündige, an einem anderen Orte gegen die 12- bis 13stündige Arbeitszeit gekämpft. An die Stelle der Zerfahrenheit müsse Einheitlichkeit und Zentralisation treten.

Kloß – Stuttgart (Tischler) empfiehlt die Bildung von Zentralorganisationen für alle Gewerkschaften, wo es irgendwie angeht. Aus diesen Zentralorganisationen soll eine Zentralkommission gebildet werden, welcher die Leitung der Agitation und die Entscheidung über Unterstützung in Streikfällen unterliegt. Angriffsstreiks müssen möglichst vermieden werden, dagegen müsse man Abwehrstreiks, welche den Organisationen aufgenöthigt werden, mit allen Mitteln unterstützen. Der Nachdruck der Agitation muß auf diejenigen Gegenden gelegt werden, aus denen die sogenannten Streikbrecher kommen (Preußen, Schlesien, Pommern). Dort müssen Organisationen irgend welcher Art in's Leben gerufen werden. Im Weiteren empfiehlt Redner Organisation der Arbeiterinnen.

Fräulein *Wabnitz* – Berlin (Näherin) tritt für die Gründung eines allgemeinen Agitationsfonds ein. Sie empfiehlt zentrale und internationale Organisationen, da auch das Kapital international sei.

Schweitzer – Berlin (Maler) ist Gegner einer Zentralkommission für sämmtliche Gewerkschaften, befürwortet dagegen die Zentralisation der einzelnen Gewerke. Er wünscht die Agitation durch Broschüren oder Flugblätter zu betreiben; in Fällen von Streiks empfiehlt er das Marken-System.

Metzger – Hamburg (Klempner) tritt für eine gemeinsame Organisation aller Gewerke ein, wie York sie schon 1874 vorgeschlagen hat.

v. Elm – Hamburg (Sortirer) empfiehlt bessere Vorbereitung bei Streiks und die Bildung internationaler Streikfonds. Eine wirksame Unterstützung der Arbeitslosen sei ein kräftiges Agitationsmittel.

Es tritt eine Mittagspause ein.

Nachmittagssitzung.

Reißhaus – Erfurt (Schneider) ist Gegner der Bildung eines General-Streikfonds, da die Organisation der einzelnen Gewerkschaften noch zu wenig vorgeschritten sei. Die Unterstützung solle den einzelnen Organisationen überlassen bleiben.

Bock – Gotha (Schuhmacher) glaubt, daß das Hauptgewicht auf die Agitation zu legen sei. Er spricht sich gegen die Bildung eines Zentral-Streikfonds aus und empfiehlt als beste Organisationsform die Zentralisation.

Schlicke – Hamburg (Mechaniker) räth die Gründung von Fachblättern an.

Dammann – Hamburg (Maurer) ist für die Bildung eines Zentralraths, an welchen die einzelnen Gewerkschaften im Verhältniß zur Mitgliederzahl zu steuern hätten.

Täterow – Berlin (Schneider): Die veränderte politische Situation dränge zur Zentralisation. Die Lokalorganisation könne nicht mehr allen Anforderungen genügen. Er empfiehlt, vorläufig eine Zentralkommission zur Regelung der Streiks zu wählen.

Kloß – Stuttgart entwickelt nochmals seine Ansichten; er sei nur für die Bildung einer Zentral-Streikkommission für Abwehrstreiks. Den einzelnen Gewerkschaften sei die Bildung von besonderen Streikkommissionen anzurathen.

Rieke – Braunschweig (Maurer) spricht sich als Vertreter der Braunschweiger Generalkommission für die Zentralisation der einzelnen Branchen aus und wünscht die Gründung eines einheitlichen Gewerkschaftsorgans.

Breder – Nürnberg (Schlosser): Der Gedanke einer Union sei nach seiner Ansicht sehr wohl zu diskutiren. Es müsse unbedingt danach getrachtet werden, die Angriffsstreiks zu regeln. Wenn bei Abwehrstreiks die Mittel der streikenden Gewerkschaften nicht ausreichten, so müsse die Allgemeinheit eintreten.

Meister – Hannover (Tabakarbeiter): Das beste wäre, wenn alle Gewerkschaften in *einen* Topf kämen; aber dazu wären die Vorbedingungen noch nicht vorhanden. Von der neuen Gewerbenovelle hätten die Arbeiter nicht viel zu erwarten. Mit den lokalen Vereinsspielereien ist nichts zu erreichen. Redner wünscht, daß die Frauen auch in gewerkschaftlicher Beziehung Schulter an Schulter mit den Männern kämpfen sollen.

Döblin – Berlin (Buchdrucker): Mögen alle Gewerkschaften so opferwillig sein, wie die Buchdrucker, welche 8 Prozent ihres Verdienstes den Unterstützungskassen zahlen, dann wird es bald besser werden.

Brey – Hannover (Schuhmacher): Die Hilfsarbeiter sind bisher zu wenig beachtet worden; auch sie müssen organisirt werden, da durch sie gerade Streiks verloren gehen.

Bombin – Berlin (Berliner Streik-Kontrollkommission) vertheidigt die Lokalorganisation. Wie leistungsfähig sie sei, beweise die Berliner Freie Vereinigung der Maurer, die Großes erzielt habe. Durch ein Kartell, oder durch eine Streik-Kontrollkommission kann ein Band gebildet werden, um der Kapitalmacht einheitlich entgegenzuwirken. Redner bittet, selbst wenn die Konferenz die Zentralisation empfehlen sollte, möge sie den Verhältnissen in den großen Städten Rechnung tragen und die Berechtigung der Lokalorganisation anerkennen.

Nachdem noch *Hilmer* – Hamburg (Schmied), für die Zentralisation eingetreten, wird die Fortsetzung der Debatte auf Montag Früh 9 Uhr vertagt, und die Wahl einer Kommission zur Ausarbeitung einer geeigneten Revolution vorgenommen.

Am Montag eröffnet *Legien* – Hamburg (Drechsler) die Debatte und empfiehlt allen Gewerkschaften die Bildung von Verbänden, wie er solche in einem von ihm ausgearbeiteten Statuten-Entwurf, der zur Vertheilung kommt, vorgesehen habe.

Hoffmann – Berlin (Textilarbeiter) vertritt den Standpunkt der Lokalorganisation und bedauert, daß so wenig Vertreter derselben anwesend seien.

Der Vertreter der Bäcker Hamburgs und Frau *Ihrer* – Velten treten für die Zentralisation der Gewerkschaften als Vorschulen für das politische Leben ein. Letztere empfiehlt auch den Arbeiterinnen die Zentralisation.

Die Generaldiskussion wird geschlossen.

Kloß – Stuttgart verliest nunmehr die von der Kommission ausgearbeitete Resolution, deren Druck beschlossen wird. Sie lautet:

»In Erwägung, daß die lokale Organisation als erste Form derselben den heutigen Produktionsverhältnissen nicht mehr entspricht, die wirthschaftliche Nothlage der Arbeiter vielmehr die Zusammenfassung aller Kräfte dringend erheischt, erklärt die Konferenz die zentralistische Organisationsform als die zur Zeit allein richtige. Die Konferenz empfiehlt daher allen bestehenden Lokalvereinen sich der betreffenden Zentralisation anzuschließen.* In weiterer Erwägung, daß die Unternehmerorganisationen, wie sich solche uns in der Gegenwart darbieten, eine schwere Gefahr für das Bestehen auch dieser zentralistischen Organisationen bieten, hält der

---

* Wir können diesen Passus selbstverständlich nur dahin auffassen, daß diejenigen Zentralisationen gemeint sind, die nach den in der Arbeiterbewegung üblichen Gepflogenheiten gegründet sind; nicht aber »Zentralisationen«, die von einzelnen Strebern ohne Mandat der Genossen des Reiches – gegen den ausgesprochenen Willen dieser Genossen! – mit den verwerflichsten Mitteln »gegründet« wurden und aufrecht zu erhalten versucht werden. Die Redaktion der »Metallarbeiter-Zeitung«.

Kongreß ein Zusammengehen dieser Organisationen zum Zweck der Vertheidigung des Organisationsrechtes der Arbeiter und zur Kräftigung dieser Zentralorganisation für dringend geboten.

In weiterer Erwägung, daß ein Zusammengehen der Organisationen auf statutarischer Grundlage zu angegebenem Zweck schon jetzt, angesichts der im Werden begriffenen Gewerbeordnungs-Novelle nicht rathsam erscheint, empfiehlt die Konferenz: die zentralisirten Gewerkschaften treten nach Bekanntwerden der Gewerbeordnungs-Novelle zu einem Allgemeinen Gewerkschafts-Kongreß zusammen, um entsprechend den Bestimmungen der Gewerbeordnungs-Novelle Normen für ein Zusammenwirken dieser Organisation aufzustellen.

Lokalorganisationen in Staaten, welche gesetzlich verhindern, sich der Zentralisation anzuschließen, können sich auf dem Kongreß durch gemeinsame Delegirte vertreten lassen.

Zentralorganisationen bis zu 1000 Mitgliedern entsenden einen Delegirten, größere Organisationen für jedes weitere 1000 ebenfalls einen Delegirten.

Lokalorganisationen können für je 1000 Mitglieder je einen gemeinsamen Vertreter entsenden; Orte, wo diese Gesammtmitgliederzahl nicht erreicht wird, haben sich zum Zweck der Vertretung mit anderen Orten zu verbinden.

Die Konferenz wählt aus ihrer Mitte eine Kommission von 7 Mitgliedern, welche unter Berücksichtigung der Gewerbe-Ordnungs-Novelle die Vorlage für den Kongreß auszuarbeiten, Zeit und Ort festzustellen und denselben einzuberufen hat.

Die Konferenz empfiehlt dem Kongreß: eine Kommission von 7–9 Personen zu wählen, welche allen Angriffen der Unternehmer auf das Organisationsrecht der Arbeiter, gleichviel welcher Branche, energisch entgegenzutreten bezw. jeden Widerstand der Einzelorganisation thatkräftig zu unterstützen hat.

Ferner hat diese Kommission für Organisirung der wirthschaftlich zu schwach gestellten Arbeiter und Arbeiterinnen einzutreten und deren Organisationen thatkräftig zu unterstützen, sowie die Agitaton zur Verbreitung der Organisation in den noch unorganisirten Landestheilen zu leiten.

Die für die Thätigkeit der Kommission nothwendigen Mittel, insbesondere diejenigen zur Unterstützung der Abwehrstreiks, werden durch Beiträge der Gewerkschaften je nach Maßgabe der Mitgliederzahl aufgebracht. Das Aufbringen dieser Gelder seitens der einzelnen Gewerkschaften bleibt diesen überlassen.

Bis zum Zusammentritt des Kongresses wird die von der Konferenz gewählte Kommission mit der Ausübung der Befugnisse dieser vom Kongreß einzusetzenden Kommission betraut.«

Es wird noch beschlossen, die Begleichung der Kosten der Konferenz der in der Resolution erwähnten Kommission, die noch zu wählen ist, zu übertragen; dann tritt eine Pause bis 1 Uhr Mittags ein.

Nach Wiedereröffnung der Verhandlungen wird beschlossen, in eine Spezialdiskussion über die Resolution, zu welcher verschiedene Abänderungsvorschläge vorliegen, nicht erst einzutreten. Die Resolution wird vielmehr *en bloc* mit bedeutender Majorität angenommen.

Angenommen wird ein Antrag *Meister*, die Organisationen aufzufordern, ihre Statuten so abzuändern, daß auch die Arbeiterinnen ihnen beitreten können.

Ein weiterer Antrag, an Stelle der *Streik-Sammellisten* das Markensystem einzuführen, wird ebenfalls angenommen.

Nunmehr wird zur Wahl der Kommission (s. Resolution) geschritten. Es werden gewählt:

v. Elm – Hamburg, Dammann – Hamburg, Legien – Hamburg, Schwarz – Lübeck, Glocke – Berlin, Kloß – Stuttgart und Frau Ihrer – Velten.

Hierauf nimmt die Konferenz die nachfolgende, von *Bock* eingebrachte Resolution einstimmig an: »Die am 16. und 17. November in Berlin tagende, von den Vertretern sämmtlicher organisirter Arbeiter beschickte Gewerkschaftskonferenz protestirt mit Entschiedenheit gegen die in der Gewerbenovelle enthaltenen rigorosen Bestimmungen über eventuelle Bestrafungen von Streikleitern und erblickt in denselben die vollständige Vernichtung des Koalitionsrechts der Arbeiter zu Gunsten des Unternehmerthums.«

Es kommen nunmehr die Aussperrungen der Glasarbeiter in Bergedorf, Ottensen sc., der Tabakarbeiter in Eschwege, der Schuhmacher in Erfurt und der Weißgerber in Kirchhain zur Sprache. Schleunigste Unterstützung wird allen Gewerkschaften zur Pflicht gemacht. Die weitere Regelung wird der Kommission überwiesen.

Mit einem begeistert aufgenommenen Hoch auf die allgemeine internationale Arbeiterbewegung schließt der Vorsitzende gegen halb 5 Uhr die Verhandlungen.

Quelle: Deutsche Metall-Arbeiter-Zeitung, Nr. 47 und 48 vom 22. und 29. November 1890.

DOKUMENT 3

Seite 1 der ersten Ausgabe des Correspondenzblattes der Generalkommission der Gewerkschaften Deutschlands vom 20. Januar 1891

DOKUMENT 4

Übersicht über die Zahl und Stärke der deutschen Gewerkschaftsorganisationen von September 1891

Laufende Nr.	Name	Zahl der Verwaltungsstellen	Mitgliederzahl	Beitrag pro Woche M.	Beitrag pro Monat M.	Verbandsorgan erhalten die Mitglieder vom Verein	Verbandsorgan erhalten die Mitglieder im Abonnem.	Arbeitslosenunterstützung pro Tag M.	Bemerkungen
1	Bäcker	19	983	–	0,30	–	1	–	
2	Barbiere (Gehilfen)	?	?	?	?	?	?	?	
3	Barbiere (Selbständige)	11	240	–	*0,60	–	1	–	*Verbandsbeitrag der einzelnen Vereine pro Mitglied und **Jahr**
4	Bergleute (Westfalen)	?	58000	–	0,30	–	1	–	
5	Bergleute (Sachsen)	44	7040	–	0,20	1	–	–	
6	Bergleute (Schlesien)	?	?	?	?	?	?	?	
7	Bildhauer	74	3169	0,20	–	1	–	–	
8	Böttcher	65	4600	–	0,30	1	–	–	
9	Buchbinder	45	3000	–	0,40	1	–	–	
10	Buchdrucker	*57	17500	0,50	–	–	1	1,00	22 Gaue.
11	Bürstenmacher	39	1000	–	0,50	–	1	1,00	
12	Cigarrensortierer	27	700	0,25	–	–	–	1,00	
13	Dachdecker	19	571	*0,20	–	1	–	–	*nur in den 36 Sommerwochen.
14	Drechsler	74	2700	–	0,50	1	–	–	
15	Fabrik- und Hilfsarbeiter	44	3000	–	0,25	1	–	–	
16	Fabrikarbeiterinnen	9	300	*0,5	0,20	–	–	–	*regelmäßiger Streikbeitrag.
17	Formstecher	5	464	0,10	–	–	–	–	
18	Gärtner	30	700	0,15	–	1	–	–	
19	Lohgerber	35	1500	0,15	–	1	–	1,00	
20	Weißgerber	44	1700	0,20	–	1	–	–	
21	Glaser	38	1440	–	0,35	1	–	1,00	
22	Glasarbeiter	12	945	*0,10–0,20	–	1	–	0,50–1,00	*verschiedene Beitragshöhe und Unterstützung.
23	Glacehandschuhmacher	*100	2100	0,25	–	1	–	1,30	*39 Gaue.
24	Goldarbeiter	24	1840	0,10	–	–	1	–	
25	Hafenarbeiter	7	6000	–	0,40	1	–	–	
26	Holzarbeiter	14	800	–	0,40	–	–	–	
27	Hutmacher	42	3000	0,45	–	–	1	,00	*pro Woche M. 7.
28	Korbmacher	44	1360	0,7½	–	–	1	–	

LIV

Laufende Nr.	Name	Zahl der Verwaltungsstellen	Mitgliederzahl	Beitrag pro Woche M.	Beitrag pro Monat M.	Verbandsorgan erhalten die Mitglieder vom Verein	Verbandsorgan erhalten die Mitglieder im Abonnem.	Arbeitslosenunterstützung pro Tag M.	Bemerkungen
29	Kürschner	18	1100	–	0,50	1	–	–	
30	Kupferschmiede	49	2345	0,25	–	–	1	1,00	
31	Maler	104	8126	*0,10–0,15	–	1	–	–	*im Winter 10,
32	Maler (Bayern)	6	500	0,10–0,15	–	–	–	–	im Sommer
33	Mechaniker	27	670	0,20	–	1	–	–	15 Pf.
34	Müller	75	2980	0,15	–	1	–	–	
35	Plätterinnen	?	?	–	0,50	–	–	–	
36	Sattler	34	1791	0,15	–	1	–	–	
37	Schiffszimmerer	8	1022	0,10	–	1	–	–	
38	Schlosser	7	1200	0,15	–	1	–	–	
39	Schmiede	43	3000	0,15	–	1	–	–	
40	Schneider	210	9500	*0,15	–	1	–	–	*außerdem pro
41	Schuhmacher	250	13000	0,10	–	–	1	–	Woche 5 Pf.
42	Seiler	8	281	–	0,60	1	–	–	Streikbeitrag.
43	Steinmetzen	66	4000	–	*0,10	–	1	–	*Beitrag an die Verbandskasse.
44	Steinsetzer	27	2095	*–	*–	–	1	–	*ist den einzelnen Vereinen überlassen.
45	Stellmacher	17	601	0,10	–	–	1	–	
46	Tabakarbeiter	250	16000	*0,10–0,20	–	1	–	–	*10 Pf. für weibliche, 20 Pf. für männl. Mitglieder.
47	Tapezierer	52	1900	0,10	–	–	1	–	
48	Tischler	209	17600	0,10	–	–	1	–	
49	Vergolder	13	1170	0,15	–	1	–	–	
50	Werftarbeiter	8	1800	0,15	–	1	–	–	
51	Ziegler	26	900	0,10	–	1	–	–	
52	Zimmerer	216	11000	*0,10	–	1	–	–	*außerdem ein Streikbeitrag von 1 Pf. für jede Mark Arbeitsverdienst.
53	Zimmerer (Süddeutsche)	5	500	0,10	–	1	–	–	
	Summa	3150	227733	–	–	28	17	9 Vereine	

Ein Vertrauensmännersystem besaßen:

Bauarbeitsleute	?	2000
Maurer	295	33447
Metallarbeiter	286	33214
Stukkateure	?	?
Töpfer	131	4806
Summa	712	73467

Diese Statistik ist nach den Fragebogen, welche Ende vorigen Jahres an die resp. Organistionen gesandt worden sind, zusammengestellt und dürften die Zahlen gegenwärtig nicht mehr zutreffend sein. Unter anderem ist auch der Verband der süddeutschen Maler zu der Vereinigung der Maler übergetreten, während sich der Mechaniker-Verband der Metallarbeiter-Zentralisation angeschlossen hat. Zentralisiert haben sich im Laufe dieses Jahres die Bauarbeiter, Maurer, Metallarbeiter, Porzellanmaler, Posamentiere und Textilarbeiter

Quelle: Correspondenzblatt der Gewerkschaften Deutschlands, Nr. 28 vom 26. September 1891.

DOKUMENT 5

Bericht über die am 7. und 8. September 1891 zu Halberstadt abgehaltene Konferenz der Zentralvorstände der deutschen Gewerkschafts-Verbände

Erste Sitzung.
Für die Generalkommission als Einberuferin eröffnet Herr Legien dieselbe am Montag, den 7. September, Morgens 9¼ Uhr. Der Einladung der Generalkommission zur Theilnahme an der Konferenz haben nach der festgestellten Präsenzliste folgende Organisationen, die die angeführten Vertreter entsandten, Folge geleistet: Verband der *Bauerarbeiter* (H. Pein – Hamburg); *Bergarbeiter*-Verband für Sachsen (A. Strunz – Zwickau); Unterstützungs-Verein der *Bildhauer* (P. Dupont – Berlin); Zentralverein deutscher *Böttcher* (F. Sander – Bremen); Unterstützungs-Verein der *Buchdrukker* (E. Döblin – Berlin); Unterstützungs-Verein der *Zigarrensortirer* (A. v. Elm – Hamburg); Vereinigung der *Drechsler* und Berufsgenossenschaften Deutschlands (Th. Leipart – Hamburg); Zentralverein der *Gärtner* (P. Ising – Hamburg); Verband der *Glasarbeiter* (A. Gebel – Bergedorf); Vereinigung der *Land- und gewerblichen Hülfsarbeiter* (A. Brey – Hannover); Zentralverein der *Fabrik- und Handarbeiterinnen* (Frau Kähler – Wandsbeck); Verband der *Glacehandschuhmacher* (E. Knösel – Arnstadt); Verband der *Gold- und Silberarbeiter* (Joh. Holler – Hamburg); Verband der *Hafenarbeiter* (J. Schwarz – Hamburg); Unterstützungs-Verein der *Hutmacher* (A. Metschke – Altenburg); Verband deutscher *Kürschner* (A. Bilowitzky – Hamburg); Unterstützungs-Verein der *Kupferschmiede* (J. Saupe – Magdeburg); Vereinigung der *Maler und Lackirer* (W. Schweizer – Berlin); Zentral-Verband der *Maurer* (A. Dammann – Hamburg); Allgemeiner *Metallarbeiter*-Verband (A. Junge – Stuttgart); *Former*-Verband (E. Grenz – Chemnitz); Zentralverein der *Näherinnen*

(Frau Wolter – Hamburg); Verband der *Glas- und Porzellanmaler* (G. Wollmann – Altwasser); Zentralverein der *Plätterinnen* (Frau Steinbach – Hamburg); Verband der *Posamentiere* (E. A. Richter – Hamburg); Verband der *Sattler* (J. Sassenbach – Berlin); Verband der *Schiffszimmerer* (W. Müller – Hamburg); Verband der *Schlosser und Maschinenbauer* (F. Diedrich – Hamburg); Vereinigung der *Schmiede* (E. Hilmer – Hamburg); Deutscher *Schneider- und Schneiderinnen*-Verband (Fr. Holtzhäuser – Hannover); Verein der *Schuhmacher* (W. Bock – Gotha); Vereinigung der *Stellmacher* (F. Vogel – Hamburg); Unterstützungs-Verein der *Tabakarbeiter* (A. Junge – Bremen und Meister – Hannover); Verein der *Tapeziere* (Th. Meyer – Hamburg); Deutscher *Tischler*-Verband (C. Kloß – Stuttgart); Verband der *Vergolder* (H. Tischelmann – Berlin); Zentralverband der *Werftarbeiter* (C. Fehmerling – Hamburg); Verband der *Zimmerleute* (F. Schrader – Hamburg). Außerdem als Vertrauensmann der *Töpfer* Herr Plorin – Giebichenstein, als Vertreter der Leipziger Gewerkschaften Herr Jacob – Leipzig, der Dresdener Herr Scholz – Dresden, der Chemnitzer Herr Päplow – Chemnitz. Außer den bereits genannten Mitgliedern der Generalkommission, welche zugleich die Organisation ihres Berufes vertreten, sind noch auf der Konferenz anwesend die Herren Legien – Hamburg, Glocke – Berlin, Frau Ihrer – Velten und Schwartz – Lübeck. Es sind also 39 verschiedene Gewerkschaften durch zusammen 42 stimmberechtigte Delegirte vertreten, nämlich 38 Vertreter von Zentralvorständen, 1 Vertreter der Töpfer und diejenigen der Leipziger, Dresdener und Chemnitzer Gewerkschaften.

Nachdem zur Leitung der Konferenz die Herren Legien und Kloß als Vorsitzende, Schwartz – Hamburg und Leipart als Schriftführer und Ising als Führer der Rednerliste gewählt waren, wurde beschlossen, von der Herausgabe eines Protokolles über die Verhandlungen abzusehen und nur einen zusammengedrängten Bericht im »Correspondenzblatt« zu veröffentlichen. Alsdann wird in die Tagesordnung der Konferenz eingetreten, welche wie folgt zusammengesetzt ist:

1. Bericht der Generalkommission;
2. Stellungnahme der Zentralvereine zur Generalkommission;
3. Einberufung des Gewerkschaftskongresses;
4. Organisation der deutschen Gewerkschaften resp. der Organisationsentwurf der Generalkommission.

Zum ersten Punkt der Tagesordnung führt Herr Legien u.A. Folgendes aus:

Die Annahme, daß etwa 600000 Arbeiter in den deutschen Gewerkschaften organisirt seien und deshalb von den einzelnen Organisationen nur ein äußerst geringer Beitrag zur Deckung der Verwaltungskosten der Generalkommission nothwendig sein würde, erwies sich als irrig. Die über die Stärke und Zahl der Organisationen aufgenommene Statistik ergab folgendes Resultat. Es bestanden zur Zeit der Aufnahme in Deutschland 53 Zentralvereine, die in 3114 Städten Zweigvereine und insgesammt 227733 Mitglieder hatten. Außerdem waren für 5 Berufszweige Organisationen in Form des Vertrauensmännersystems vorhanden. Dieselben hatten 73806 Mitglieder, so daß die Zahl der Letzteren in den in irgend einer Form zentralisirten Gewerkschaften sich auf 301539 belief. Hierzu kämen die in den selbständigen Lokalvereinen vorhandenen Mitglieder, so daß sich die Gesammtzahl der in Deutschland gewerkschaftlich organisirten Arbeiter auf etwa 350000 schätzen läßt. Mittlerweile haben sich drei der genannten Berufsorganisationen zentralisirt, während drei neue Zentralvereine geschaffen und einer aufgelöst worden ist, so daß die Zahl der vorhandenen Zentralisationen 58 beträgt.

Die Beitragsleistung war in den verschiedenen Vereinen äußerst unterschiedlich und theilweise unzureichend. Sie betrugen von 20 Pf. pro Monat bis zu 50 Pf. pro Woche. In 27 Organisationen wurde für einen Wochenbeitrag von 10–20 Pf. das Fachorgan den Mitgliedern gratis geliefert. 9 Organisationen hatten eine Arbeitslosenunterstützung von M. 1–1,30 pro Tag.

Die Einsicht in die Kassenverhältnisse der einzelnen Organisationen führte zu der Erkenntniß, daß bei der gegenwärtigen finanziellen Lage der meisten Gewerkschaften die Umlegung der Beiträge zu den Unkosten der Abwehrstreiks, entsprechend der Berliner Resolution, nicht angängig war. Die Kommission war daher genöthigt, diese Kosten durch freiwillige Sammlungen aufzubringen. Ueber die Einnahme durch diese freiwilligen Sammlungen sowie die weiteren von der Kommission gemachten Einnahmen und Ausgaben wurde nachstehende Abrechnung vorgelegt.

Abrechnung der Generalkommission der Gewerkschaften Deutschlands

vom 20. Nov. 1890 bis ult. August 1891.

Einnahme.
a) Gewerkschaftsfonds:
Von Vereinen und Privaten . . . . M. 102762,71
Vom Ausstand (Geestemünde, Heizer usw.) zurück   M. 1000,–
Vom Ausstand (Fürth, Glasarbeiter) zurück . . . . M. 100,–
Zusammen . . . . M. 103862,71
b) Maifonds:
Von Vereinen und Privaten . . . . M. 63440,14
c) Verwaltungsfonds:
Von Vereinen . . . . M. 1208,01
d) Darlehen:
An Darlehen aufgenommen . . . . M. 105000,–
Gesammt-Einnahme . . . . M. 273510,86

Ausgabe.
a) Für Ausstände:
An die
Glasarbeiter, Bergedorf . . . . M. 6800,–
Glasarbeiter, Ottensen . . . . M. 8030,–
Schuhmacher, Erfurt . . . . M. 5430,–
Tabakarbeiter, Hamburg u. Umgeg. . . . . M. 108041,–
Tabakarbeiter, (Sortirer), Hamburg . . . . M. 41500,–
Weißgerber, Kirchhain (N.-L.) . . . . M. 2710,–
Wirker, Chemnitz . . . . M. 300,–
Töpfer, Cölln-Meißen . . . . M. 250,–
Glasarbeiter, Flensburg . . . . M. 150,–
Heizer und Trimmer, Hamburg . . . . . . M. 4100,–

Wirker, Thalheim	M. 1300,–
Steinmetzen, Oppach	M. 745,–
Vergolder, Berlin	M. 375,–
Textilarbeiter, Bühl–Elsaß	M. 235,–
Zigarrenarbeiter, Pieschen – Dresden	M. 500,–
Seiler und Reepschläger, Stettin	M. 90,–
Buchdrucker, Wien	M. 1000,–
Metallarbeiter, Göppingen	M. 1000,–
Heizer und Trimmer, Bremerhaven	M. 2000,–
Former, Bernburg	M. 420,–
Former, Liegnitz	M. 70,–
Schuhmacher, Barmstedt	M. 700,–
Kesselreiniger, Hamburg	M. 1000,–
Glasarbeiter, Fürth	M. 100,–
Weißgerber, Berlin	M. 250,–
Zusammen	M. 187096,–

b) Zurückgezahlte Darlehen:
An Darlehen zurückgezahlt . . . . M. 70000,–

c) Für Agitation, Verwaltung und Verschiedenes:

Für Agitation	M. 511,40
Für Prozeßsachen	M. 332,40
Für Drucksachen (inkl. Correspondenzblatt)	M. 894,–
Gehalt an den Vorsitzenden	M. 830,–
Für Vertretung des Kassirers	M. 168,–
Manko	M. 26,–
Unkosten des Kassirers	M. 66,30
Versand-, Brief-, Strafporto und Bestellgeld	M. 905,20
Geschäftsbücher u. andere Utensilien	M. 58,20
An Holoch, Stuttgart, eingesandten Betrag zurück	M. 26,60
Zentral-Streikkommission d. Tischler, eingesandten Betrag zurück	M. 300,–
An die Gewerkschaften Altonas zurück	M. 3000,–
Für Marken zum Maifonds	M. 576,–
Für zwei Sitzungen der Gesammt-Kommission	M. 267,60

Für eine Reise (zwei Kommissions-Mitglie-

der) nach London . . . . M. 400,–
Für Delegation zum Zieglerkongreß . . . . M. 58,–
Unkosten der Konferenz in Berlin am
16. November 1890 . . . . M. 68,30
Gesammt-Ausgabe . . . . M. 265584,–

Bilanz.

Summa der Gesammt-Einnahme . . . . . M. 273510,86
Summa der Gesammt-Ausgabe . . . . . . M. 265584,–
Kassenbestand . . . . M. 7926,86
An Darlehen aufgenommen . . . . M. 105000,–
An Darlehen zurückgezahlt . . . . M. 70000,–
Bleiben noch abzutragen . . . . M. 35000,–

A. Dammann, Kassirer.

Der Abrechnung sei erklärend beigefügt, daß wenn die dort angeführte Einnahme für den Maifonds geringer sei, als bis dato im »Correspondenzblatt« quittirt worden ist, dies daher komme, weil ein für die Gewerkschaften Hamburgs quittirter Betrag von M. 16000 an die Generalkommission nicht abgeführt wurde, weil die Hamburger Gewerkschaften zur Unterstützung des Tabakarbeiterausstandes M. 100000 geliehen hatten, zur Rückzahlung eines größeren Theils dieser Anleihe genöthigt waren und daher vorläufig den gedachten Betrag hierzu verwenden mußten. Das angeführte Manko entstand durch das Fehlen eines Zwanzigmarkstückes in einer Geldrolle, welche an die Kommission abgeliefert wurde, sowie durch die Vereinnahmung falscher Geldstücke.

An Ausständen wurden bei der Kommission drei angemeldet, die für berechtigt und durch die Kommission zu unterstützen anerkannt wurden, während die Unterstützung von sechs Ausständen abgelehnt wurde. 32 Ausstände, über welche seitens der Kommission eine Statistik geführt, hat ergeben, daß 6600 Personen daran betheiligt waren und die Gesammtzahl der Ausstandswochen sich auf 225 belief. Die Ursachen der Ausstände waren in neun Fällen die Forderung der Unternehmer, die Arbeiter sollten aus den Vereinen austreten, in den anderen Fällen Lohnreduzirung oder Verlängerung der Arbeitszeit. An regelmäßiger direkter Streikunterstützung wurden seitens der Kommission M. 183996 gezahlt. Die Einnahmen durch die freiwilligen Sammlungen bleiben weit hinter der zu machenden Ausgabe zurück, so daß sich die Kommission genöthigt sah, ein größeres Darlehen aufzunehmen, in der Voraussicht, daß weitere Mittel einlaufen würden. Da diese aber nach Beendigung der größeren Ausstände ausblieben, so war die Kommission, da eine Umlegung der Unkosten auf die einzelnen Organisationen nicht möglich war, genöthigt, auf andere Weise die nöthigen Mittel herbeizuschaffen. Aus diesem Grunde wurde die Maisammlung veranstaltet, die leider auch nicht einen genügenden Ertrag gebracht hat. Ueber den Geschäftsverkehr der Kommission wurde berichtet, daß seit Bestehen derselben bis zur gegenwärtigen Zeit an Postsendungen 1328 eingingen, während 12058 abgesandt wurden. In letzterer Summe ist die Versendung des »Correspondenzblattes« mit einbegriffen.

Für Agitation konnte bei den ungenügenden Mitteln nur wenig verwandt werden und wurden Ausgaben nur für die Ausbreitung der Organisation bei den Zieglern und eine kleine Tour in Ost- und Westpreußen gemacht.

Die Stellung der Kommission ist gegenwärtig derartig, daß es sich als unbedingt nothwendig erweist, daß seitens der Organisationen größere Beiträge geleistet werden müßten, wenn die Kommission auch fernerhin in der bisherigen Weise fortarbeiten solle.

Auf Anfragen bezüglich der Ausgaben für die Reise nach London wurde erklärt, daß es sich hierbei darum gehandelt habe, durch persönliche Einwirkung die englischen Organisationen zur Unterstützung der deutschen Ausstände anzuregen und wäre dieser Zweck auch erreicht worden.

Eine Diskussion über den ersten Punkt der Tagesordnung erfolgt nicht; der Vorsitzende Kloß konstatirt deshalb, daß die anwesenden Vertreter demnach wohl mit der bisherigen Thätigkeit der Generalkommission zufrieden waren. Er weist darauf zum zweiten Punkt der Tagesordnung darauf hin, in welcher verschiedenartigen Weise die Generalkommission in den verschiedenen Gewerkschaftsblättern bisher behandelt wurde. Durch ihre schlechte pekuniäre Lage wurde die Kommission verhindert, den ihr von der Berliner Konferenz ertheilten Auftrag völlig zu erfüllen. So z. B. konnte für Agitation nur eine sehr geringe Summe verausgabt werden. Deshalb müsse die Generalkommission seitens der organisirten Arbeiter so gestellt werden, daß sie allen Anforderungen zu genügen und auch noch etliche tausend Mark für einen Fonds zurückzulegen im Stande wäre. Redner unterbreitet der Konferenz dann eine Resolution, welche von der Generalkommission in einer gestrigen Gesammtsitzung ausgearbeitet war, um als Vorlage für die Abstimmung zu dienen. Die Grundgedanken in dieser Resolution waren, daß die Vertreter der Vorstände sich verpflichten sollten, in ihren Organisationen für eine genügende pekuniäre Unterstützung der Generalkommission einzutreten. Als bestimmter Beitrag zur Deckung der Verwaltungskosten, der Agitation und etwaiger Ansammlung eines Unterstützungsfonds wurden 3 Pfennig pro Mitglied und Quartal in Vorschlag gebracht, welche jeder Verband an die Generalkommission zu leisten hätte. Zur Streikunterstützung sollten alle Gewerkschaften von der Generalkommission durch ein Umlageverfahren gleichmäßig nach Maßgabe ihrer Mitgliederzahl herangezogen werden. Den einzelnen Organisationen bliebe es alsdann überlassen, die zu leistende Summe aus ihren Kassen zu nehmen oder durch Extrabesteuerung oder freiwillige Leistungen der Mitglieder aufzubringen. Ferner sollten von der Generalkommission für die nächste Zeit nur noch solche Abwehrstreiks unterstützt werden, welche aus der Schmälerung des Vereinigungsrechtes der Arbeiter seitens der Fabrikanten sich ergeben würden.

Redner bemerkt bei der Begründung der Resolution, daß es nicht angängig wäre, auf die freiwillige Beitragsleistung schon ganz Verzicht zu leisten. Die Arbeiter wären nur schwer dazu zu bringen, regelmäßig festbestimmte Beiträge zu leisten. Deshalb seien noch zwei Arten von Beiträgen an die Generalkommission vorgeschlagen worden. Die beantragten 3 Pf. pro Quartal und Mitglied von jeder Zentralisation würden zureichen, die Generalkommission eher in den Stand zu setzen, ihren ihr von der Berliner Konferenz zurtheilten Auftrag auszuführen. Es würden für die Agitation mehr Gelder flüssig werden und auch nach und nach ein Fonds für Unterstützungszwecke angesammelt werden können. Vor Allem aber sei es nothwendig, daß die einzelnen

Organisationen sich bereit erklären, einen solchen bestimmten regelmäßigen Beitrag an die Generalkommission abzuliefern. Eine Einschränkung in der Streikunterstützung dahin, daß nur die genannten Abwehrstreiks berücksichtigt würden, wäre nothwendig, weil die Generalkommission die Unterstützung von Streiks in der bisherigen Weise nicht leisten könne. Wenn trotzdem auch in Zukunft noch größere Geldmittel gebraucht würden, so müßte es der Generalkommission zustehen, die einzelnen Organisationen zu deren Aufbringung nach prozentualem Verhältniß heranzuziehen. Sollte die Kommission bauen, so müsse sie auch das Baumaterial, d.h. die nöthigen Mittel hierzu geliefert erhalten.

In der sehr ausgedehnten Diskussion erklärte zunächst der Vertreter der Buchdrucker, daß er Anstand nehmen müsse, der Resolution ohne Weiteres zuzustimmen: überhaupt könne er für seine Organisation keine bindenden Erklärungen abgeben. Nach der Resolution wäre ein so enges Zusammengehen der Gewerkschaften gedacht, daß nach dem preußischen Vereinsgesetz doch Gefahr vorhanden, daß alle Organisationen der Vernichtung preisgegeben würden. Man solle alle organisirten Arbeiter auffordern, der Generalkommission durch freiwillige Sammlung Geldmittel zuzuwenden; kleinere Ausstände sollten nicht stets bei der Generalkommission zur Unterstützung angemeldet werden, sondern es müsse sich jede Organisation zur Aufgabe machen, ihre Lohnkämpfe nach Möglichkeit aus eigenen Mitteln zu führen, während erstere sich vorzugsweise mit der Agitation befassen soll. Die einzelnen Organisationen müßten ihre Mitglieder unter allen Umständen zu größerer Beitragsleistung heranziehen, als es heute bei 10 Pf. und 15 Pf. Wochenbeitrag geschieht.

Der Vertreter der Maler meint, daß viele Arbeiter wünschten, die Generalkommission bestände garnicht, indem diese ihre Befugnisse weit überschritten und in den Organisationen Verwirrung erregt hätte. In seiner Organisation wären durch das Arbeiten der Generalkommission Mißstände eingerissen. Die Maisammlung hätte sollen in die Kassen jedes einzelnen Zentralvereins fließen, dann wäre die zusammengebrachte Summe eine größere geworden. Es sei nicht richtig, nur Aussperrungen zu unterstützen. Zur Betreibung von Agitation sei die Generalkommission garnicht berechtigt, die Selbstständigkeit der einzelnen Berufsorganisationen müsse völlig gewahrt werden. Nach Meinung dieses Redners sollten die Organisationen so bestehen bleiben, wie sie sind. Er sei gegen die Generalkommission und gegen die Resolution.

Diese Ausführungen wurden von Legien und anderen Rednern widerlegt resp. zurückgewiesen. Ersterer erklärte, daß wir der Berliner Konferenz, selbst wenn sie nicht berechtigt gewesen wäre, die Generalkommission einzusetzen, doch nur dankbar für diesen Schritt sein könnten, da die Kommission von großem Nutzen für die Gewerkschaftsbewegung sei. Die Auflösungsgefahr könnte auch schon in dem heutigen Zusammentritt der Zentralvorstände erblickt werden, da dies doch schon ein Inverbindungtreten sei. Es sei nothwendig, diese Verbindung sich praktisch bethätigen zu lassen. Bindende Beschlüsse könnten hier wohl nicht gefaßt werden, doch wäre die Ausführung derselben wohl unzweifelhaft, wenn die Vertreter der Organisationen für dieselben eintreten, wenigstens nicht gegen dieselben agitiren würden. Die Meinung, Aussperrungen nicht mehr zu unterstützen, sei verfehlt. Wir würden alsdann das in der günstigen Konjunktur Errungene in der Regel während der schlechten wieder, und zwar ohne Weiteres, fahren lassen müssen. Das Bestreben der Gewerkschaften wäre dann nur ein Hazardspiel. Die Agitation seitens der örtlichen Gewerkschaftskartelle sei bisher nicht in solche Gegenden ausgedehnt worden, in denen noch keine Organisation vorhanden, dieselbe erstrecke sich hauptsächlich nur auf den bestimmten Ort. Deshalb solle die Generalkommission vorhanden sein, um die Agitation in diesem Sinne in die Hand zu nehmen. Eine einzige Aenderung, welche in den bestehenden Organisationen vielleicht stattfinden solle, wäre die Erhöhung der Beiträge, im Uebrigen sollten dieselben auch, wie sie sind, bestehen bleiben, sich aber nur mehr einander nähern und verbünden.

Die Sitzung wird hierauf um 1 Uhr Mittags geschlossen.

Zweite Sitzung.

Nach der Eröffnung derselben um 2½ Uhr Nachmittags wird die Debatte über die bereits gedruckt vorliegende Resolution der Generalkommission fortgesetzt. Eine Reihe Redner äußert sich verwundert über die Ausführungen der Vertreter der Buchdrucker und Maler, wonach es scheine, als ob die Generalkommission beseitigt werden solle. Die Kommission sei nach einem allgemeinen Bedürfniß eingesetzt. Verwirrung habe nicht die Generalkommission angerichtet, sondern von anderer Seite sei hierin allerdings genügend geleistet worden. Auf der heutigen Konferenz beabsichtigte man nur einen Schritt weiter zu gehen auf der Bahn, welche auf der Konferenz in Berlin beschritten wurde.

Der Vertreter der Maler beantragt, zu beschließen: »Alljährlich eine Konferenz sämmtlicher Gewerkschaften einzuberufen, um durch gemeinsamen Austausch der Ansichten, durch Fassung einer Resolution die Gewerkschaften moralisch zu zwingen, ihre Organisationen nach den jeweiligen Verhältnissen anzupassen, die Leistungsfähigkeit zu erhöhen und die Unterstützung bei Streiks einzelner Gewerkschaften zu regeln. Ueber die Unterstützung und Führung von Streiks entscheidet die betreffende Organisation selbständig. Die Generalkommission ist aufzuheben. Welche Organisation die nächste Zusammenkunft einberuft, beschließt die heutige Konferenz.«

Dieser Antrag wird von allen nachfolgenden Rednern bekämpft. Der Vertreter der Vergolder verurtheilt es, daß die Generalkommission von einigen Blättern in so schmutziger Weise angegriffen sei. Das Bestehen der Kommission sei äußerst nothwendig, sie sei gewissermaßen der Kopf der ganzen Gewerkschaftsbewegung.

Von mehreren Vertretern wird beantragt, den von den Organisationen pro Quartal und Mitglied an die Generalkommission abzuführenden Beitrag von 3 Pf., wie vorgeschlagen, auf 10 resp. 15 Pf. festzusetzen und alsdann nur diesen einen Beitrag einzuführen. Die Antragsteller hegen Bedenken gegen die Extrasteuern und freiwilligen Beiträge. Dem wird entgegengehalten, daß man, wenn man viel fordert, in der

Regel nicht viel erhält, wohl aber Manchen damit vor den Kopf stößt. Die freiwilligen Beiträge seien deshalb nothwendig und praktisch, weil auch die indifferenten, noch außerhalb der Organisation stehenden Berufsgenossen zur Leistung herangezogen werden könnten.

Um 5 Uhr 10 Minuten wird die Generaldiskussion geschlossen und in die Spezialberathung der einzelnen in der Resolution gegebenen Vorschläge eingetreten. Die Redezeit wird hierbei auf fünf Minuten für jeden Redner beschränkt. In der Spezialdebatte werden noch einige weitere Abänderungsanträge eingebracht, wesentlich neue Gesichtspunkte jedoch nicht eröffnet. Um 6 Uhr 30 Minuten erfolgte die Abstimmung und zwar namentlich nach Organisationen. Der Antrag, daß die Generalkommission auch solche Abwehrstreiks unterstützen solle, welche wegen Lohnkürzungen entstanden sind, wird mit 24 gegen 14 Stimmen abgelehnt, 4 Vertreter enthielten sich der Stimmabgabe. Für den Antrag stimmten die Vertreter der Bauarbeiter, Land- und gewerblichen Hülfsarbeiter, Handschuhmacher, Hafenarbeiter, Kupferschmiede, Glas- und Porzellanmaler, Posamentierarbeiter, Schiffszimmerer, Schmiede, Schuhmacher, Tabakarbeiter, Tapeziere, Vergolder und Zimmerleute. Der Abstimmung enthielten sich die Vertreter der Buchdrucker, Glasarbeiter, Maler und Metallarbeiter (Verband).

Der zweite Antrag, daß die Generalkommission bei Streiks alle Organisationen nach prozentualem Verhältniß zur Leistung von Unterstützung heranzuziehen habe, wurde mit 22 gegen 16 Stimmen angenommen, bei 4 Stimmenthaltungen. *Gegen* diesen Antrag, d.h. für Fixirung eines regelmäßigen festen Beitrages von 15 Pf. pro Quartal und Mitglied, stimmten die Delegirten der Bildhauer, Glasarbeiter, Land- und gewerblichen Hülfsarbeiter, Handschuhmacher, Kürschner, Kupferschmiede, Maler, Former, Glas- und Porzellanmaler, Schiffszimmerer, Schmiede, Schuhmacher, Stellmacher, Tabakarbeiter, Zimmerleute und der Vertreter von Leipzig. Der Abstimmung enthielten sich Buchdrucker, Metallarbeiter-Verband, Posamentiere und Tapeziere.

Die Abstimmung über die Höhe des an die Generalkommission abzuliefernden festen Beitrages fiel folgendermaßen aus:

Der Antrag auf 5 Pf. pro Quartal und Mitglied wurde mit 21 gegen 16 Stimmen abgelehnt, bei 5 Stimmenthaltungen; dagegen wurde der Beitrag von 3 Pf. mit 35 gegen eine Stimme angenommen, bei 6 Stimmenthaltungen.

Die übrigen Absätze der Resolution wurden ohne wesentliche Aenderungen nach dem Entwurfe der Generalkommission angenommen; die Abstimmung über die ganze Resolution jedoch bis zum nächsten Morgen vertagt. Schluß der Sitzung Abends 7½ Uhr.

Dritte Sitzung.

Dieselbe wurde vom Vorsitzenden Legien am Dienstag, den 8. September, Morgens 9 Uhr, eröffnet. Derselbe verliest zunächst die nach den gestrigen Beschlüssen redaktionell zusammengestellte Resolution. Dieselbe hat folgenden Wortlaut erhalten:

Um der Geschäftsführung der Generalkommission eine feste Grundlage zu geben, verpflichten sich die Theilnehmer an der am 7. und 8. September in Halberstadt abgehaltenen Gewerkschaftskonferenz, in ihren Organisationen und durch die Fachpresse dahin zu wirken, daß der »G.-K.« Geldmittel in nachgezeichnetem Umfange zur Verfügung gestellt werden.

Jede zentralisirte Gewerkschaft hat an die »G.-K.« einen bestimmten Beitrag von 3 Pf. pro Mitglied und Quartal zu leisten.

Aus dieser Einnahme der »G.-K.« sind die Verwaltungskosten einschließlich der Kosten für das »Correspondenzblatt« zu decken. Der Ueberschuß ist zu Agitationszwecken und Ansammlung eines Unterstützungsfonds zu verwenden.

Die »G.-K.« unterstützt bis zum demnächst stattfindenden Gewerkschafts-Kongreß nur solche Abwehrstreiks, welche sich behufs Erhaltung des Vereinigungsrechtes der Arbeiter gegenüber den Angriffen der Unternehmer als nothwendig erweisen. Der Vorstand der in Frage kommenden Gewerkschaft hat auch in diesem Falle genau zu prüfen, ob ein solcher Ausstand Aussicht auf Erfolg bietet. Ist seitens dieses Vorstandes dem Streik die Genehmigung ertheilt worden, so ist sofort der »G.-K.« unter Angabe der näheren Umstände davon Mittheilung zu machen. In den ersten vierzehn Tagen des Ausstandes hat die betreffende Gewerkschaft die Unterstützung für die Streikenden selbst zu tragen.

Erst nach Ablauf dieser Zeit wird seitens der »G.-K.« an diejenigen Organisationen, welche die Unterstützungssummen nicht selbständig weiter zu zahlen im Stande sind, ein Zuschuß zu den Kosten des Streiks nach den vorhandenen Mitteln, jedoch nur bis zur Höhe von M. 6 pro Kopf und Woche, geleistet. Die hierdurch entstehenden Kosten sind gleichmäßig auf alle Gewerkschaften nach Maßgabe ihrer Mitgliederzahl umzulegen.

Wo es unter den statutarischen Bestimmungen angängig, kann die Beitragsleistung seitens der Organisationen an die »G.-K.« aus den vorhandenen Fonds gegeben werden, in anderen Fällen ist die zu leistende Summe durch Extrabesteuerung oder freiwillige Leistung der Mitglieder aufzubringen.

Anleihen zum Zweck der Unterstützung dürfen von der »G.-K.« nur unter Zustimmung der Mehrheit der Gewerkschafts-Vorstände gemacht werden.

Gewerkschaften, welche die in dieser Resolution festgesetzten regelmäßigen und Extrazahlungen in der von der Kommission bestimmten Frist nicht leisten, begeben sich dadurch des Rechtes, eventuellen Falls Unterstützung von der »G.-K.« zu beanspruchen.

Von der Verpflichtung zu diesen Zahlungen kann eine Gewerkschaft nur mit Einwilligung der Mehrheit der Gewerkschafts-Vorstände entbunden werden.

Gewerkschaften, welche einen Ausstand im eigenen Gewerbe zu unterstützen haben, können von der »General-Kommission« von diesen Zahlungen entbunden werden, wenn die Zahl der Ausstehenden so groß ist, daß die Leistungsfähigkeit der betr. Organisation völlig in Anspruch genommen wird.

Streiks nichtorganisirter Arbeiter dürfen von der Kommission nur unter Zustimmung der Mehrheit der Gewerkschafts-Vorstände unterstützt werden. Die von den Streikenden gewählte Kommission hat allwöchentlich an die »G.-K.« einen Bericht einzusenden, auf Grund dessen der Zuschuß der »G.-K.« festgesetzt wird. Ergiebt sich aus den eingehenden Berichten, daß eine so bedeutende Zahl von Arbeitern die Arbeit zu den von den Unternehmern gestellten Bedingungen wieder aufgenommen hat, daß keine Aussicht auf Erfolg mehr vorhanden ist, so hat die »G.-K.« das Recht, fernere Zuschüsse zu verweigern; die Entziehung der Unterstützung tritt jedoch erst vierzehn Tage nach erfolgter Mittheilung an die betreffende Gewerkschaft ein.

Gegen diesen Entscheid kann bei den Vorständen der unterstützenden Gewerkschaften Beschwerde erhoben werden. Die Beschwerde ist der »G.-K.« zu übermitteln und hat diese innerhalb acht Tage eine Abstimmung der Vorstände herbeizuführen.

Die Abstimmung über die Resolution ergab die Annahme derselben mit 30 gegen 10 Stimmen, bei zwei Enthaltungen. Gegen die Resolution stimmten – zum größeren Theil deswegen, weil nicht alle Abwehrstreiks Unterstützung finden sollten – die Delegirten der Land- und gewerblichen Hülfsarbeiter, Kupferschmiede, Maler, Metallarbeiter (Verb.), Glas- und Porzellanmaler, Posamentierer, Schuhmacher, Tabakarbeiter, Tapezierer, Zimmerleute. Böttcher und Buchdrucker enthielten sich der Abstimmung.

Die Berathung wird bei dem 3. Punkt der Tagesordnung: »Einberufung des Gewerkschaftskongresses«, fortgesetzt.

Die Generalkommission empfiehlt, den Kongreß Anfang März 1892 stattfinden zu lassen. Als Tagungsorte sind bisher Halberstadt, Halle, Hannover, Weimar und Altenburg vorgeschlagen worden.

In der nur kurzen Diskussion über diesen Gegenstand präsisirt u. A. der Vertreter der Schuhmacher seinen Standpunkt dahin, daß er gegen die Einberufung eines Gewerkschaftskongresses überhaupt sei. Derselbe sei überflüssig; es sollte sich in jeder Gewerkschaft ein Beauftragter autorisiren lassen

– durch Umfrage unter den Mitgliedern –, zusammen mit der Generalkommission sich nöthig machende Aenderungen in der Organisation treffen zu können.

Der Antrag der Generalkommission, den Kongreß im *Anfang März* 1892 einzuberufen, wird darauf gegen 5 Stimmen angenommen.

In Bezug auf die Beschickung des Kongresses liegen eine Reihe Anträge vor, welche bezwecken sollten, die Zahl der Delegirten möglichst zu verringern. Es wird über dieselben jedoch zur Tagesordnung übergegangen und beschlossen, die diesbezüglich von der Berliner Konferenz getroffenen Bestimmungen hochzuhalten, wonach je 1000 Mitglieder der Zentralvereine oder der organisirten Arbeiter in Staaten, wo dieselben einem Zentralvereine nicht angehören dürfen, einen Vertreter entsenden können. Die Wahl des Ortes, wo der Kongreß tagen soll, wird der Generalkommission überlassen.

Es folgt nunmehr der 4. und letzte Punkt der Tagesordnung: »Organisation der deutschen Gewerkschaften, resp. der Organisationsentwurf der Generalkommission.«

Legien begründet in längerer Rede den Entwurf. Der Zweck der neuen Organisationsform solle sein, die einzelnen Organisationen zu stärken und die heutige Unsicherheit bei Lohnkämpfen zu beseitigen. Die Unionsbildung sei nicht die beste Form der Organisation, aber die *praktischste* unter den gegenwärtigen Verhältnissen. Durch den Zusammenschluß in Unionen nach dem Vorschlag der Generalkommission sollten die Arbeiter auf den Weg gebracht werden, sich später in größeren Verbänden zu vereinigen. Eine Unionsleitung sei nothwendig zur Begutachtung und Unterstützung der Streiks, besonders der Angriffsstreiks. In der Unionsleitung säßen doch immer Personen, welche über die eigenthümlichen Verhältnisse in den fraglichen Berufen mehr und besser orientirt seien und deshalb eher ein Urtheil über die Zweckmäßigkeit und Durchführbarkeit eines Streiks abzugeben im Stande wären, als wenn in allen Fällen nur die Generalkommission darüber zu entscheiden hätte. Die Mitglieder der Generalkommission könnten die wirthschaftliche Lage in den einzelnen Berufen nicht so genau kennen als die Unionsleitung, weil die in Frage kommende Gewerkschaft in letzterer mit vertreten sei. Auch die Regelung der Herausgabe der Fachblätter durch die Union sei nur praktisch. Die heute nur alle 14 Tage oder alle 3 Wochen erscheinenden kleineren Fachblätter genügten nicht, die Leute stets zum Denken anzuregen, die nur dies eine Blatt lesen. Durch die Verschmelzung der vielen für verwandte Berufe bestehenden Fachblätter könnte ein größeres öfter erscheinendes Organ für eine Union geschaffen werden, was nur zum Vortheil für die Bewegung sein könne. Wohl würde gerade dieses Vorhaben auf vielen Widerstand stoßen, doch sei zu bedenken, daß diese ganzen Pläne ja auch nicht heute oder morgen schon durchgeführt werden sollten oder könnten. Ueber die Vortheile der auf gemeinschaftliche Kosten betriebenen Agitation in den verwandten Berufen sei kaum ein Wort zu verlieren. Der gleiche Vortrag über die Nothwendigkeit und die Aufgaben der Organisation könnte in fast allen Versammlungen von einem und demselben Redner gehalten werden. Der Zusammenschluß aller organisirten Arbeiter in einen einzigen allgemeinen Verband sei aber heute um deswegen nicht durchzuführen, weil gerade die Leistungsfähigkeit auch in den verwandten Berufsorganisationen noch zu verschieden von einander sei. Die Generalkommission glaube durch den Vorschlag, Unionen der verwandten Berufsorganisationen zu bilden – über welchen die Generalkommission wieder als Bindeglied für alle Unionen und somit als Zentralkörperschaft für alle organisirten Arbeiter Deutschlands zu fungiren habe –, den heute bestehenden Verhältnissen Rechnung zu tragen. Man müsse nur *das* beschließen, was *zur Zeit* durchzuführen sei.

Von dem Vorstand des Metallarbeiter-Verbandes wird eine Resolution eingereicht, nach welcher keine Unionen im Sinne der Generalkommission, sondern größere Zentralverbände verwandter Berufe gebildet werden sollen. An Stelle der Generalkommission soll nach dieser Resolution ein Generalrath und aus diesem ein Exekutivausschuß und ein Generalkassirer gewählt werden.

Eine noch weiter vorliegende Resolution des Vertreters der Kupferschmiede besagt im Großen und Ganzen in anderen Worten dasselbe, wie der Entwurf der Generalkommission.

Diese beiden Resolutionen werden gleichfalls von den Antragstellern begründet.

Der Vertreter des Metallarbeiter-Verbandes führt u.A. aus, die Generalkommission sei, wenn auch unbewußt, Veranlasserin von Streiks gewesen. Manche Gewerkschaft habe in ihr nur die Unterstützungsquelle gesehen. Die Kommission habe deshalb nach seiner Meinung hindernd auf die Entwickelung der Gewerkschaften gewirkt, indem sie auch die auf Branchenorganisation gerichteten Bestrebungen unter den Metallarbeitern förderte. Die Konferenz möge keine Beschlüsse über die Organisationsform fassen, sondern dies dem Kongreß überlassen, welchem auch die Resolution der Metallarbeiter wieder vorgelegt werden würde.

Der Vertreter der Maler ist mit den ersten beiden Theilen des Entwurfes der Generalkommission einverstanden, will jedoch den übrigen Theil, der von den Unionen und der Generalkommission handelt, gestrichen wissen, weil durch Beides die Organisationen nur gestört würden.

Der Vertreter der Buchdrucker ist gleichfalls Gegner der Unionsbildung, so lange die einzelnen Berufe selber nicht besser organisirt seien. Dies müsse vordem erst erstrebt werden. Der Geist der Solidarität müsse sich übrigens auch ohne die formellen Verbindungen sehr wohl bethätigen lassen.

Es sprechen außerdem noch eine Reihe Redner, darunter die Vertreter der Former, Vergolder, Tischler, für den Entwurf der Generalkommission. Ebenso tritt Legien noch einzelnen Ausführungen der Gegner entgegen und fordert dringend auf, nur die praktischen Fragen zu berathen und sich nicht in Kleinlichkeiten zu verlieren.

Nachdem hierauf der Vertreter der Handschuhmacher, der abzureisen gezwungen ist, auf die in seiner Gewerkschaft ausgebrochenen Streiks in Friedrichshagen, Burg und Osterwieck hingewiesen hatte und, weil die Generalkommission nach den Beschlüssen der Konferenz diesen Ausständen jetzt keine Unterstützung gewähren dürfe, an die Solidarität der Gewerkschaften appellirte, wurde beschlossen, die Mittagspause auf 2 Stunden auszudehnen, damit die anwesenden Vertreter verwandter Berufe, die sich eventuell zu einer Union vereinigen könnten, während derselben zu dem Entwurf der Generalkommission eine bestimmte Stellung einnehmen könnten. Darauf folgte kurz nach 1 Uhr Schluß der Sitzung.

Vierte Sitzung.

Eröffnung um 3 Uhr Nachmittags. Von den Delegierten sind während der Mittagspause bereits abgereist: Knösel, Bock, Gebel und Grenz. Letzterer hat die Vertretung der Former für die weitere Verhandlung an Schwartz – Lübeck übertragen. Die Generaldebatte über den Punkt der Tagesordnung wird geschlossen und zunächst die Berichte über die während der Pause erfolgten Gruppenbesprechungen entgegengenommen.
Kloß berichtet für die Vertreter der Holzarbeiter, daß diese einmütig die Resolution der Generalkommission zur Annahme empfehlen. Dieselben haben sich noch weiter dahin geeinigt, schon vor dem Stattfinden des Gewerkschaftskongresses in ihren Organisationen zu versuchen, die Agitation auf gemeinsame Kosten zu betreiben und eventuell auch bei Streiks sich nach Möglichkeit gegenseitig zu unterstützen. Eine Verbindung soll vorläufig durch schriftlichen Verkehr unterhalten werden und ist ein Beauftragter für sämmtliche betheiligten Branchen ernannt worden. Redner bittet, den Entwurf der Generalkommission möglichst einstimmig anzunehmen.
Meister erklärt, daß die Tabakarbeiter und Zigarrensortirer ihre Organisationen schon in nächster Zeit miteinander verbinden würden.
Schwarz – Hamburg berichtet für die Transportarbeiter, daß dieselben mit dem Entwurf der Generalkommission einverstanden sind.
Für die Fabrik-, Land- und gewerbl. Hülfsarbeiter kann Brey keine bindende Erklärung abgeben.
Sassenbach berichtet, daß von den Vertretern der Lederbranche drei für und drei gegen den Entwurf der Generalkommission stimmten, doch wurde man sich einig, wenn möglich die Agitation gemeinsam zu betreiben und auch nach und nach cine engere Verbindung anzustreben.
Hilmer berichtet für die Metallarbeiter, daß dieselben sich, mit Ausnahme des Vertreters des Metallarbeiter-Verbandes,

prinzipiell für den Entwurf der Generalkommission ausgesprochen hätten.

Dammann erklärt für die Bauarbeiter, daß dieselben gleichfalls, mit Ausnahme des Vertreters der Maler, der Resolution der Generalkommission beigetreten seien. Doch wünschten dieselben, daß erst die Verbandstage der einzelnen Organisationen ihre Meinungen äußern sollten.

Es wird nunmehr zur Spezialberathung des Organisationsentwurfes der Generalkommission übergegangen. Die Resolutionen des Metallarbeiter-Verbandes und der Kupferschmiede werden vorher zurückgezogen.

Der erste Theil des Entwurfs: »Organisation der deutschen Gewerkschaften«, wird ohne Widerspruch angenommen. Beim zweiten Theil: »Aufgaben der Zentralvereine«, entspinnt sich eine lebhafte Debatte über Arbeitslosenunterstützung. Ein gestellter Antrag, die Gewährung von Arbeitslosenunterstützung gleichfalls als Aufgabe der Zentralvereine in den Entwurf mit aufzunehmen, wird in wiederholter Abstimmung mit 18 gegen 18 Stimmen abgelehnt. Dagegen wird aber mit allen gegen eine Stimme beschlossen, im Absatz f unter 1. außer der Reiseunterstützung auch *Unterstützung Gemaßregelter* aufzunehmen.

Bei »Aufgaben der Unionen« wird, nachdem der vorstehende Theil, »Unionen«, ohne Widerspruch angenommen ist, der Absatz b »Herausgabe eines gemeinschaftlichen Preßorgans, welches so eingerichtet sein muß, daß den Interessen sämmtlicher dabei betheiligten Zentralvereine Rechnung getragen wird«, nach langer Diskussion gestrichen und dafür gesetzt: »Regelung des Preßwesens«. Dieser Beschluß ergab sich aus den Bedenken, welche die Mehrzahl der Delegirten gegen das Verlangen, die vielen einzelnen jetzt bestehenden Fachblätter zu je einem gemeinschaftlichen Preßorgan für eine Union zu verschmelzen, hegten.

Der Absatz c unter »Aufgaben der Unionen« wird mit 19 gegen 11 Stimmen angenommen. Ebenfalls angenommen werden die beiden letzten Absätze d und e.

Bei dem Theil: »Generalkommission« werden im letzten Satze die Worte gestrichen: »und aus je einem Vertreter der einzelnen Unionen«. Die Generalkommission soll demnach nur aus sieben von dem alle zwei Jahre stattfindenden allgemeinen Gewerkschaftskongreß jedesmal zu wählenden Mitgliedern bestehen. Im Uebrigen wird auch dieser Theil des Entwurfs im Wortlaut angenommen. Ebenso der weitere letzte Theil: »Aufgaben der Generalkommission«, dessen Absatz e »in bestimmten und dringenden Fällen und unter Zustimmung der Mehrzahl der Unionen an einzelne Gewerkschaften oder Unionen bei Streiks Unterstützung aus einem zu schaffenden Generalfonds zu gewähren«, noch der Satz angehängt wird: »resp. die anderen bestehenden Unionen zur Unterstützung heranzuziehen«.

Es folgt jetzt die namentliche Gesammtabstimmung über den Organisationsentwurf, deren Resultat die Annahme desselben mit 35 gegen 4 Stimmen war, bei einer Stimmenthaltung. Dagegen stimmten die Maler, Metallarbeiter-Verband, Sattler und Töpfer; der Vertreter der Buchdrucker enthielt sich der Stimmabgabe. Der abwesende Vertreter der Schuhmacher hatte einen anderen Delegirten beauftragt, für ihn zu erklären, daß er für den Entwurf stimme.

Damit war die Tagesordnung für die Konferenz erschöpft. Es wurde nun noch zunächst folgende Erklärung der sächsischen Vertreter entgegengenommen.

Erklärung.

Die unterzeichneten Vertreter der Gewerkschaften in Sachsen verkennen nicht die schwierige und komplizirte Neuorganisation der deutschen Gewerkschaften, um so mehr, als die sächsischen Kollegen sich voraussichtlich nur als Einzelmitglieder anschließen können auf Grund der entgegenstehenden vereinsgesetzlichen Bestimmungen in Verbindung mit der Handhabung dieser Bestimmungen seitens einzelner Behörden. Die hier anwesenden Vertreter erklären jedoch, daß Sachsens Organisationen sich den Beschlüssen der Mehrheit fügen und Mittel und Wege finden werden, möglichst allen Anforderungen, welche an die übrigen deutschen Gewerkschaften gestellt werden, nachkommen zu können.

L. Scholz, Dresden. *G. Jacob*, Leipzig. *Fr. Paeplow*, Chemnitz.

Ferner wurden noch folgende Anträge angenommen:

»Die Delegirten verpflichten sich, mit allen ihnen zu Gebote stehenden Mitteln in ihren Gewerkschaften dafür einzutreten, daß baldmöglichst in ihre Statuten Bestimmungen aufgenommen werden, welche die Durchführung der von der Konferenz beschlossenen Organisation ermöglichen. *A. Dammann.*«

»Sollten zu dem bevorstehenden Gewerkschaftskongreß einzelne Zentralvorstände noch bestimmte Anträge zu stellen haben, so sind dieselben bis *zum 1. Januar 1892* der Generalkommission mitzutheilen, damit sie den Delegirten des Kongresses sofort gedruckt vorgelegt werden können. *Th. Meyer.*«

»In Erwägung, daß bei der großen täglich wachsenden Bedeutung der Frauenarbeit auf allen Arbeitsgebieten sich die energische Inangriffnahmem der Organisirung derselben als ein Gebot der Selbsterhaltung erweist, beschließt die Konferenz, die Vorstände der bestehenden Organisationen aufzufordern, dahin zu wirken, daß die Statuten derselben derart umgestaltet werden, daß auch den im Berufe beschäftigten Frauen der Beitritt zu denselben möglich ist. Die Agitation für Ausbreitung der Organisation hat sich bei allen Berufen, in welchen Frauen thätig sind, auch auf deren Heranziehung zu erstrecken.
Frau *Steinbach*. Frau *Kähler*. Frau *Wolter*.«

»Die Konferenz beschließt, die Generalkommission zu beauftragen, einen Separatabdruck der Artikel über die Organisationsfrage, welche im »Correspondenzblatt der Generalkommission« erschienen sind, mit etwaigen nothwendigen Aenderungen und Ergänzungen in Broschürenform herauszugeben und noch rechtzeitig vor dem Gewerkschaftskongreß zu möglichst billigem Preise unter den deutschen Arbeitern zu verbreiten.

Th. Leipart.«

Nach Erledigung dieser Anträge wird die Konferenz um 6½ Uhr Abends vom Vorsitzenden Legien geschlossen.

Quelle: Correspondenzblatt der Gewerkschaften Deutschlands, Nr. 26 und 27 vom 12. und 19. September 1891.

Gewerkschaften in Deutschland

Texte – Dokumente – Materialien
Herausgegeben von Heinz-Werner
Meyer und Jochen Richert
Redaktion: Manfred Scharrer

Band 1 · Manfred Scharrer
**Arbeiter und die Idee
von den Arbeitern**
1848 bis 1869

Band 2 · Manfred Scharrer
Organisation und Vaterland
Gewerkschaften vor dem
Ersten Weltkrieg

Band 3 · Michael Ruck
**Gewerkschaften – Staat –
Unternehmer**
Die Gewerkschaften im sozialen
und politischen Kräftefeld
1914 bis 1933.

Band 4 · Michael Fichter
Einheit und Organisation
Der Deutsche Gewerkschaftsbund
im Aufbau 1945 bis 1949

Band 5 · Mario König
Die Angestellten unterwegs
Vom Berufsstand zur modernen
Gewerkschaft 1890 bis 1990

*Band 6 · Werner Milert,
Rudolf Tschirbs*
**Von den Arbeiterausschüssen zum
Betriebsverfassungsgesetz**
Geschichte der betrieblichen Interessenvertretung in Deutschland

Band 7 · Ulrike Bussemer
**Frauen in der deutschen
Gewerkschaftsbewegung**

Band 8 · Roland Gröschel
**Vom Lehrlingsverein zur
Gewerkschaftsjugend**

*Band 9 · Arno Mersmann,
Klaus Novy*
**Gewerkschaften –
Genossenschaften –
Gemeinwirtschaft**

Band 10 · Rainer Kalbitz
Tarifpolitik – Streik – Aussperrung

Band 11 · Bernd Faulenbach
**Gewerkschaften als
Kulturbewegung**

Band 12 · Horst Thum
**Wirtschaftsdemokratie und
Mitbestimmung**

Band 13 · Ulrich Gill
FDGB
Die DDR-Gewerkschaft von 1945
bis zu ihrer Auflösung 1990

*Band 14 · Sabine Hanna Leich,
Wolfgang Kruse*
**Internationalismus und nationale
Interessenvertretung**

Bund-Verlag